여 성
교육론

여 성
교육론

홍선미 지음

한국문화사

여성교육론

1판1쇄 발행 2018년 4월 30일

지은이 홍선미
꾸민이 홍윤환
펴낸이 김진수
펴낸곳 **한국문화사**
등 록 1991년 11월 9일 제2-1276호
주 소 서울특별시 성동구 광나루로 130 서울숲 IT캐슬 1310호
전 화 02-464-7708
팩 스 02-499-0846
이메일 hkm7708@hanmail.net
홈페이지 www.hankookmunhwasa.co.kr

책값은 뒤표지에 있습니다.

잘못된 책은 바꾸어 드립니다.
이 책의 내용은 저작권법에 따라 보호받고 있습니다.

ISBN 978-89-6817-633-3 93370

이 도서의 국립중앙도서관 출판예정도서목록(CIP)은 서지정보유통지원시스템 홈페이지(http://seoji.nl.go.kr)와 국가자료공동목록시스템(http://www.nl.go.kr/kolisnet)에서 이용하실 수 있습니다.(CIP제어번호: CIP2018012738)

머리말

　여성교육론은 국제사이버대학교 평생교육학과로 소속 변경되고 처음으로 맡은 평생교육사 자격증 과목으로 근대 영국과 중국 여성교육을 시작으로 평생교육과 여성, 여성교육의 역사적 변천, 생애발달과 여성교육, 여성평생학습의 요청, 여성 평생학습시설의 제 유형, 여성과 사회제도, 여성의 사회적 위치, 제도교육 내에서의 성차별, 가정에서의 성역할 사회화, 여성과 일, 남녀고용평등법과 고용정책, 모든 이를 위한 평생교육의 실천 등을 다루고 있다.

　여성교육은 그 시대와 사회의 여성관, 여성의 사회적 지위 등에 따라 기본사상이나 교육실태가 좌우되어왔다. 동서양을 막론하고 인류의 역사를 살펴볼 때 여성은 남성과 다른 교육을 받아왔으며, 그것은 성역할(性役割)의 구분에 따른 것뿐만 아니라 더 크게는 성적 차별에 의한 것이었음을 알 수 있다. 광복과 함께 현재의 학제로 정비되면서 여성의 교육기회는 대학까지 완전히 균등하게 이루어지게 되었으며, 이와 함께 여성의 사회적 지위도 급격히 향상되어 현대에 이르러서는 학교교육 · 사회교육 · 가정교육 등 교육 전반에 있어서 남녀의 역할구분에 따른 차이는 있을지언정 성적인 차등은 거의 없어졌다고 볼 수 있다.

　성차별 타파, 여성사회참여, 경제활동참여, 양성평등이란 주제의 여성교육론이란 과목명 자체가 성차별이라는 느낌을 주어 처음 강의를 맡게 되었을 땐 좀 주저하는 마음이 없지 않았다. 하지만 사회에 아직까지 만연해 있는 남녀성차별과 그로 인한 여성의 사회참여와 경제활동 참여가 지연되고 있으며 양성평등 사회는 아직까지 멀게만 느껴지는 현실에서 좀 더 여성들의 위치와 입장을 충분히 파악하고 알리는 입장으로, 어려운 상황 속에서 도전하고 노력하는 여성들을 위한 인생 선배로서의 현명한 조언을 위해, 강의를 맡게 되었고 교재도 집필하게 되었다.

2018년 3월 따뜻한 봄을 기다리는 꽃샘추위의 끝에서...

차례

머리말 _ v

오리엔테이션과 근대 영국과 중국 여성교육 / 1
1. 수업목표와 수업개요 ·· 1
2. 근대 영국 여성교육 ·· 1
3. 근대 중국 여성교육 ·· 3

제1장 평생교육과 여성 / 5
1. 평생교육 ·· 5
2. 안드라고지와 여성평생학습 ·· 9
3. 성의 학습가능성과 여성 평생학습력 촉진이론 ···························· 16

제2장 여성교육의 역사적 변천 / 23
1. 전통사회와 여성교육 ·· 23
2. 근대사회와 여성교육 ·· 27
3. 현대사회와 여성교육 ·· 32

제3장 생애발달과 여성교육 / 37
1. 유아기와 아동기 ·· 37
2. 청소년기와 성인 전기 ·· 42
3. 성인 중기와 성인 후기 ·· 48

제4장 여성평생학습의 요청 / 57
1. 정보화 및 지식기반사회의 도래와 디지털과 인터넷 세대와의 상호 교류 증진 ············ 57

2. 근로시간 단축과 여가시간 증가 ································· 63
3. 정치 및 경제활동의 참여확대와 고령화사회에의 대응 ··········· 68

제5장 여성 평생학습시설의 제 유형 / 77

1. 각 급 학교 및 문화시설 ··· 77
2. 주민자치센터 및 매체의 활용 ·· 83
3. 백화점 부설 문화센터 및 언론기관 ······································· 88

제6장 여성과 사회제도 / 97

1. 결혼제도와 가족 및 전통사회의 혼인제도 ····························· 97
2. 모성보호법과 성매매금지법 ··· 105
3. 성과 사회문제 ·· 113

제7장 여성의 사회적 위치 / 119

1. 시대별 여성의 사회적 위치 ·· 119
2. 경제참여로 본 여성의 위치 ·· 123
3. 정치참여로 본 여성의 위치 ·· 127

제8장 제도교육 내에서의 성차별 / 131

1. 교육의 기능, 교육목표 및 교과서에 나타나는 성차별 ············ 131
2. 성차별 강화 요인으로서의 교사, 남성 중심적 학교환경 ········· 141
3. 양성평등교육 ·· 147

제9장 가정에서의 성역할 사회화 / 153

1. 가정환경의 영향 ·· 153
2. 성 고정관념과 성역할 사회화 ··· 158
3. 바람직한 성역할 사회화를 위한 가정의 역할 ······················· 164

제10장 여성과 일 / 169

1. 여성의 정체성 형성과 일, 여성의 직업의식 ································· 169
2. 직장에서의 성차별, 여성의 경제활동 활성화 방안 ······················ 177
3. 21세기 여성 유망직업 ··· 183

11장 남녀고용평등법과 고용정책 / 191

1. 남녀고용평등법의 목적과 기능 ··· 191
2. 직장 내 근로자의 보성보호정책과 지원 ·· 194
3. 성폭력과 성희롱, 그 예방과 금지, 여성고용동향 ······························ 200

12장 모든 이를 위한 평생교육의 실천 / 209

1. 현대 여성의 문제해결 대안으로서 여성교육 ·· 209
2. 인적자원 개발전략으로서의 여성교육 ·· 219
3. '공부'의 통념으로부터 '배움'으로의 인식전환 ···································· 228

참고문헌 _ 234

오리엔테이션과 근대 영국과 중국 여성교육

1. 수업목표와 수업개요

1) 수업목표
   (1) 평생교육사 자격증 과정의 한 과목으로 여성의 생애주기를 파악하여 여성만의 생활세계 안에서 교수-학습활동을 통하여 자신이 처한 문제를 스스로 해결해 나갈 수 있다.
   (2) 삶의 질적 개선과 내면적인 행동의 변화가 나타날 수 있는 평생학습 차원의 다학문적·다학제적 연구를 통해 현재 여성의 사회 진출의 위치를 알고 양성평등한 사회를 구축하는데 공헌할 수 있다.

2) 수업개요
   (1) 여성평생교육의 정의와 목적을 파악하고 시대별 여성교육의 변천, 그리고 생애주기에 따른 여성교육과 이론들을 알아본다.
   (2) 여성과 사회제도, 사회적 위치, 성차별, 성역할, 일, 그리고 남녀고용평등법 등을 살펴보고 여성평생교육에서 필요한 것들을 제시한다.

2. 근대 영국 여성교육

1) 근대 초 여성교육의 현실
   (1) 「자기만의 방」(1929)
      · 버지니아 울프는 주디스 셰익스피어라는 인물을 창조하여 근대 초 재능있는 한 여성의 파국적인 삶을 보여줌.

- 주디스는 윌리엄 셰익스피어만큼이나 문학적 재능이 풍부한 소녀지만 오빠와 달리 제대로 된 교육을 받지 못하고 집안일을 하는 틈틈이 혼자 글을 익힘.
- 재능을 살릴 지원을 전혀 받지 못했어도 작가가 되고자 하는 강렬한 열망으로 가출을 감행하고 연극판에 뛰어듬.
- 결국 비웃음만 사고 감독의 아이를 임신한 채 자살로 생을 마감함.

(2) 16세기
- 상류층 여성이 수준 높은 교육을 받는 일이 더러 있었음.
- 르네상스 시기에 아들과 마찬가지로 딸이 집에서 가정교사나 부모로부터 교육받는 새로운 방식이 출현한 덕택이었음.

(3) 17세기 말
- 절반이상의 여성이 문맹이었고 여성의 교육제도는 전무했음.
- 빠른 속도로 여성의 문자 해독력이 높아지고 있었고 미미하지만 교육시설도 갖춰지기 시작했음.
- 종교개혁 이후 읽기교육이 강조됨으로써 국가와 교회의 장려 하에 소녀도 다닐 수 있는 초등교육시설이 세워졌음.
- 부유한 중상류층 딸을 위한 여자 기숙학교(글쓰기와 기초교육) 설립되었음.
- 중상류층 여성 교육의 가장 중요한 목표는 교양이 습득이었음.

(4) 17세기 후반
- 여성교육의 필요성 논의
- 로크: 가정 내 교육의 승패를 좌우하는 것이 여성교육임(Axtell, 1968).
- 디포: 여성이 교육을 잘 받아야지 남편의 더 나은 동반자가 될 수 있음 (Defoe, 1697).
- 여성 자신에게 어떤 이점이 있는가 보다 전통적인 여성의 역할을 수행하는 데 교육이 얼마나 기여할 것인지가 관심사였음.

(5) 남성과 동등한 여성교육을 향한 도전
  - 남성과 동등한 여성교육: 바슈아 메이킨(1600~1675)
    - 「여성교육의 부활론」(1963): 여성교육에 대한 인식을 바꾸려는 시도가 얼마나 어려운 일인지를 토로함.
  - 여성의, 여성에 의한, 여성을 위한 제안: 메리 아스텔(1666~1731)
    - 「진지한 제안」(1964): 여성고등교육의 필요성을 주창함.
    - 「결혼에 관한 고찰」(1700): 불평등한 결혼실상을 고발함.

(6) 여성고등교육의 실현
  - 18세기 블루스타킹 서클 같은 여성지식인 그룹의 형성.

- 18세기 말 메리 울스톤 크래프트(자유주의 페미니스트): 이성에 근거하여 여성교육의 정당성 피력함.
- 여성을 위한 정규교육기관: 퀸즈 칼리지(1848)와 베드포드 칼리지(1860), 벤스로우 하우스(1869), 거튼 칼리지(1873)

3. 근대 중국 여성교육

1) 전근대 사회의 여성상
   (1) 20세기 초반 중국 농촌 여행했던 영국 선교사 아서 스미스: 중국(천성림, 2005:39)
      ① 교육받을 기회가 없다.
      ② 처와 딸을 팔아넘길 수 있다.
      ③ 극단적 조혼 또는 만혼,
      ④ (입하나 줄이기 위한) 여자아이의 살해
      ⑤ 축첩
      ⑥ 처와 딸들의 자살
      ⑦ 인구과잉
   (2) 송나라 이후 성리학적 유교관념이 사회에 퍼져 일반적인 사회 관념이 되었음.
   (3) 여성의 바른 위치와 덕목은 가정과 가사능력이라는 고정관념이 굳어졌고, 여성교육의 시발점이 통치자의 남권 지배체제의 강화에 있었기 때문에 정치 문화영역에서 여성의 능력 발휘 기회가 차단되었음(이화여대중국여성서연구실, 2005).
   (4) 남편을 손님처럼 봉양하고 남편 사후엔 열녀가 되고, 부모님께 효도하는 효부가 되는 것이 최고의 삶이었음.
   (5) 전통시대 여성들을 고통에 몰아넣은 것은 전족(남성들의 사랑과 추종의 대상)이었음(고홍홍, 2002).

2) 근대 이후 여성교육의 보급
   (1) 중국에서 최초로 여성교육을 실시한 것은 서양선교사들에 의해서였음.
   (2) 1869년: 영국 성공회가 홍콩에 비리여숙을 설립하였고 구룡에는 빅토리아 여서원을 세웠음.
   (3) 1867년: 독일 신의회는 광중에 남녀서숙을 설립하였음.
   (4) 1887년: 미국 침례회에서 광주에 배도여숙을 세우고 배현여학을 증설하였음.

(5) 중국인에 의해 창립된 최초의 여학교: 1898년 상해에 설립된 경정여학당(현모양처 교육).
(6) 1899년 의화단운동 이후 청나라의 신정을 선포하면서 여성교육은 다시 활기를 띠게 되었음.
(7) 1902년 상해에 무본여숙이 설립되었으며 같은 해 겨울 애국여학(지식과 사상 위주의 교육)이 설립되었음.

3) 근대초기 양계초의 여성교육 사상
   (1) 양계초: 여자교육을 발전시켜야 한다는 사상을 실해에 옮겼음.
   (2) 「여학을 논하다」: 여성이 학문을 배워야 하는 이유를 설명하였음.
      · 일국의 국민이라면 당연히 직업을 가져 자양이 가능해야 한데, 여성은 그것이 불가능했음.
      · '여성이 재능이 없으면 덕이다'라는 말 때문에 여성은 이때까지 학문을 익히지 못하였음.
      · 서양의 아동교육은 모친으로부터 교육이 상당부분을 차지하므로 중국의 모친교육이 선행된다면 자식의 성장이 용이할 것임.
      · 태고는 예부터 전해 왔던 것이지만 서구의 우생학적 측면에서도 의미가 있음.
   (3) 여성해방이라는 중대한 문제와 연결되어 여성의 능력을 개발해야 한다고 하였음.

4) 민국시기(1911~1949) 여성교육의 전개
   (1) 1915년부터 시작된 5.4운동과 「신청년」을 필두로 한 신문화운동
      · 여성교육, 참정권, 자유연애, 일부일처제, 산아제한, 핵가족 같은 주제가 광범위하게 논의되고 실천되기도 하였음.
      · 사회적으로 진보한 여론과 실천행위로 인해 남녀평등 교육의 전제가 성립하였음.
   (2) 국민정부 시기 중 남경정부 시기(1928~1937)
      · 신현모양처상을 강조하였음.
      · 중등학교 교육과정: 가사관리와 육아에 관한 전문적이고 과학적인 신현모양처로 성장하기를 기대하였음.
   (3) 중국 공상당의 여성관
      · 사회해방과 노동해방이 가능할 때 비로소 여성해방이 가능하다 하였음.
      · 공산당 여성들의 지지와 지도하에 문맹을 깨치고 문화적 인식을 가질 수 있게 되었음.

제1장
평생교육과 여성

1. 평생교육

1.1 여성교육과 젠더 이해하기

1) 여성교육
   (1) 평생교육의 이념과 정의를 토대로, 국가·사회적 차원에서는 "모든 형식적·비형식적·무형식적 교육활동을 통해 체계적이고 조직적인 교육 프로그램을 여성들에게 제공하고, 여성들은 학습자 측면에서 기관이나 시설에서 제공하는 교육 프로그램활동에 참여하는 과정.
   (2) 자신의 지적 능력 개발과 향상은 물론 학습의 결과를 사회·국가적 차원에서 인정받아 삶의 질적 개선과 인격의 향상을 도모해 나가는 총체적 교육과정"

2) 젠더 이해하기
   (1) 생물학적 성(sex): 남성이나 여성의 신체를 규명하는 해부학적, 생리적 차이를 일컫는 단어로 일반적으로 생물학적인 남녀를 구분하는 신체적이면 유전학적인 용어.
   (2) 사회적 성(gender): 남녀 사이의 심리적·사회적·문화적 차이로 남성다움 또는 여성다움에 대하여 사회적으로 구축된 개념과 연계되어 있음(Giddens, 2009:372).
      · 여성다움: 의존적 주관적 수동적 비경쟁적이며, 모험심이 적고, 자신감이 낮고, 야망이 없으며, 섬세하며 온화하다 등.

· 남성다움: 독립적 객관적 경쟁적 모험적이며, 자신감과 야망이 있으며, 거칠고, 타인의 감정에 둔하다 등.

1.2 젠더 퀴즈

1) 다음의 글을 읽고, 섹스(S)와 젠더(G)를 구분해 보세요.
   (1) 여성은 아이를 낳고, 남성은 아이를 낳지 않는다. (　)
   (2) 어린 소녀는 부드럽고 수줍어한다. 남자아이는 거칠고 모험을 좋아한다. (　)
   (3) 여성들의 수입은 남성들과 비교하면 약 70% 정도가 된다. (　)
   (4) 여성들은 모유수유를 할 수 있고, 남성들은 우유수유를 할 수 있다. (　)
   (5) 여성은 아이양육에 대한 책임이 있다. (　)
   (6) 남성이 결정권을 갖는다. (　)
   (7) 고대 이집트에서는 남성들이 집에 버물며 직조를 했다. 여성들은 가족사업을 담당했다. 여성들이 재산을 상속받았으며 남서들은 그렇지 못했다. (　)
   (8) 남성들의 목소리는 사춘기에 변성을 한다. 여성들은 그렇지 않다. (　)
   (9) 유엔의 통계에 따르면, 여성들은 세계 전체 노동의 67%를 담당하지만, 그들의 수입은 전체의 약 10%를 차지할 뿐이다. (　)
   (10) 여성들은 자녀들의 교육수준에 관심이 많다. (　)

출처: 양성평등교육진흥원 홈페이지 자료실

1.3 평생교육의 제 의미

1) 모든 이를 대상으로 일생 동안 학습이 가능하도록 국가적 차원에서 기존의 교육체제를 개편해 나가는 이념적 성격을 내포하고 있으며, 개인적 측면에서는 자신의 자아실현과 삶의 만족을 위해 일생 동안 학습이 중요함을 깨닫고 학습활동에 참여하도록 하는 학습참여자의 내부적 의식 변화를 돕는 활동.

2) 핵심이념: 교육의 통합 즉, 수직적 차원의 교육과 수평적 차원의 교육의 통합.
   (1) 수직적 차원의 교육의 통합: '요람에서 무덤까지' 일생 동안 계속되는 교육의 단계 즉 유아기, 소년기, 청년기, 성인기, 노년기와 같은 각 단계의 교육이 분절되지 않고 서로 일관성 있는 교육의 과정으로 통합되는 것을 의미함.
   (2) 수평적 차원의 교육의 통합: 개인과 사회에 존재하고 잇는 교육 영역 즉, 가

정, 학교교육 및 사회교육 등이 단절되지 않고 서로 긴밀하게 제유, 협력하며 다방면에 충분히 참여할 수 있게 하는 교육을 의미함.

3) 개개인들이 그들의 삶의 질 향상을 위하고 전인적인 성장발전 및 환경과의 조화 속에서 사회적인 변화 발전에 기여하는 삶을 영위할 수 있도록 돕는 행위.

4) 구체적으로 평생에 걸쳐서 그 단계 및 수준에 따라 요청되는 제반 지식과 기능, 태도 및 가치관, 새로운 역할을 습득할 수 있도록 시회, 장소, 프로그램, 교사, 교재 등을 제공해 주는 역할을 의미함.

1.4 인간, 그리고 배움과 학습

1) 인간
    (1) 인간은 스스로 배움과 학습을 통하여 경험을 축적해 가면서 살아가는 학습동물이며, 인간으로 머무르기 위해서 일생 동안 배움은 필수적임.
    (2) 인간들은 스스로의 학습능력과 학습자발성을 지니고 태어남.
        -인간들은 자신의 전생애과정을 배우고 익히며 살아가는 것이 본능임.

2) 배움과 학습
    (1) 배움: 일상생활 속에서 터득하고 느끼며 삶의 양식을 개선시켜 나가는 무의식적 행동.
    (2) 학습: 배움을 조력하고 체계화하여 자신의 삶살이를 개조시켜 나가는 행위.
    (3) 배움은 경험의 과정이며, 학습은 경험의 축적과정이며 창조적 행위를 위한 수단임.
    (4) 배우기를 중단하는 사람은 삶을 포기하는 사람과 같음.
    (5) 배우기를 계속하는 사람들은 삶을 이상적으로 만들어 가는 사람들.
    (6) 이 세상에서 비록 가볍게 여겨지는 그 어떤 것이라도 찾아내어 매일 같이 의미있는 것들로 바꾸어 가는 장인들을 배우고 익히는 사람들이라고 말할 수 있음(한준상, 2001).

1.5 학교교육과 배움

1) 학교교육(schooling)
    (1) 공식적이고 조직적인 교육기관

(2) 특정 장소에서 정해진 기간 동안 고정적인 교과내용만을 교사가 학생들에게 전달·주입하는 일련의 반복되는 훈련과정이며 사회화 과정.
(3) 본인의 의사와 관계없이 아동기 및 청소년기에 처한 일정한 시기에 교사가 주체가 되어 합리적인 사고와 사회의 관습 함양, 그리고 인력개발 수단으로 주력하고 있으며, 제도와 체제의 틀 속에 학생들을 편입시켜 본질적인 욕구와 놀이의 즐거움을 상실케 하고 있음.
(4) 주입식 교육과 형식적이고 작위적인 행위의 반복이 이루어지고 있는 형태.
(5) 형식적, 제도적, 강제적, 획일적이며 폐쇄적.

2) 비공식적이며 비조직적인 생활과정 속에서의 배움
(1) 의도되지 않은 무의식적인 상태에서 일생 동안(lifelong) 지속되며, 모든 생활 전반(life wide)에 걸쳐서 일어나는 일련의 행위이며 하나의 과정.
(2) 어떤 것을 알고 이용하려는 의도적·조작적 측면에 있어서도 배움과 학습행위는 일어남.
(3) 모든 공간에서 이루어짐.
(4) 인간의 삶 그 자체가 배움 활동이며, 행위자 중심이며, 각자의 개인적 판단과 이해력 신장의 추구, 자아실현의 촉진, 개인적·개별적 학습방법 그리고 한 인간이 죽음에 이르러 종결되는 비작위적이며 비형식적인 총체적 배움의 과정이며 학습행위임.

3) 학교교육만으로는 사회생활의 준비는 가능할 지 모르나 생애 전반에 걸친 모든 삶의 가치를 누리는 데는 한계가 있음.

1.6 평생학습과 평생교육

1) 평생학습
(1) 일생 동안 삶의 전반에 걸쳐 일어나는 학습.
(2) 인간의 중요한 학습 경험은 특정 시기의 학교생활뿐만 아니라 전체적 삶을 살아가면서 즉, TV, 일터, 놀이터, 직장, 여가활동, 친구들과의 접촉, 문화센터, 도서관, 박물관, 미술관, 교회 등을 통하여 많은 것들을 알게 되고 경험하게 됨.
(3) 자신과 인간관계를 맺고 있는 여러 사람들을 통해서 많은 것을 경험하게 되고 얻고 배워 나감.

(4) 무의식적인 그리고 비작위적인 배움 과정을 의도적이며 계획적인 학습참여를 통하여 시대의 변화 요구에 대응해 나갈 수 있는 학습능력과 학습자발성을 강화시켜 나갈 수 있는 의식과 사고의 전환이 필요함.

(5) 자발적으로 학습에 참여하여 이 시대가 요구하는 인격체와 민주시민으로 거듭날 수 있도록 의도적으로 자신의 변화를 촉진하는 총체적 배움과 학습행위 (한상길, 2001).

2) 평생교육

(1) 평생학습을 바람직스럽게 마련해 주고 촉성해 주는 일(김난수 외, 1985)학습.

(2) 학습자들이 좀더 의도적이며 계획적으로 학습목표를 성취해 나가면서 자신의 행동 변화를 경험할 수 있도록 평생학습을 조직적으로 촉성해 나가기 위한 교육체제, 교육제도를 마련해 주는 국가적·사회적 차원의 교육체제 개편을 위한 이념지향적 성격을 지닌 지도원리.

(3) 지금까지 산만하게 흩어져 있던 주변의 교육적 영향력을 잘 정리하여 평생학습을 통하여 학습자들의 자아실현을 돕는 것.

(4) 학습자들이 학습참여를 통하여 자신의 문제를 스스로 해결해 나갈 수 있도록 교육시설이나 기관의 정비, 학습 프로그램의 개발과 제공, 평생 학습 정책의 전개, 법령, 제정, 자원 사용 계획, 교사와 학습자 간의 상호 조직화 등의 지원을 위한 교육체제를 만들어 평생학습을 돕는 행위.

〈문제〉 다음 중 젠더를 뜻하는 것은?
① 생물학적 성 ② 신체적인 용어 ③ 유전학적인 용어 ④ 사회적 성

2. 안드라고지와 여성평생학습

2.1 안드라고지(andragogy)

1) 교육: '가르침'을 의미라기보다 '성장 혹은 가능성의 실현'을 지칭한 것.

2) 교육학: 성장에 관한 모든 것을 체계화시킨 것으로 일상생활로부터 시작되었고 학습으로 실천됨.

3) 안드라고지: 삶의 실천과 삶에 대한 배우기의 실천.
   (1) 고대 그리스 도시국가 아네테 폴리스의 아고라(agora)장터에서 aner(andra, 사람)를 대상으로 전쟁술이나 폴리스에서의 정치참여법 등을 가르치는 교육/학습활동을 지칭.
   (2) 시민교육이자 인간교육이며 현재 행해지는 공동체 학습의 원형.
   (3) 인류 출현 이래 인간의 배움과 교육활동을 총체적으로 서술해 주는 핵심적 개념(한준상, 2001).
   (4) 1960년대 이래 영미를 중심으로 하는 교육학계에서는 성인교육과 같은 의미로 사용되고 있음.

4) 성인교육학
   (1) 1883년 독일의 교사인 케프(Kapp)에 의하여 만들어짐(권두승, 1995: 315).
   (2) "성인의 학습을 원조하는 기술 및 과학"(Knowles, 1970)

5) 노울즈(1970)의 『현대성인교육의 실천: 안드라고지 대 페다고지』
   (1) 안드라고지
      · 자아개념이 의존적인 성향에서 자기주도적인 성향으로 변해간다.
      · 학습자가 경험을 축적해 감에 따라 학습자원도 증가하게 된다.
      · 학습에 대한 준비도는 점차로 사회적 역할의 변화에 따라 그를 적절하게 수행할 수 있는 발달과업을 지향하게 된다.
      · 학습은 미래 생활을 대비하기 위한 것이 아니라 실제적인 것이 되어가고, 이에 따라 학습성향은 교재 중심에서 자질개발 중심으로 변화해 간다.
   (2) 페다고지
      · 학습자는 의존적 성향을 지니고 있다.
      · 학습자의 학습 경험은 거의 가치가 없으며, 단지 하나의 출발점은 될 수 있다.
      · 인간은 사회생활에 필요시 된다는 내용은 어떤 것이든지간에 학습하게 되어 있다.
      · 학습에 있어서의 시간관은 미래 지향적이며, 교재 중심의 학습을 하게 된다.

6) 한준상(2001)
   (1) '학습인간에 관한 교육과학, 학습인간의 원형을 설명해 내는 과학적 접근'

(2) 행동과학과 정신과학에서 발견된 여러 원리를 인간의 교육 현상에 적용하여 여러 가지 현실적인 학습문제를 풀어내거나 설명해 주는 종합 학문.
   (3) 인간의 자아실현과 공동체 모듬살이를 위해 필요한 예지일탈(叡智逸脫)을 촉진하도록 도와주는 학습방법 및 교육과학.
      ·예지일탈력: 지혜를 영원히 갈구하는 인간의 의지
 7) 특성
   (1) 교수자와 학습자 간의 수평적 인간관계 유지
   (2) 삶의 시작에서 종료까지의 모든 행위가 개인의 경험에 교육적 의미를 줄 수 있는 과정
   (3) 스스로 학습방법 익히기와 같은 메타학습 강조
   (4) 학습자들의 학습동기 존중과 자기주도적 학습계획 추진
   (5) 쓰임새가 높으면 그 무엇이든 학습내용으로 가능하다는 것.

2.2 성인교육의 핵심

1) 신 실용주의 안드라고지

2) 나 홀로 혹은 자기 혼자 살아가는 이를 위한 것이 아니라 더불어 살기 위함이고 더불어 배우기 위함이며 더불어 살기 위해 배우는 공동체.

3) 사회 구성원들의 적극적인 만남과 대화 그리고 관계의 확장을 지지하고 지원해야 함.

4) 사회적 두뇌를 위한 열린 공동체 교육으로 그리고 집단 존속을 위한 학습능력과 공동체 형성의 능력을 지속적으로 향상시켜 나가는 방향으로 실천되어 가야 함.

5) 성인 개개인이 그들의 생활세계 안에서 나름대로 삶을 개선시켜 나가고 내면적인 행동의 변화가 나타날 수 있는 다학문적·다학제적 연구 중심을 전제로 성인교육은 실천되어야 함.

6) 각 사회에서 어른 혹은 성인으로 인정되는 사람들에게 그들의 능력과 지식을 풍부하게 해 줌은 물론 기술적·전문적 자격을 갱신하거나 전환할 수 있도록 하여 그들 자신과 사회의 필요를 충족시켜 주는 총체적 학습과정이 곧 성인교육활동임을 인식시켜 나가야 함.

7) 개인적 차원의 학습요구 실현을 넘어선 국제사회의 공동언어로 등장하고 있음 (G-8국가 정상회담, 1999년 6월).

2.3 여성평생학습

1) 평생교육시설의 학습참여자 대부분은 여성들임.
    (1) 여성인구가 점진적 증가.
    (2) 자기계발을 위해 배움 활동에 보다 적극적임.

2) 여성가족부통계(2006) : "2635 여성들에 대한 인식조사"
    (1) 취업포털스카우트와 열린사이버대학 공동연구.
    (2) 응답여성 중 63%이상이 '자기계발'을 가장 중시하고 있음.
        · 자기계발>돈(18%)>건강(12%)>결혼(7%)
    (3) 칙릿(Chick-lit)현상: 90%이상이 긍정적인 반응.
        · 젊은 여성을 의미하는 속어(Chick)+문학(Literature)를 결합시킨 말로 20대 여성 독자를 겨냥한 영미권 소설을 말함.
        · 치크북: '악마는 프라다를 입는다', '섹스앤더시티', '여자생활백서', '2635 세대 빛나는 여성을 위한 삶의 지혜'.
        · 삶의 태도
            -금욕적인 것보다 하고 싶은 것은 하고 먹고 싶은 것은 먹으면서 산다.
            -소비하면서 저축도 한다.
            -자신의 일에 최선을 다하는 여성이 사랑 받고 성공한다.
            -외모 가꾸기와 여가생활에 돈을 아끼지 않는다.

3) 여성교육
    (1) 여성들이 보다 인간답게 살 수 있도록 하며, 여성의 잠재능력을 계발하여 사회발전에도 기여할 수 있게 하여야 한다는 명제에서 출발함.
    (2) 평생교육의 관점에서 보는 것은 여성도 사회 구성원의 중요한 일원이고 특히 여성은 남성과 대비되는 집단으로서 여성만의 특성을 지니고 있기 때문임.

4) 여성평생교육의 중요성
    (1) 교육 소외집단으로 취급 당해왔기에 사회보장 차원에서 중요하며 필요함.

(2) 여성의 사회진출 기회가 확대되면서 사회화의 중요성 대두, 새로운 지식욕구의 생성과 이의 충족을 위한 학습욕구의 증대 그리고 사회와 가정으로부터 여성의 역할요구 증대 등에 의해 필요성 확대됨.
(3) 기계기술과 공학의 발달 및 물질문명의 생산과 변화, 핵가족화, 단산으로 인한 저출산 가족문화 형성, 직업생활 구조의 변화, 여가시간 증대, 유비쿼터스 사회의 도래 등은 여성들의 교육욕구 증대와 함께 평생교육활동에의 참여를 촉진시켜 나가는 결과를 가져옴.

5) 21세기는 여성이 능력을 발휘하는 시대.
  (1) 해마다 고등교육을 받은 여성의 수는 급격히 증가하고 있음.
  (2) 받은 교육을 사회나 자신의 발전을 위해 사용하는 기회가 흔치 않음.
  (3) 한국 여성의 경제활동 참가율은 약 40%정도.
  (4) 고등교육을 받은 여성들의 취업률은 상대적으로 저조한 편이며, 교육수준이 낮을 수록 취업률은 높으나 이들은 대부분 생산직에 종사하고 있음(김재인 외, 2001).

2.4 여성평생교육의 목적

1) 「여성발전기본법」의 제3장 '여성정책의 기본시책' 중 제21조의 평생교육
  (1) 한국사회에서 여성의 평생교육이 지향하는 이념: "국가 및 지방자치단체는 국공립 연구기관 및 평생교육기관과 기업체의 연수교육과정에서 남녀평등의식을 제고하는 교육이 실시되도록 노력하여야 한다."

2) 「제7차 경제사회발전 5개년 계획: 여성개발계획」
  (1) 여성의 평생교육의 기본 목표: "여성 자신의 자질 향상, 자기충족, 사회적 활동에의 적응 및 참여를 통해 사회발전의 주체를 양성, 여성 자아실현을 가능하게 할 수 있는 남녀평등의식의 고양".

3) 「2000년을 향한 국가 장기발전 구상」
  - 여성발전의 3대 이념적 지표: 자존과 계발, 참여와 공존, 평등과 공평(곽삼근, 1998).

4) 우리나라 성인여성의 생활 경험에 기초한 평생교육의 요구(곽삼근, 1997)
   (1) 가정이나 사회에서 도태 당하지 않기 위한 교육요구.
   (2) 여성의 활동 인지와 지위향상을 위한 교육요구.
   (3) 경제적 자립과 평생교육 직업을 갖기 위한 교육요구.
   (4) 자기활동의 세계를 갖기 위한 교육요구.
   (5) 가사와 직장의 이중부담에 대응하기 위한 교육요구.
   (6) 여성의 강점을 신장시켜 주기 위한 교육요구
   (7) 취업여성의 전문성 개발을 위한 교육요구

5) 여성평생교육의 목적(김재인, 2001)
   (1) 여성의식을 함양하고, 여성의 능력과 자질을 개발하여 사회참여를 확대하고, 자기충족감을 갖게 하여, 자아를 실현시킴으로써, 여성의 삶의 질을 높이고, 여성의 인간화와 지위 향상을 도모하여 궁극적으로 평등사회를 실현하는 데 있다고 주장함.

6) 지식사회에서 여성이 자아 존중감을 높이고, 자신의 학습요구를 만족시키며, 자신의 잠재력을 계발하고 일이나 자원봉사를 통하여 자아를 실현하여 나가며, 남녀가 평등사회를 만들어 가는 데 힘쓰며, 민주사회의 구성원으로 사회활동에 참여하며 함께 더불어 사는 자아실현을 목적으로 하고 있음..

7) 여성의 평생교육의 목표(한국여성개발원, 1995) : "여성의 인간화"
   (1) 여성의 인간화를 위하여 삶의 질을 향상시켜야 하는 일이 가장 기습한 과제로 알려져 있고, 삶의 질 향상은 평등사회를 향상시켜야 하는 일이 가장 시급한 과제로 알려져 있고, 삶의 질 향상은 평등사회를 구현할 때 가능한 것으로 보았음.
   (2) 여성을 위해서는 여성의 능력과 자질을 향상시키기 위한 교육이 필요하므로, 여성의 인적자원개발을 위한 개인개발교육과 직업·기술교육 그리고 여가·교양교육이 이루어지도록 해야 함.
   (3) 여성평생교육의 목적과 내용(한명희, 1994)
      ·직업 관련 전문지식의 연마를 위한 평생교육
      ·학력 증진 및 보완을 위한 평생교육

- 여가 선용 및 교양향상을 위한 평생교육
- 생활 개선에 필요한 새 지식을 위한 평생교육
- 여성의 가정적 역할 향상을 위한 교육
- 여성의 의식화를 위한 교육
- 여성을 통한 사회운동 및 사회 개혁을 위한 교육
- 새로운 남녀관계와 현대화를 위한 일반 평생교육

2.5 현모양처의 육성

1) 여성발전기본법 제정(1995) : 양성평등사회 구현을 위한 기반이 구축되어 가고 있었음.
   (1) 여성의 생활과 의식이 크게 변화되었고, 가정에서의 역할보다 사회적 참여를 중시하는 측면에서 각종 기회에의 참여로 여성교육의 목적이 변화되고 있음.
   (2) 가정의 중요한 생활공간이었던 여성은 사회활동에 적극적으로 참여하며 자아의식을 변화시켜 가면서 자신의 삶의 질을 향상시키려는 의식도 높여가고 있음.

2) 1970년대 중반 이후: 민주화와 양성평등을 위한 운동전개.
   (1) 전통적 사회체제에 강력히 저항하며 경제활동에의 참여요구와 임금, 승진 그리고 배치 등에 따른 불평등과 취업조건의 남녀차별 관행 철폐도 요구하였음 (권영자 외, 2003).

3) 1980년 이후: 사회참여에서의 양성평등을 요구.

4) 1990년대: 여성의 정치참여 확대 운동으로 발전.
   (1) 남녀고용평등법 제정(1987),과 영유아보육법(1991), 여성개발법(1995), 그리고 호주제 폐지(2005) 등. 평균수명의 연장과 저출산고령화 현상은 중연 여성이 자신의 삶을 재평가하여 새로운 삶을 지향하도록 하는 중요한 학습참여 목적이 되고 있음.

5) 사회변화에 적극 대체해 나가기 위한 새로운 의식과 사고의 전환, 사회활동 참여 기회 확대, 자아계발 및 욕구충족, 경제활동 기회 확대를 위한 취업 및 부업 준비 등을 위함.

6) 여성들은 평생교육을 통해 개인의 충족된 삶을 위한 욕구와 야망을 실현할 수 있도록 국가적·사회적 차원의 여성평생학습 결과에 대한 인증 및 평가체제가 만들어져야 할 것임.

〈문제〉 다음 중 칙릿현상에 있어서의 삶의 태도가 아닌 것은? (   )
① 금욕적이면서 하고 싶은 것은 하고 먹고 싶은 것은 먹으면서 산다.
② 소비하면서 저축도 한다.
③ 자신의 일에 최선을 다하는 여성이 사랑 받고 성공한다.
④ 외모 가꾸기와 여가생활에 돈을 아끼지 않는다.

3. 성의 학습가능성과 여성 평생학습력 촉진이론

3.1 여성의 학습가능성

1) 성인학습자
   (1) 다양한 경험과 강인한 정신 그리고 안정된 사회적 기반을 갖춘 학습수요자.
   (2) 자기주도적인 삶의 태도를 지향하고 더불어 학습환경도 기존 제도권 교육환경과는 다른 신체적 변화에 적응 가능한 환경을 요구함.
   (3) 일반화되고 추상적인 사고를 추구하며, 그들의 욕구를 피력함으로써 자신의 학습목표를 설정하고 스스로 학습 프로그램에 참여함.

2) 성인
   (1) 조직화되고 지속적인 자아개념과 자존심을 소유하고 독립적인 인격체로서 학습활동에 참여함.
   (2) 사회 내에서 맡고 있는 지위 때문에 늘 생산적인 활동에 참여해야 한다고 생각함.
   (3) 때로는 학습에 대한 불안증이나 선입관 등에 의해 학습참여를 꺼리거나 회피하는 성인들도 많음.

3.2 성인학습에 영향을 미치는 요인

1) 생리적 요인: 연령과 지능과 기억력 및 신체의 변화
   (1) 성인심리학자 비렌(Biren, 1978)
      · 성인의 학습가능성은 성인들이 효율적인 언어를 사용하여 타인과의 관계를 적절히 유지할 수 있는 기술을 갖고 있으므로 가능함.
      · 성인학습에 영향을 미지는 요인: 연령과 건강을 비유
         - 연령보다는 학습자의 교육이수기간이 더 중요하다.
         - 학습의 효과 및 속도의 차이도 연령보다는 학습자의 지각과정, 태도, 주의집중, 학습동기, 질병 등에 더 큰 영향을 받는다.
         - 성인의 건강은 학습의 중요한 요인으로 교육환경 및 조건만 적당하다면 학습능력에는 큰 차이가 없다.
   (2) 성인학습과 연령: 학습능력이 연령 증가와 함께 감퇴하는 현상은 학습능력을 계속 사용하지 않고 경험 축적기회가 줄어들기 때문임. 학습능력 자체가 감퇴하는 것은 아님.
      · 속도의 감퇴, 동기의 저하, 건강, 연습기회의 부족, 감각능력의 저하 등
      · 기억력 감퇴도 큰 문제가 되지 않음. - 충분한 시간적 배려와 시청각 기자재의 활용, 반복적 연습, 학습자료의 재분류에 따른 조직화, 긴 학습내용보다는 짧은 내용의 반복 등

2) 심리적 요인
   (1) 성인들이 일상생활과정에서 더 발전된 사고와 의식을 갖추고, 열심히 탐구할 수 있는 분위기를 조성해 줄 필요가 있음.
   (2) 일상생활의 복잡성 증가로 인하여 불안하고 자기 계발이 요구되는 시기인 성인기에 편안하고 안정되게 학습에 몰입할 수 있는 학습환경 조성과 제공이 성인학습능력을 증가시킬 수 있음.
   (3) 학습 편성에 있어서 학습자 자신과 유사한 조건을 갖춘 동료 학습자와 함께 수강이 가능하도록 하면 정서적으로도 안정되고, 학습의욕을 고취시켜 나감은 물론 대인관계 능력도 향상시켜 나가게 됨.
   (4) 성인들의 성격, 외모, 학습에 대한 흥미, 사회적 지위, 직업, 대인관계 능력 등.
   (5) 불쾌한 잔소리나 감시 혹은 학습활동에 있어서의 인격적 무시 등.

3) 정의적 요인: 학습동기, 인성, 흥미, 태도 등
   (1) 학습동기
      · 내적 동기유발을 촉진시켜 주기 위해 직업과 관련된 새로운 학습 자료를 제공해 줌과 더불어 그 학습 자료의 장래 이용도와 가치를 강조함.
      · 학습자가 학습목표에 어느 정도 접근해 가고 있는가를 스스로 인식할 수 있도록 학습과정에 있어서 학습내용을 수시로 환류시켜 주어야 함.
      · 새로운 학습 자료는 현재 진행 중인 교육과정의 내면뿐만 아니라 학습자가 외부에서 학습한 학습내용과도 관련시켜 제시함.
      · 수업 중 학습자에게 결론에 도달할 때까지 항상 문제 제기를 하도록 요구함.
   (2) 인성
      · 연령이 증가하면서부터 자신이 알지 못하는 사람들과 쉽게 친해지기도 꺼려 함.
      · 소극적이며 자신의 일에만 몰두하려고 함.
      · 행동이나 사고방식은 점점 더 경직성을 갖게 됨.
      · 보수적이며 변화를 싫어하고 새로운 아이디어를 받아들이는 데 더 소극적임.
      · 시간이 걸리더라도 가능한 한 잘못된 것을 피하고 조심스럽게 행동함.
      · 자신감 결여: 연령 증가에 따른 일반적 능력 감퇴, 젊음을 지향하고 숭상하는 사회풍조, 그리고 연약함과 불완전한 존재라는 인식으로부터 생겨나는 불안감 등.
   (3) 흥미: 신체적 능력, 성욕, 인성, 직업, 문화적 기대 등.
      · 나이가 들수록 신체적인 대담성이나 위험성이 내포된 활동에 대해서는 흥미가 줄어들고, 자신에게 친숙해져 있는 습관이나 관습에 대한 변화의 요구나 간섭이 뒤따르는 학습이나 일에 대해서는 싫어함.
      · 자신의 직업에 관한 호기심, 어휘력 증대, 글쓰는 일 등에 대한 흥미는 감소하나, 독서와 같이 혼자서 하는 활동이나 일에 대해서는 다른 사람들과 함께 행하는 활동보다 더 호의적인 반응을 보임.
   (4) 태도
      · 연령이 증가함에 따라 안정되고 고정화되는 경향이 나타남.
      · 성인들에게 있어서는 의사전달 자체로만은 변화시키기 어려움.
      · 개인의 직업이나 직종은 자신의 특수한 학습능력에 많은 영향을 미침.
      · 지능검사에서도 자신의 직업과 관련된 항목에서는 더 높은 지능지수를 얻음.

· 전문직을 가진 사람들은 일반적으로 약 70세까지도 자신의 직업에 관련된 어휘들을 쉽게 이해하고 학습하는 데도 별 문제가 없음.

3.3 여성의 학습가능성

1) 성인들의 신체적, 생리적, 정서적 경험 등 심신의 전반적인 상태와 기능이 새로운 학습을 받아들일 수 있는가에 대한 준비성의 확인이 가능해짐.

2) 성인이 어떠한 동기에서 학습참여를 결정하였으며, 지속적인 학습참여를 위하여 어떻게 동기유발을 시켜 나가야 될 것인가에 관한 설계가 가능함.

3) 지능과 기억이 성인들의 학습효과에 어느 정도 영향을 미치는지를 확인할 수 있으므로 학습활동 참여에 자신감을 가질 수 있도록 학습방법 설계가 가능함.

3.4 여성 평생학습력 촉진 이론

1) 밸런키(Belenky et al., 1986)의 연구
   (1) 여성 학습자는 타인에 의한 수동적 인식자로부터 스스로 사고할 수 있는 주체적 인식자로 발달해 감.
   (2) 자아, 권위, 진리, 중장에 대해 초기에는 수동적 인식자가 되지만, 차츰 자신의 정체감과 자기존중감을 수립하는 주관적 인식자로 발달함.
   (3) 자신이 갖고 있는 다양한 지식과 경험을 내면화하여 최종적으로는 타인의 것과 창조적으로 통합하고 새롭게 구성해 나가는 구성적 인식자에 도달함.
   (4) 현대 여성들의 요구가 다양하며, 삶을 살아가는 상황이나 사건 혹은 위기 등에 관한 극복방법들이 다양함을 나타내는 현상임.
   (5) 여성들의 학습욕구 유발 및 학습참여 동기를 강화해 주는 요인이 됨.

2) 메지로우(Mezirow, 1995)
   (1) 성인이 새로운 관점에서 삶을 조망하도록 시각 전환이 가능할 때 평생학습이 일어난다는 전환학습을 강조함.
   (2) 학습을 통하여 학습자의 의식이 전환되는 것.
   (3) 학습자가 의미를 만들어 가는 과정을 중시하면서 학습이란 단순한 정보나 사

실을 획득하는 것이 아니라 의미를 만들고 이전에 알고 있었던 지식을 전환시키는 역동적인 과정(Jarvis, 1992).
  (4) 학습이란 의미를 구성하는 것이며, 의미를 만들어 내는 것.

3) 노울즈(Knowles)
  (1) 성인들은 스스로 자신의 학습요구를 진단하고, 학습목표를 결정하고, 학습에 필요한 물적·인적 자원을 탐색하고, 적절한 학습전략을 선택·시행하며, 학습결과를 평가하는 자기주도적 학습능력이 강함.
  (2) 자기주도적 학습은 남성 학습자보다는 여성들의 성격이나 품성에 비추어 볼 때 여성 학습자들이 현실을 긍정적으로 인정하면서 자신의 주어진 상황에서 학습참여를 가능하게 해주며, 그들의 인식 전환이 가능하도록 해주는 학습방법이라고 할 수 있음.

4) 프레리(Freire)의 의식화 이론
  (1) 성인들의 진정한 '자유와 해방'에 관심을 가졌으며, 이의 실현은 의식화를 통해 가능하다고 봄.
  (2) 인간은 의식적인 존재로서 인간만이 행동을 통해 세계를 변화시키며, 동시에 창조적인 언어를 사용하여 세계와 현실을 표현할 수 있다고 함.
  (3) 의식화
    · 현실에 대한 뚜렷한 인식을 하지 못하도록 가로막는 여러 장애물들을 제거하는 것.
    · 민중의 의식을 혼란스럽게 하고 민중 자신을 애매모호하게 느끼도록 하는 문화적 왜곡을 깨뜨리도록 도와주는 것.

5) 하버마스(Habermas)의 의사소통학습이론
  (1) 개인들의 삶을 활동적이고 창조적이게 하며, 나만이 아닌 다른 사람과 더불어 더 나은 공동체적 삶을 만드는 것을 추구함.
  (2) 인간 중심적이고 공동체 지향적인 삶을 만들어 갈 수 있음.
  (3) 학습자들이 상호간의 이해를 바탕으로 합의에 도달했을 때 인간다운 삶을 더불어 살아갈 수 있도록 '살아가는 방법(way of living)'을 학습하는 것.
  (4) 단절된 인간관계를 회복시켜 주며, 학습자와 교사를 포함하여 학습참여자 간

의 상호 이해를 중시함으로써 평등한 학습 풍토를 조성하고, 상호 이해를 바탕으로 새로운 개념을 생성하고 실천하는 학습.
(5) 인간다운 삶을 함께 살아가도록 하는 공동체적 삶의 양식을 실천하는 방법을 배워 나가는 것을 의미함.

3.5 성인학습에 장애가 되는 요인

1) 성인학습에 장애가 되는 요인: 상황적 장애요인, 기관·제도적 장애요인, 학습자의 성향적 장애요인(참여의 결정, 즉 참여와 비참여 결정과 학습을 계속하는가 또는 중도 탈락하느냐 등)

2) 학습참여 저해요인(Cross, 1982)
   (1) 상황적 저해요인: 비용, 시간 부족, 개인적 문제 등.
   (2) 제도적 저해요인: 교수내용 및 방법에 대한 불만, 교육과정의 부적절성 등.
   (3) 정보적 저해요인: 전 교육목표 달성 후 새로운 교육 프로그램을 찾지 못한 경우.
   (4) 심리적 저해요인: 조직화된 성인학습 활동에 대한 참여를 방해하는 개인적인 신념이나 가치, 태도 또는 지각을 의미함.

3) 학습 저해요인(권두승, 2000)
   (1) 상황적 저해요인: 교육비, 책, 책임, 자녀 보호, 교통수단의 결여, 학습 혹은 훈련장소의 결여, 친구 혹은 가족이 그 생각을 좋아하지 않는 것 등
   (2) 제도적 저해요인: 학습시설이나 기관에 등록하여 배우는 과정 자체를 꺼려하는 태도, 프로그램을 완벽히 이수하는 데에 걸리는 시간의 과다함, 등록에 대한 정보의 부족, 참여에 대한 제한, 원하지 않은 교과과정 이수, 복잡한 등록 절차 등.
   (3) 심리적 장애요인: 시작하기에 너무 늦었다는 두려움, 과거의 부정적 경험들, 학습이 즐겁지 않으며 지루하고 피곤한 강의, 컴퓨터 등의 매체를 이용한 학습에 대한 공포 및 자신감 상실, 학습결손 등.

3.6 여성의 학습참여를 저해하는 요인

1) 여성의 학습참여를 저해하는 요인
    (1) 시간부족과 비용문제, 학습에 대한 자신감의 결여, 관심 부족, 교육과정의 부적절성, 정보 부족, 지역적 특성, 가정적 책임 및 가족이나 주변의 이해 부족 등.

2) 여성의 학습 장애요인 분석연구(허선영, 2003)
    (1) 시간부족(44.1%)>비용부담(18.4%)
    (2) 자녀교육이 주된 중년 여성의 과업상 주부들의 시간 조절의 어려움과 비용부담의 어려움이 반영된 결과.
    (3) 육아시설의 부족, 교육시설의 부족 등
    (4) 개인적 원인보다 환경적 요인이 더 많음.

3) 여성 평생교육의 환경 개선의 필요성
    (1) 영유아를 위한 놀이방과 유아기와 학동기 자녀들이 참여할 수 있는 프로그램도 운영함으로써 여성들이 자녀로 인해 교육기회를 방해받지 않도록 하는 배려가 필요.

4) 여성학습자(최우실, 1997; 곽삼근, 1996; 권두승 외, 1999)
    (1) 시간적 제약이나 학비에 대한 부담, 가족의 몰이해와 비협조, 교육 프로그램에 대한 정보 부족 등.
    (2) 학습능력에 대한 자신감 결여, 오랜 학업 중단에서 오는 자신감 상실과 두려움, 학습 그 자체에 대한 공포감과 학습 스트레스 등.

<문제> 다음 중 성인학습에 여향을 미치는 요인에 해당되지 않는 것은?
① 기억력   ② 성격   ③ 학습결과   ④ 태도

제2장
여성교육의 역사적 변천

1. 전통사회와 여성교육

1.1 삼국시대 여성교육

1) 설화 속의 여인들
   (1) 선화공주: 백제에서 마름을 팔던 소년 소동과 결혼한 신라 경덕왕의 딸.
   (2) 평강공주: 바보 온달에게 결혼한 고구려 평원왕의 딸.
   (3) 수로부인: 동해용왕에 납치되어 돌아와 신기한 용궁의 얘기를 거침없이 토해 내는 활달한 부인.
   (4) 설씨녀: 약속을 지킨 효녀.
   (5) 도미의 처: 백제와의 절대권력 앞에서 기지를 발휘해 위기를 모면한 여인.
   (6) 처용의 처: 자유분방한 신라의 여인.
   (7) 전통사회의 여인들은 당당했고 자기주장이 있었으며 활달하였음.

2) 중국의 유교적 전통이 깊숙이 자리 잡은 남성 위주의 사회
   (1) 사회진출은 남성 중심.
   (2) 교육 역시 양반 상류층 남성 중심의 전유물이었고 국가관리 양성의 입신출세 지향의 교육을 시킴.
   (3) 최고의 교육기관인 대학: 고구려(태학), 백제(미상), 신라(국학), 고려(국자감), 조선(성균관)
   (4) 남성 위주의 교육.

3) 여성들에 대한 교육: 출산, 육아, 물레질, 밭매기 등 실생활 위주 가사일에 도움이 되는 교육을 주로 전수함.

4) 평범한 일반여성: 정해진 교육기관에서 정해진 교사에게 교육받은 일은 없음.
   (1) 신라시대 향가 원왕생가: 주인공 분황사의 여종인 보살이 남편인 광덕과 남편 친구 엄장을 극락왕생시켰다는 이야기.

   (2) 경덕왕 때 여인 희명의 천수대비가: 눈먼 아들의 눈을 틔우기 위해 지었음.

⑤천수대비가(千手大悲歌)=도천수관음가, 도천수대비가 - 作희명부인 신라 경덕왕, 10구체

膝肹古召旀 (을흘고소며)   무릎을 꿇고 앉아
二尸掌音毛乎支內良 (이시장음모호지내량)   두 손바닥을 모아
千手觀音叱前良中 (천수관음질전량중)   천수관음 앞에
祈以支白屋尸置內乎多 (기이지백옥시치내호다)   소원을 비옵니다.
千隱手叱千隱目肹 (천은수질천은목흘)   천의 손으로 천의 눈으로
一等下叱放一等肹除惡支 (일등하질방일등흘제악지)   하나만 내놓아 어둠을 덜도록
二于萬隱吾羅 (이우만은오라)   두 눈이 다 먼 나를
一等沙隱賜以古只內乎叱等邪 (일등사은사이고지내호질등사) 하나만 주어 고치옵소서
阿邪也 吾良遺如支賜尸等焉 (아사야 오량유지사등언)   아아 내게 끼쳐 주신다면
放冬矣 用屋尸慈悲也根古 (방동의 용옥시자비야근고)   님의 자비 크시리라.

→삼국유사(三國遺事)

5) 상층 양반가 여성: 한자든 향찰이든 글자는 어느 정도 익혔음.

1.2 삼국시대 여성교육

1) 조선의 성리학: 여자들이 학문을 하면 부도에 어긋나는 일이라 하여 일체의 학문을 금하였음. 남녀유별과 여성에 대한 통제를 강조하였음.

2) 성종의 어머니인 소혜왕후 한씨의 내훈: 소학, 열녀, 명심조감 등에서 중요한 것을 추려 모아 한글로 써 놓은 책으로 궁중 비빈들의 수양독본으로 쓴 것.

3) 조선정조 때 후사가의 한 사람인 이덕무: 여자는 대강 시서와 논어, 소학, 여사서나 읽어서 통하고 성씨와 역대 국호나 성현의 명자를 알면 족하다라고 말함.

1.3 조선 · 근대말 여성교육

1) 조선시대
    (1) 신분제 속에서 양반 이상의 상층부 남성만이 주로 글을 읽고 배웠음.
    (2) 상층부의 여성들: 규방에서의 시부모공경, 자녀양육, 봉제사, 접빈객을 배우고 경제관리를 보좌하는 임무를 수행케 하며 학문은 부도에 어긋나는 일이라 금지시켰음.
    (3) 퇴계 이황의 『규중요람』: 여자가 시사를 아는 것은 창기의 본색이지 사대부 집안의 영자가 취할 바 아니다 하여 여자교육 무용론을 운운하였음.
    (4) 성호 이익(1681~1763): 독서와 강의는 장부의 일이니 부녀가 이를 힘쓰면 폐해가 많다고 하였음.
    (5) 여성교육: 집안일 위주의 실생활 교육이며 겨우 한글을 습득하여 읽고 쓰게 하는 언문이나 시켰음.

2) 여성교육이념: 음양의 원리에 따른 남녀유별교육과 효의 원리에 입각한 현모양처 교육을 중심
   (1) 남녀유별교육
      · 남녀간의 기질 차이는 우주의 생성변화를 설명하는 두 원리인 음양의 원리가 갖고 있는 속성에서 나옴.
      · 남녀가 거처하는 공간의 분리는 부부 간의 예에 관계됨.
      · 남녀 역할 구분은 남녀가 가정 밖과 안에서 각각 사회활동과 육아를 비롯한 가사 일의 분담을 전제함.
   (2) 효의 원리
      · 유고사회의 중심은 가정이고 효를 중심으로 한 가정의 질서는 다른 사회질서의 모형이 되었음.
      · 남을 위하고 사랑하는 마음으로서의 인(仁) 사상은 나오 가장 가까이 있는 부모에게 효도하는 일에서 시작하여 다른 인간관계로 확대됨.
      · 효의 원리가 우선함으로써 아내로서 여성은 남편에게 예속된 존재라며, 어머니로서 여성은 효의 원리에 따라 아들에게 공경 받는 위치에 있음.
   (3) 현모양처교육
      · 덕행교육으로 가정에서 부모봉양과 자녀교육 및 가사를 잘하면 됨.
      · 어머니의 역할은 아들과 딸을 교육하여 유교사회의 가치와 규범을 사회화 하도록 하는 일이며 가정에서 부터 삼강오륜의 가족질서를 확립하는 일.

3) 조선후반기(황재군, 1992)
   (1) 소설을 금하고 <효경>이나 <소학>, <여사서>를 가르쳐 정서를 알게 할지니라 함.
   (2) 현명한 아내와 훌륭한 어머니들은 음의 기질로 대표되는 수동적이고 순종적인 여성들이 아님.
   (3) 조직적인 능력과 강인함과 엄격함과 같은 능력을 지닌 여성들이었으며, 뿐만 아니라 학문이 깊고 자녀교육을 잘했던 여성들임.
   (4) 음성적으로 문자교육이 묵인되는 상황으로 가면서 여자의 학문을 묵인하는 변모양상을 보이고 있음.

4) 임·병란 이전
   -황진이, 이매창과 같은 기생 문인만 몇몇 두드러짐.

5) 임·병란 이후(이해순 외, 1998)
   - 많은 여류가사문학이 쏟아져 나옴.
   - 허난설헌, 임윤지당, 김상의당, 강정일당, 김운초, 박죽서 등.

6) 전통사회에서 현명한 여성은 남성을 잘 보좌하도록 간접적인 영향을 미쳐야만 하였음.

〈문제〉 다음 중 삼국시대 여성교육에 해당하는 것은?
① 국가관리 양성의 입신출세 지향의 교육
② 사회진출을 위한 교육
③ 실생활 위주의 교육
④ 교육기관에서의 교육

2. 근대사회와 여성교육

2.1 근대사회의 정의

1) 근대
   (1) 지금 현 시대와 가까운 시기.
   (2) 조선시대를 벗어나는 반봉건근대화.
   (3) 사회구성원 대다수가 모든 면에서 권위를 부정하며 자아각성을 돌발시켜 평등사회를 추구하며, 형이상학적 논리보다는 실용적이며 과학적인 생활을 추구하려는 욕망이 분출되었던 시기.
   (4) 1894년 '동학농민운동', 갑오개혁

2) 동학
   (1) 탐관부호 등의 양반에게도 징세하고 노비문서를 소각하여 칠반천인의 대우를 개선, 과부의 개가, 공사채의 폐기, 토지의 균분경작, 적서차별, 반상차별 등을 주장.
   (2) 봉건적 상하 계층체제와 이에 파생된 누습의 폐기를 표방함으로써 반봉건을 더욱 강조함과 동시에 서양세력과 청나라 일본의 간섭을 완전 배제하려는 반봉건 자주 민족주의 의식을 강력히 주장하는 민중들의 근대의식의 표출.

3) 갑오개혁: 외세의 힘에 의한 문호개방.

4) 개인의 자아각성과 반봉건 의식 그리고 과학적 실용주의 정신이 꽃을 피웠던 19세기 말엽을 근대의 기폭제로 보아야 함.

2.2 한국에서의 근대 교육

1) 19세기
    (1) 서구의 사상인 천주학이 청나라로부터 들어와 점차 번져 본격적 활동을 시작함.
    (2) 최제우에 의해 동학(1860년)이 싹텄음.
    (3) 강화도조약(1876년)을 맺어 자의반 타의반 외래의 사상과 문화가 유입되었음.
    (4) 동학농민전쟁 1, 2차를 겪고 갑오개혁을 치름.
    (5) 조선반도 전체가 반봉건 자아각성과 과학적 실용주의 정신을 향하고 있었음.

2) 교육
    (1) 개화의 물결
    (2) 서양문물과 기독교정신을 바탕으로 번져나갔던 천주학은 4대박해를 맞아 신음하고 있었음.
    (3) 갑오개혁의 문호개방 이후 '개신교'가 유입되면서 서양의술과 서구식 학교가 생겨나기 시작함.
    (4) 여성들도 학교라는 제도권에서 교육을 받기 시작했음.

3) 여성을 위한 학교의 설립
    (1) 원산학사(19880년, 함남 원산)
    (2) 이화학당(1886년)
    (3) 배재학당(1886년)
    (4) 육영공원(1886년)

4) 교육이념
    (1) 기독교적 인간관과 기독교적 여성관(한국여성사, 1984).
    (2) 하느님 아래에서 모든 인간은 평등하다는 사상.
    (3) 여성도 사회진출을 할 수 있다는 생각의 눈트임.
    (4) 일본제국주의의 천황참배나 신사참배 등의 신격화에 대한 배격

5) 개화기의 여성교육
   (1) 조선 후기에 등장한 실학사상이 인간평등 사상에 입각하여 여성에 대해서도 새로운 시각을 가지게 되면서 과부재가 금지 폐지, 서얼 및 재가녀 자손이 차별금지를 피력하고 여성의 억압적 현실이 시정되어야 함을 언급하기 시작함.
   (2) 중국으로부터 전래된 서학사상인 천주교가 극심한 종교 탄압 속에서도 모든 인간이 신 앞에 평등하다는 이념을 전파하면서 남녀유별의 전통 유교윤리관을 깨고 남녀가 한자리에 모여 교리를 공부하고 강론을 들었으며 외간 남성에게 비밀스런 고해성사를 보았음.
   (3) 인내천의 인간평등 사상을 구현한 동학사상이 여성에게 삼강오륜을 따를 것을 요구했지만 원칙적으로는 상당히 근대적 인간관을 가지고 불평등한 남녀관계의 변화 방향을 제시하였음.
   (4) 서구의 시민사상, 자유주의 사상을 기반으로 한 기독교 사상이 들어와 축첩폐지 운동을 시도하는 등 여성들의 의식을 변화시킴은 물론 가정에 묶여 있던 여성들을 학교와 사회로 보냄으로써 가부장제 이데올로기에 대한 도전이 시작되었음(송인자, 1995; 한국여성개발원, 2001;62-64).

2.3 근대사회와 여성교육

1) 일본 제국주의의 식민지 교육(1910~1945)
   (1) 1910년 한일합방 이후 1911년 일제는 '조선교육령'을 발표했음.
   (2) 한국의 문화, 철학, 사상, 종교 등을 빼앗고 일본식으로 모든 것을 바꿔 황국에 충성하자는 황민화 정책 즉, 식민정책의 기본사업이었음.
   (3) 언어를 빼앗고, 사고를 빼앗고, 황국신민을 끊임없이 강요하며 세뇌시켜 갔음.
   (4) 조선사회가 자타에 의해 근대화되어 가는 과도기의 모습이었음.
   (5) 전통적 가치 위에 급박한 근대화.
   (6) 조선왕조 유산 위에 식민통치기구의 이식, 토착적 자본 위에 제국주의적 자본의 급박한 이식, 가치관의 혼란 등으로 왜곡되며 전개되어 갔음.
   (7) 구호: '계몽주의 신지식인', '민족주의 세력', '여성', '계급' 등의 용어가 등장하고 전통적 신분질서와 근대적 사회구성체가 다양하게 혼재되어 복잡한 사회현상이 형성되었음.

2) 식민지 계급사회 속의 여성과 여성교육
   (1) 1984년 동학농민운동에서 촉발된 반봉건·민족민주주의 개혁은 결과적으로 갑오개혁을 가져왔음.
   (2) 동학 농민들의 주장인 '개혁 12개조' 중 제7조의 "청상과부의 재혼을 허용한다"의 내용과 그에 응한 정부의 개혁 수용은 조선 여성사에 획기적 발전을 가져왔음.
   (3) 기독교 전래와 선교사들에 의한 교육사업 중 여학교의 설립.
   (4) 봉건사회의 폐습이었던 과부재가금지, 첩제도, 조혼 등에 대한 새로운 인식이 사회적 공감대를 형성함.
   (5) 정조 이후 대원군 섭정 때까지 반봉건에 항거했던 종교적 또는 철학적 운동인 '천주학'과 '천주교 4대 박해' 과정에서 싹이 텄음.
   (6) 1860년경 최제우에 의해 창시된 '동학'에서 열매를 맺음.
   (7) 개항과 더불어 기독교 선교사들의 교육, 의료사업으로 조선의 닫혀진 여성들의 가슴에 하나, 둘, 희망으로 싹을 틔우고 있었음.

3) 식민지 계급사회 속의 여성과 여성교육
   (1) 일본식민정책으로 1911년 '조선교육령'이 발표되면서 다시 황국신민화 정책으로 조선의 모든 남녀에게 어두운 그늘이 점차 밀려오고 있었음.
   (2) 일본 제국주의가 우리나라에서 1909년 실시한 일본식 가(家)중심의 호적제도인 '민적법(民籍法)' 시행은 희망으로 부풀어 있던 여성의 입지를 오히려 더욱 좁아지게 만들었음.
   (3) 민적법의 주요 핵심: 일본식 가(家)제도와 호주제도의 이식.
   (4) 호주가 가부장으로서 가의 주체자로 등장했으며 호적이 단순한 호구조사 역할보다는 한눈에 가족의 현황을 파악하는 도구로 사용되었음.
   (5) 민적부에 기재되어야 하는 사항: 출생, 사망, 호주변경, 혼인, 이혼, 입양, 파양, 분가, 일가 창립, 입가, 폐가, 폐절가의 재흥, 부적, 이거(민적법 제1조), 개명, 친권 또는 관리권 상실 및 실권취소 등(민적법 제2~8조, 한말근대법령자료집 VIII) 신분 변동의 대부분이 망라되어 있었음.
   (6) 민적법은 직접적으로 징세, 징병, 치안 목적을 위해서는 아주 적합하고도 필수적인 제도였음.
   (7) 일본의 명치 정부가 호적법을 제정(1871년 명치 4년)한 이후 나온 일본의 명

치가족법이 가(家), 호주, 가독상속(家督相續), 즉 그 집안의 대를 이을 맏아들이라는 천황제 가족국가 이데올로기를 근간으로 하는 황국신민화 정책에도 들어맞는 제도였음.

(8) 1922년 조선호적령(조선총독부령 154호)(박병호, 1996)
- 호적제도는 신분관계를 공증하는 등기제도로 개혁.
- 사람의 신분관계가 사법상의 권리의무로 확대.
- 국민은 호적기재를 단순한 기술이 아닌 그 이상의 의식을 가지데 됨.
- 호적을 더럽히지 말자', '호적에서 빼버리자'는 등의 필요 이상의 호적감정을 가지게 되었음.
- 체제에 순응하는 심성을 기르는 기재로도 이용되고 있었음.

(9) 여성교육.
- 선교사들의 교육기회 확대로 여성교육기관이 19세기 말에 설립됨.
- 이화, 정신, 영화, 정의, 일시, 배화 등.
- 조선 말 서양인에 대한 반감 및 오해로 학생 모집에 큰 어려움이 있었음.
- 가르친 과목: 영어, 산수, 생리학, 일반역사, 성경, 한문, 초등지리, 한글, 오르간, 노래, 재봉, 자수 등.
- 초기에는 서양인에 대한 잘못된 인식으로 운영에 어려움이 있었고 학생 모집은 미미했음.

(10) 일제강점기의 여성 교육에 있어서 양적 성장은 있었으나 실제적 내용면에서는 조선시대로부터 '현모양처'를 강요하는 여성관이 팽배하였음.

(11) 조선 후기에 활발했던 친영례와 그에 따른 제사권, 재산권 그리고 민적제의 가독상습, 출가외인의 재산권 박탈, 산업화, 여성 노동자로의 전락 등으로 내용면에서는 오히려 조선 전·중기보다 여성의 입지가 더욱 어렵고, 곤궁한 상황이었음.

〈문제〉 다음 중 근대의 설명이 아닌 것은?
① 현 시대와 가까운 시기   ② 봉건적 근대화
③ 개인의 자아각성   ④ 과학적 실용주의 정신

3. 현대사회와 여성교육

3.1 현대적 여성교육기

1) 현대
   (1) 1945년 광복 이후.
   (2) 지금 현재의 정치·경제·사회·문화를 함께 공유할 수 있는 역사적 시기.

2) 현대적 여성교육기(한국여성개발원, 2001)
   (1) 남녀평등권의 실현문제가 주요한 척도로 제시된 1945년에서 1948년까지의 미 군정기.
   (2) 여성들이 필사적으로 가정을 지켜야 했던 1948년에서 1963년의 6·25전쟁기 및 1950년대 말까지의 반공이념 교육 및 국가에 도움이 되는 여성 육성에 입각한 교육시기.
   (3) 5·16군사 쿠데타 이후 국민정신교육 강화에 주력하여 여성 관련 교육과 정책에 관심을 기울이지 못한 1960년에서 1970년대까지-여성들의 사회 진출 요구 증가.
   (4) 교육의 질을 향상시키고 남녀 불평등 개선을 위해 노력한 1980년부터 2000년까지-남녀차별 철폐와 여성의 참여 이루어짐.

3.2 미군정기

1) 미 군정기
   (1) 일제잔재를 시급히 청산하고 민주국가 건설을 위한 민주교육을 수립하는 데 목적이 있었음.

2) 학교교육(조경원, 2001)
   (1) 과거 전체주의적인 폐쇄성을 과감히 버림.
   (2) 모든 사람에게 교육기회를 개방하여 남녀 모두에게 6-3-3-4의 신 학제를 적용하고 남녀공학을 실시했음.
   (3) 공립중등학교 교장을 여교장으로 임명.
   (4) 남녀간의 격차를 줄이고 양성이 공존하여 더불어 잘 살 수 잇는 가치관에 무게를 두고 있었음.

3) 1950년대
   (1) 6·25 전쟁으로 모든 상황이 어려운 시기.
   (2) 남녀평등사상이 헌법에 명기되어 있어 여성의 위치가 남녀간의 차별을 극복하고 여성도 사회 각 분야에서 남성과 같이 진출할 수도 있다는 사고가 사회에서 어느 정도 인식되어 있었음.

3.3 1960~80년대

1) 중학교 무시험진학(1969)이 실시되어 고교평준화 정책으로 교육기회의 균등한 실현으로 여학생들의 교육기회가 점차 증가하였음.

2) 국가경쟁력을 기르기 위해 기술교육을 강조하였고 그 결과 산업교육을 강화함.

3) 활발치 못했던 여성교육에 대한 인식의 틀을 바꿔 여성에게도 교육의 기회를 확대시켰음.

4) 의무교육 실시 등으로 초·중·고등학교 취학률은 대부분의 학생들에게 거의 이루어지는 양상을 볼 수 있음.

5) 전문대 포함한 대학 진학률도 1985년 여자 21.3%, 남자 48%에서 2005년 남자 125.6%, 여자 81.7%로 나타나고 있어 남녀간 약간의 차이는 있으나 고학력의 수준으로 나아가고 있음.

6) 학교 단계별 성별 취학률

연도	초등학교		중학교		고등학교		대학(전문대포함)	
	여	남	여	남	여	남	여	남
2005	100.5	99.8	98.1	96.9	96.3	95.4	81.7	125.6
2000	99.1	98.0	99.1	99.2	95.9	96.8	60.7	99.1
1995	100.6	99.5	100.9	100.3	89.4	90.3	38.9	70.3
1985	102.5	99.4	99.3	100.0	74.5	81.9	21.3	48.0

자료: 한국여성개발원(2006). 「여성통계연보」.

7) 1970년: 전국 여자고교, 교대 여학생에게 구급법 및 간호교육과 질서훈련의 군사교육이 실시됨.
   (1) 1973년: 모자보건법이 제정되고 여성 은행원의 결혼각서제가 폐지됨.

(2) 1975년: 유엔 '세계 여성의 해'를 기점으로 여성교육에 대한 검토가 이루어지고 질적 향상을 위한 인간화 교육의 필요성이 주장되었음.
(3) 1976년: 직업훈련기본법이 제정되어 여성에 대한 직업훈련 기회가 시작되었음.
(4) 1977년 가족법 2차 개정운동의 결실로 가족법이 개정되었으며 대학에 최초로 여성학 강좌가 개설되었음.

8) 1980년대 이후
(1) 여학생의 입학을 제한하던 일부 특수대학 입학 제한이 철폐되었음: 세무대학(1988), 경찰대학과 철도전문대학(1990), 농협전문대학(1991).
(2) 1983년: 여성정책심의위원회와 한국여성개발원이 설치됨.
(3) 1985년: 여성발전기본계획과 남녀차별 개선 지침이 나옴.
(4) 1987년: 제6차 경제사회발전 5개년 계획부터 여성 개발 부분이 신설되면서 국가 발전에 여성인력이 활발히 참여할 수 있는 방안이 추진되기 시작하였음.
(5) 헌법에 남녀평등에 관한 규정을 시설하고 남녀고용평등법을 제정하였음.
(6) 1988년: 정무장관 제2실과 전국 14개 시도에 가정복지국이 발족하였음.
(7) 1989년 모자복지법이 제정되어 가족법의 대폭적인 개정이 이루어짐.
(8) 정부 각 부처 위원회의 여성참여율을 1991년까지 10%로, 2000년까지 15%로 확대하도록 했음.
(9) 사회 각 분야에서 전문직 여성의 수가 점차 증가하면서 여성에 대한 의식의 변화가 사회적으로 확산되었음.
(10) 가정에서의 자녀 수가 옛날에 비해 현저히 적으며 재산상속도 법률적으로 균분상속이 법제화되면서 사회문화적 공감대가 확산되어 갔음.

3.4 1990년 이후 현재

1) 1990년대: 중학교 남녀공학 설치권장.

2) 1991년: 남북 도시 유엔 가입으로 여성 부분의 활발한 국제활동의 기반을 조성함, 영유아보호법 제정.

3) 1993년 성폭력 범죄의 처벌 및 피해자 보호 등에 관한 법률 제정.

4) 1994년: 국회여성특별위원회 설치.

5) 1995년: 가정 기술교과의 남녀학생 공통이수 및 윤락행위방지법 개정.

6) 1997년: 교육부 내에 여성정책담당관실의 설치 및 공군사관학교 여자 생도 20명 선발하였음.

7) 1998년: 제1차 여성정책기본계획 시행 첫해에 대통령 직속 여성특별위원회가 신설되었고, 육사에서 25명의 여자 생도를 선발했음.

8) 1999년: '남녀차별 금지 및 구제에 관한 법률' 제정 및 해사에서 20명의 여자 생도를 선발하였음, 각급학교 및 관련 사회교육기관들의 교육목적을 양성평등적 관점에서 수정토록 하였음.

9) 2001년: 여성가족부가 신설되고 남녀차별신고센터를 설치하였음.

10) 여성의 대학취학률 역시 100%에 이를 것임.

11) 국가적으로 경쟁력을 상향시키는 전조이지만 개인적으로는 피나는 또 다른 노력이 기다리고 있다는 신호임.

12) 다양한 사회의 다양한 직업세계 속에서 자신이 원하는 일을 할 수 있는 삶을 위해 또 다른 노력과 경쟁이 계속되어져야 한다는 것을 의미함.

13) 대안의 한 부분이 평생교육임(한상길, 2003).

14) 삶의 질을 높이며 자시의 능력을 펼 수 있는 끊임없는 노력이 현대사회를 살아가는 사람들의 모습일 것임.

15) 현재 많은 젊은이들이 가부장적 인식의 틀에서 벗어나 '실력'만이 자신이 살길임을 인식하고 있음.

16) 21세기가 요구하는 '지식기반사회'가 부와 권력을 창출하는 사회라는 앨빈 토플러의 글(부의 미래, 2006)을 굳이 인용하지 않고도 누구나 그렇다고 인식하고 그 인식은 확산되고 있음.

17) 개인적으로는 정보지식을 기반으로 실력을 키워 자신의 꿈을 펴지만 국가 사회적으로 급변하는 세계화의 대열에서 살아남는 경쟁력으로 거듭나는 것임.

18) 국민 한 사람 한 사람의 두뇌와 능력만이 국가와 자신을 존립시키는 경쟁력이 된다는 것임.

19) 21세기에는 남녀를 가리지 않고 실력과 능력 위주의 사회인 것임.

20) 도덕적 기반 위에서의 실력과 능력만이 우리가 살 길인 것임.

21) 남녀차별이니 양성평등의 용어는 차츰 자연스럽게 역사 속으로 가라질 것으로 전망함.

22) 과학문명의 발달과 교육의 보급은 첨단 전자기기를 갖춘 주택의 등장과 함께 가족기능을 축소시키는 한편 여성에게 취업기회를 증대시켜 여성으로 하여금 자아실현의 욕구와 의식구조의 변화를 경험하게 하고 있음.

23) 여성인력의 개발과 활용은 무한경쟁의 세계화 시대 및 여성의 고학력화와 노령화 시대를 맞이하여 개인의 성취는 물론 국가경쟁력 확보를 위한 필수적인 과제가 되고 있음.

〈문제〉 다음 중 현대적 여성 교육기의 설명이 맞지 않은 것은?
① 미군정기: 남녀평등권의 실현문제 ② 1950년 말: 민주교육
③ 1960~1970년대: 여성사회진출요구증가 ④ 2000년까지: 남녀불평등 개선

제3장
생애발달과 여성교육

1. 유아기와 아동기

1.1 생애발달과 여성교육

1) 정보사회, 지식기반사회라 일컬어지는 21세기에 급격한 사회변화에 적응하고 삶의 질을 향상시키기 위해서는 전 생애에 걸친 보다 체계적이고 다양한 교육으로의 새로운 접근이 요구됨.

2) 전 발단단계에 걸쳐 생애 각 단계별 역할 변화를 고려한 각 발달단계에 적합한 체계적이고 실제적인 교육이 필연적으로 요구됨.

3) 생애 단계별 발달과업을 지속적으로 연계할 수 있는 교육모형과 프로그램 개발이 시급함.

4) 개인의 전 생애에 걸쳐 이루어지는 형식적·비형식적 교육, 가정·학교·사회를 포괄하는 교육체제로 재구조화될 필요가 있음.

5) 여성의 여가시간 증대와 여성의 권익 보호, 여성교육의 기회 확대, 여성 인력에 대한 사회적 요구 및 관심의 고조, 여성 노동력에 한 수요증가, 여성 인력의 활용방안 등이 논의되고 있음.

6) 여성의 삶의 질과 지위향상, 역할 정립, 인적자원 개발을 위해서는 여성교육을 적극적으로 확대시키고 제도적으로 뒷받침해 주어야 함.

7) 여성의 역할 변화와 현대사회의 급속한 변화추세에 적절하게 대처·적응하고, 나아가 변화를 주도하고 자아실현하도록 돕기 위해서는 전 생애에 걸친 지속적인 학습기회의 제공이 필요함.

1.2 유아기

1) 출생으로부터 시작하여 약 6세까지의 시기
    (1) 신체, 인지, 언어, 정서 등 모든 발달 영역에서 전 생애 중 가장 급격한 발달을 보이는 발달의 결정적 시기이자 발달의 기초가 형성되고 기본 생활습관이 형성되는 중요한 시기.
    (2) 기본적인 운동기능 및 신체 발달과 함께 언어의 습득, 환경에 대한 왕성한 호기심과 탐색, 환경에 적응하기 위한 학습활동이 활발해지며 서에 대한 관심이 급증하고 성 정체감(gender identity)형성, 도덕성 발달 등이 시작되며 성 역할 사회화의 기초를 형성하는 중요한 시기.

2) 유아기의 주요발달과업(Erikson, 1963) : 기본적 신뢰감(basic trust)과 자율성(autonomy), 주도성(initiative)의 형성.
    (1) 신뢰감 (basic trust)의 형성
        · 유아가 출생 후 최초로 맺게 되는 사회적 관계는 주 양육자, 주로 어머니와의 관계임.
        · 어머니 또는 주 양육자가 유아의 신체적 심리적 욕구와 필요를 적절히 충족시켜 주고 충분한 사랑과 관심, 피부 접촉을 해주면서 일관성 있게 잘 돌보아 주면 유아는 안정감, 안도감, 편안함을 느끼고 기본적 신뢰감과 애착(attachment)을 형성하게 됨.
        · 인간관계를 이루는 기본으로서 사회적 관계에서의 성공적인 적응과 밀접한 관련이 있음.
        · 거부적이고 일관성 없는 양육태도는 애착형성에 실패하거나 불완전한 애착이 형성되면 반응성 애착장애, 분리불안(separation anxiety)과 같은 정서적인 문제를 초래하기도 함.
    (2) 자율성(autonomy)의 형성.
        · 2~3세 정도가 되면 신체에 대한 자율적인 통제가 가능하게 되면서 유아가 처음으로 혼자 힘으로 일을 수행해야 하는 도전에 직면하게 됨.

- 언어와 행동을 통해 자율성의 표현이 나타나기 시작함.
- 부모는 유아로 하여금 사회적으로 적합한 행동을 하도록 훈련을 하게 되는데 사회적 기대, 압력과 유아의 의지 사이에서의 조절과 적응력이 발달특성을 결정짓게 됨.
- 유아의 자발적 행동에 대해 칭찬을 하거나 신뢰를 표현하고 격려하고 용기를 주고 유아의 방법과 속도에 따른 기능이 발휘될 수 있도록 지지해 주면 자율성과 통제력을 기를 수 있음.
- 지나치게 엄격한 배변훈련, 사소한 실수에 대한 과도한 벌과 같은 지나친 통제나 엄격한 훈련은 유아로 하여금 자신의 욕구나 신체에 대해 수치심을 갖게 함.
- 과잉보호를 하거나 적절한 도움이 결핍될 때 유아는 자기 자신과 환경을 통제하는 자신의 능력에 대해 회의감과 의구심을 갖기 쉬움.

(3) 주도성(initiative)의 형성.
- 4~5세 정도의 유아는 왕성한 지적 호기심과 경쟁적 행동을 보이며, 도덕의식이 발달하기 시작하고, 신체적 기능이 발달하면서 자기가 무엇을 할 수 있는가를 시험해 보려 하고 주도적으로 무엇인가를 해보려 하며 이를 인정받고자 하는 욕구가 강하게 나타남.
- 부모들의 일에 주도적으로 참여하려고 하는데 이때 인정해 주고 활동에 참여할 수 있는 자유를 주고, 질문에 대해 충실히 대답해 주면 주도성이 형성됨.
- 유아가 주도적으로 하는 일에 대해 비난하거나 질책하고 지나치게 엄격하거나 윤리적 태도를 강요하게 되면 유아는 위축되고 자기주도적인 활동에 대해 죄책감을 갖게 됨.
- 너무 방임적이거나 반대로 지나치게 관용적이면 양심을 발달시키지 못하게 됨.
- 또래와의 놀이를 통하여 인지적·사회적 발달이 촉진되므로 또래들과의 상호작용 기회를 되도록 많이 제공해 주는 것이 좋으며, 가정과 교육기관에서 기본예절교육, 질서 및 안전교육, 집단의 규칙 등을 하나 하나 지도해 나가야 함.

3) 유아기 교육에서 유의해야 할 점
(1) 유아의 인지 수준을 고려한 교육이 필요한데 유아의 신체·심리 발달적 특징과 능력에 맞게 학습을 시켜야 효율적인 학습효과와 성취를 기대할 수 있음.
(2) 부모와 교사는 유아의 인지 발달단계상 나타날 수 있는 시행착오나 실수, 호기심 등에 대해 허용적 태도와 인내를 갖고 지도해야 함.

(3) 유아의 발달 수준을 너무 앞서서 지나친 학습을 강요하는 것은 바람직하지 않음.
(4) 유아에 대한 지나친 기대와 요구는 심각한 정서적 문제를 초래할 수 있음.

4) 유아기 여성교육에서 중점을 두어야 할 것
(1) 성 정체감의 형성과 성역할 사회화 교육.
(2) 성정체감: 2~7세에 발달하는데 이시기에 유아는 가정과 교육기관에서 어떻게 교육시키느냐에 따라 여자와 남자, 여자 놀이와 남자 놀이, 여자 일, 남자 일 등을 양분하며 어렴풋이 이분법적 성 고정관념을 형성하게 되고 성역할 사회화의 기초가 형성됨.
(3) 성역할 사회화에 가장 중요한 역할을 하는 사람은 부모, 즉 부모의 양육태도와 모델링임. 아동기, 청소년기에 이르기까지 지속됨.
(4) 사회적 성: 생득적으로 갖고 태어나는 것이 아니라 환경적 요인에 의해 학습하고 길들여짐.

1.3 아동기

1) 초등학교 시기
   (1) 살아가는데 필요한 사회적 기술(social skills)을 갖추는 중요한 시기.
   (2) 현저한 인지발달과 함께 지적 욕구가 활발해지고 자아성장의 결정적 시기이며, 사회적 기술의 습득이 활발해짐.
   (3) 인지능력의 발달과 함께 타인의 감정, 사고, 의도 등에 대한 조망과 배려, 이해가 가능해짐.
   (4) 사회적 장이 확대되면서 인간관계와 경험의 폭이 넓어지고, 부모와 교사, 또래 등을 통해 자신이 속해 있는 사회의 관습과 규범, 기준, 행동야식 등을 습득해 나감.
   (5) 아직 사회로부터 부과된 의무나 구속이 적으므로 비교적 자유로움.

2) 아동기의 중심과업(Erikson, 1963) : 근면성(industry)
   (1) 인생에 있어서 적응과 성공, 인간관계를 결정하는 중요한 요인.
   (2) 학교에서의 성공적인 경험과 성취가 긍정적인 자아개념의 형성과 근면성을 발달시키는 결정적 요인이 됨.
   (3) 부모나 교사의 적정한 수준의 기대와 칭찬, 격려는 근면성을 고취시킴.

(4) 학업에서의 잦은 실패, 아동의 성취에 대한 낮은 기대와 핀잔, 질책, 구중 등으로 자신의 성취행동을 인정받지 못하거나 성취의 기쁨을 경험하지 못하면 열등감, 부정적인 자아개념, 좌절, 학습된 무력감을 심화시키는 결과를 초래하게 됨.

3) 아동기의 발달과업(Havighurst, 1972)
   (1) 신체적 활동과 놀이에 필요한 신체적 기능 학습
   (2) 자신에 대한 건전한 태도 형성
   (3) 또래 친구와 사귀는 것 배우기
   (4) 적절한 사회적 성역할 학습
   (5) 읽기, 쓰기, 셈하기의 기초 기능 학습
   (6) 양심, 도덕, 가치척도의 형성 및 발달
   (7) 일상생활에 필요한 개념 발달
   (8) 인격적 독립의 성취

4) 부모와 교사의 체계적 개입 필요
   (1) 아동의 능력수준에 적절한 과제를 제공하여 실패확률은 줄이고 성공 경험을 자주 갖게 해줌으로써 성취감과 자신감을 갖도록 학습환경을 계획하고, 자기 주도적 학습습관과 자율적 생활 때도, 책임 있는 역할 수행을 할 수 있도록 지도해야 함.
   (2) 아동의 실수나 실패에 초점을 두지 말고, 아동의 성취를 다른 학생과 비교하지 말고, 아동의 성취 그 자체를 가치 있게 다루고 칭찬과 격려로써 아동이 긍정적인 자아개념과 자신감, 근면성을 기를 수 있도록 도와주어야 함.
   (3) 아동의 재능, 적성, 흥미 등을 찾아내어 잠재력을 최대한 발휘할 수 있는 기회를 제공하고, 올바른 가치관과 생활습관의 형성, 원만한 인간관계를 형성할 수 있도록 정서적 측면에서의 도움도 필요함.

5) 아동기의 여성교육에서 특히 강조되어야 할 점
   (1) 올바른 성 정체성의 형성과 바람직한 성역할 습득.
   (2) 가정교육, 가족들의 가정에서의 성역할 행동, 학교에서의 교과내용과 교사의 태도, 도래들과의 상호작용, 사회에서 기대하는 성역할 규범, 대중매체 등을 통해서 성역할을 학습하게 됨.

(3) 아동이 가정이나 학교, 사회를 통해 습득하게 되는 성역할은 가부장제 하의 전형적인 성역할 고정관념적인 것이 대부분임.
(4) 또래집단은 성역할의 동일시 과정을 통해 성역할 습득과 성역할 사회화, 사회성 개발, 자아정체감 형성에 많은 영향을 줌.
(5) 놀이에 있어서 주목할 만한 성별차이가 나타나는데, 남아의 경우 성인남성들에게서 주로 볼 수 있는 사회에서의 역할과 기술들이 놀이 장면에서 많이 나타남.
(6) 학교에서는 의도적으로 이성과의 상호작용 기회를 많이 제공해 줌으로써 양성의 성역할을 습득하고 상호 협조할 수 있는 기회를 제공할 필요가 있으며 여아들도 남아들과 마찬가지로 자율적 성취 지향적으로 성역할 사회화될 수 있는 환경을 조성해 주어야 함.
(7) 전통적 성역할 고정관념을 탈피하고 가정과 학교, 사회 모두 남녀 이분법적 성역할이 아닌 양성성 개발에 초점을 맞추어 현대사회에서 요구되는 바람직한 성역할을 습득할 수 있도록 해야 할 것임.
(8) 양성성은 적응능력을 높일 뿐 아니라 개인에게 보다 많은 기회를 제공함.

〈문제〉 유아기의 주요발달과업이 아닌 것은?
① 기본적 신뢰감   ② 자율성   ③ 주도성   ④ 근면성

2. 청소년기와 성인 전기

2.1 청소년기

1) 중·고등학교 시기.
   (1) 급격한 신체적 변화와 더불어 심리적·사회적으로도 큰 변화를 겪게 됨.
   (2) 아동도 성인도 아닌 주변인으로서 성인기에 요구되는 여러 가지 사회의 요구와 역할 변화를 거치게 됨.
   (3) 자신들을 둘러싸고 있는 사회적·물리적 환경과의 상호작용을 통해서 발달해 나감.

2) 청소년기의 중심과제(Erikson, 1968) : 자아정체성(ego-identity)의 확립.
   (1) '자기 동일성에 대한 자각인 동시에 자기의 위치, 능력, 역할 및 책임 등에 대한 분명한 인식'
   (2) 자기 존재, 즉 '나는 누구인가에 대해 새로운 경험과 탐색이 시작되는 시기임.
   (3) 성역할, 진로, 직업 선택 등에 있어서 불안정하게 되면 혼란이 가중되고, 그 결과 고민과 방황이 길어짐으로써 역할혼란 또는 정체감 혼란이 생겨 정체성 위기를 겪기도 함.
   (4) 긍정적인 정체감을 확립하면 이후의 단계에서 부딪히는 심리적 위기를 무난히 넘길 수 있음.
   (5) 그렇지 못한 경우, 정체성 혼란으로 다음 단계에서도 방황이 계속되고 부정적인 자아정체감을 형성하게 될 뿐만 아니라 인생관, 가치관의 확립에 많은 혼란과 갈등을 일으킬 수 있음.

3) 청소년의 발달과업(Havighurst, 1972)
   (1) 자기의 신체조건에 맞는 남성적, 여성적 역할 수행
   (2) 양성, 또래, 친구와 새로운 관계의 수립
   (3) 부모와 다른 성인으로부터의 정서적 자립
   (4) 경제적 자립의 확신 보유
   (5) 직업에 대한 준비와 선택
   (6) 시민생활에 필요한 지적 기술과 개념 발달시키기
   (7) 사회적으로 책임 있는 행동하기
   (8) 결혼과 가정생활 준비
   (9) 정확하고 과학적인 세계관에 조화되는 의식적 가치 설정하기

4) 부모와 교사
   (1) 청소년들에게는 다양한 역할을 실험시도하고 활동에 참여해 보게 하고 다양한 경험을 해볼 수 있도록 하는 것이 필요함.
   (2) 교육내용과 방법을 선택할 때에는 개인의 요구, 흥미, 적성 등을 고려하여 다양한 내용과 방법을 모색해야 함.
   (3) 청소년의 자기조절능력을 키워 줌으로써 심신의 균형과 조화를 이루고 정서를 조절할 수 있도록 하고, 사회적 민감성을 증진시켜 자기에만 집착하지 않

고 사회적 관심을 확장시켜 자신이 세계를 확장시켜 나가도록 도와야 함.
    (3) 청소년의 독특한 심리적 특성을 충분히 이해하고 정서적 지지와 관심, 사랑으로 이들을 이끌어 주어야 함.

5) 직업에 대한 준비와 선택
    (1) 진로지도는 개인의 미래가 달려 있다고 할 수 있을 만큼 청소년기 교육에서 중요한 위치를 차지함.
    (2) 청소년들이 보다 합리적으로 진로를 계획·선택하고 준비할 수 있도록 자신을 깊이 탐색해 볼 수 있는 기회를 많이 제공함으로써 자신에 대한 충분한 이해를 도와야 함.
    (3) 자신에 대한 이해를 바탕으로 자신의 능력과 적성, 흥미를 고려하여 합리적으로 진로를 선택하고 결정할 수 있도록 준비시키고, 잠정적 진로 목표를 설정, 자신과 진로를 현실적으로 연계시킬 수 있도록 해야 함.
    (4) 진로와 관련된 다양한 교육적·직업적 최신 정보와 취업 또는 진학에 필요한 폭넓은 지식과 의사소통 기술 등을 습득할 수 있는 기회를 제공하기 위해 보다 심층적이고 체계적인 진로지도를 지속적으로 실시하여야 함.

6) 여성의 진로교육과 경제참여율
    (1) 이제까지 교육 현장에서 남성에 비해 여성에 대한 진로교육이 상대적으로 소홀했음.
    (2) 이제 남녀가 교육기회의 균등은 거의 실현되어 중등교육에서 뿐만 아니라 고등교육에 있어서도 남녀간 차이는 미미한 정도임.
    (3) 경제 참여율에 있어서는 여성의 참여율이 선진 외국에 비해 크게 뒤지는 것으로 나타났는데 그 이유는 남성지배적 산업구조, 여성의 직업의식의 희박, 성별 직업 침 전공 분리, 편향된 진로지도 및 선택 등을 들 수 있음.
    (4) 현대사회에서는 여성도 경제 주체로서의 역할 수행이 요구되고 있으며 남녀 이분법적 직업관도 많이 바뀌어 가고 있는 추세임.
    (5) 일은 개인의 존재를 규정하는데 결정적 역할을 함.

7) 청소년기 여성교육에서 강조되어야 할 것
    (1) 진취적인 직업의식과 직업관

- 여학생으로 하여금 진취적인 직업의식과 직업관을 갖고 적극적으로 직업세계를 탐색하고 진로를 준비하도록 교육해야 함.
- 진학진로지도 시 성별에 따른 직업 및 전공 분리로 인해 노동시장에서 여성들의 취업기회와 보수가 불리한 상황에 처하지 않도록 학교의 진로지도에서부터 편파적이고 편중된 진로지도가 아닌 보다 성 통합적이고 포괄적인 진로지도가 이루어져야 할 것임.

(2) 청소년기 여성의 성역할 사회화
- 사회에서의 성역할과 역할 기대는 성역할 사회화에 강력한 영향을 미치게 됨.
- 가정과 학교, 사회에서 기본적인 사회화, 성역할 사회화가 잘 되어 있으면 청소년은 자신의 성역할을 잘 수행하고 직업 준비와 선택, 자아정체성을 무리 없이 획득하게 됨.
- 전통적인 이상적 여성상을 갖출 것을 가정과 학교, 사회에서 암암리에 강요받음.
- 남성이 가치 있는 일에 전념할 수 있도록 여성은 가정을 꾸려가는 내조자로서의 역할이 무엇보다도 중요하며, 여성은 부드럽고 남성을 위해 자기를 부정하고 사랑을 위해 희생할 의무가 있음을 세뇌시킴.
- 우리 사회에서 흔히 여성다움, 여성의 본질이라고 하는 것들은 대부분 인위적이고 의도적인 조장의 결과인 경우가 많음.
- 성 고정관념, 성역할 고정관념에서 벗어나 바람직한 양성적 성역할 사회화가 될 수 있도록 교육해야 할 것임.

2.2 성인전기

1) 약 20~40세
   (1) 독립적인 사회인으로서 새로운 인생의 출발점이 되는 시기.
   (2) 자유와 책임을 갖고 스스로의 삶을 영위하는 시기.
   (3) 인생에 있어서 가장 많은 변화를 경험하며, 다양한 환경에 적응해 나가면서 지적·사회적으로 성숙해 짐.
   (4) 관심의 폭이 급격히 확대되고 다양한 경험을 하게 됨.

2) 성인전기의 여성
   (1) 대학 진학, 취업, 결혼, 출산, 자녀양육과 교육, 성역할, 대인관계의 형성과 생

산성 발휘 등과 같은 다양한 발달과업을 수행해야 하는 시기로서 인생의 절정기.
(2) 직업을 선택하고 주어진 과업에 충실히 종사하는 일은 성인 전기의 성공적인 발달 여부를 결정하는 주요 요인임.
(3) 본격적으로 직업활동을 시작하면서 사회활동의 무대도 넓어지고, 결혼하면서 배우자에게서 공유된 정체감을 찾으려 함.

3) 주요발달과업(Erikson, 1963)
   (1) 다양한 인간적 유대를 통해 친밀감(intimacy)를 형성하는 것.
   (2) 가정, 직업, 사회에서의 생산성 발휘.
   (3) 여러 영역에서 활발한 활동을 하고 친밀한 대인관계를 맺게 됨.
   (4) 친밀한 대인관계를 형성하지 못하면 사회적 관계를 회피하고 공식적·피상적인 인간관계만을 추구하여 고립 또는 소외됨.
   (5) 가정적·사회적으로 생산적이지 못하면 침체감에 빠지게 된다고 함.

4) 우리나라에서 성인전기 여성들에게 기대되는 발달과업
   (1) 가정주부로서의 역할.
   (2) 사회전반에 이러한 전통적인 이분법적 성역할 고정관념이 존재하는 한 여성에 대한 이러한 기대는 없어지지 않을 것임.
   (3) 정규학교교육에서 뿐만 아니라 사회교육 영역에서도 전통적 성역할 고정관념을 반영한 성차별적 특성을 종종 찾아볼 수 있는데 이는 여성에게 불리하게 작용할 수 있음.

5) 문제점
   (1) 교육의 남녀평등으로 인해 여성들의 학력수준도 남성 못지않게 높아졌으나 우리나라의 여성 고등교육은 양적 팽창만큼 질적 성장은 이루어지지 않았다는 의견이 지배적임.
   (2) 여성고등교육이 여성의 교육적 욕구를 충분히 충족시키지 못하고 있음.
   (3) 사회참여를 위한 전문적 지식과 기술의 습득에도 충분한 기여를 하지 못하고 있음.
   (4) 남녀 성차별적 시각도 여전함.

(5) 대학에서의 성별에 따른 전공 선택의 이분화 경향은 직업에 있어서의 성별 이분화 구조와 사회의 성역할 이분법을 여전히 반영하고 있으며 이러한 사회의 성역할 규범은 여성의 진로 선택을 제한하고 있음.

6) 성인전기의 여성교육
   (1) 평생교육이 중요한 역할을 담당하는데 전통적으로 성인여성의 교육적 필요에 대해 크게 관심을 가지지 않았던 우리나라의 경우 여성 평생교육은 일반적으로 개인의 교양 증진이나 여가선용을 위해서 이루어짐.
   (2) 우리 사회의 가부장적 사고와 성역할 고정관념에 의해서 크게 영향을 받았음.
   (3) 현재 우리나라 성인여성들의 평생교육 욕구는 대단히 높은 것으로 나타남.
   (4) 전문인력으로서의 능력개발과 자신의 인적자원을 향상시킬 수 있는 다양한 기술 및 직업훈련을 원하고 필요로 함.
   (5) 성인 전기 여성들을 위한 평생교육도 변화하는 사회와 여성들의 의식에 맞추어서 적절하게 변화해야 함(김재인 외, 2005)

7) 현대의 여성
   (1) 급변하는 사회에 적응하고 나아가 변화를 주도하는 사람이 되기 위해 기존의 전통적 성역할에만 매여 있으려고 하지 않음.
   (2) 전문적인 직업인으로서의 역할을 수행하고자 하는 욕구가 매우 높으며 이러한 욕구를 충족시켜 줄 수 있는 다양한 학습활동에의 참여를 희망하고 있음.
   (3) 기혼여성들도 좀더 독립적이고 유능해지고 싶어하며 자아실현을 위해 사회 및 경제활동에의 참여를 희망하면서 새로운 교육적 요구가 높아지고 있음.
   (4) 취업을 희망하는 20~30대 기혼 여성들의 교육 요구 조사결과(김경희, 1999): '다양하고 전문적인 교육 및 훈련 프로그램의 확대, 여성 취업을 위한 전문교육기관의 증설, 교육과 훈련뿐만 아니라 취업 알선과 취업정보 제공 활동의 활성화, 교육훈련과 취업을 돕기 위한 탁아시설의 확충, 저렴한 교육훈련 비용' 등을 요구하고 있음.

8) 여성을 대상으로 한 평생교육의 미비(김재인, 1999)
   (1) 여성 사회교육정책의 부재가 여성들의 교육기회의 불평등을 낳아 나아가 여성의 사회활동을 활성화시키지 못하는 요인으로 작용하고 있음을 인식해야 함.

(2) 여성들에게 불평등하게 주어지는 교육기회, 전통적인 성역할을 답습하는 교육내용을 지적함.
(3) 여성 사회교육 결과의 효율화를 위해 평생교육과정을 이수한 여성들이 취업 및 평생활동으로 연결될 수 있는 여건을 마련해야 함.

9) 사회교육의 방향
   (1) 여성의 전통적 성역할에 초점을 맞춘 교육과정이나 교양교육, 여가활용에 치우치지 않고 다양한 여성의 교육적 요구를 받아들여 그 범위를 전반적인 영역으로 확대할 필요가 있음.
   (2) 학력인정교육(학점은행제, 방송통신대학, 사이버대학, 산업대학 등), 교양교육, 직업·기술교육 등을 통해 여성의 자아실현, 인재 양성, 여가 선용, 삶의 질 향상, 사회 및 경제활동의 참여 등과 같은 차원에서 평생교육의 활성화가 필요함.

〈문제〉 다음 중 성인 전기의 발달과업은?
① 친밀감   ② 신뢰감   ③ 자율성   ④ 근면성

3. 성인 중기와 성인 후기

3.1 성인중기

1) 40~60세
   (1) 신체적·생물학적 노화가 시작되고 사회적·직업적 측면에서는 최고 수준의 원숙함과 생산성을 발휘하는 시기.
   (2) 그 동안 주로 외부로 향하던 에너지가 지금까지 살아온 자신들의 인생을 되돌아보며 삶의 의미를 찾으려 하고, 가치관을 재정비하는 등과 같이 내부로 향하게 됨.
   (3) 신체적 기능저하와 함께 정신적으로도 실존적 공허, 상실감, 위축 등과 함께 인생무상, 불안감 등을 많이 느낌.

2) 중년기의 중심과업(Harvighust, 1972)
   (1) 성인으로서의 시민적·사회적 책임 다하기
   (2) 만족할 만한 경제적 생활수준의 성취 및 유지
   (3) 10대 자녀가 책임감 있고 행복한 성인이 되도록 돕기
   (4) 여가활동의 개발
   (5) 배우자와의 한 인간으로서의 관계 맺기
   (6) 중년기의 사회·심리적 변화 수용과 적응
   (7) 부모에의 적응

3) 건강한 중년을 위한 삶
   (1) 이 시기의 발달과업과 위기를 받아들이고 적극적인 사회활동과 인간관계, 자기계발을 위해 노력해야 함.
   (2) 중년기를 새로운 인생의 출발점 또는 전환점으로 재도약하는 기회로 활용함으로써 활기찬 인생을 즐길 수 있음.
   (3) 개인적인 욕구충족을 넘어 보다 나은 사회를 만드는 데 기여하려 하며 사회의 다양한 문제에 관심을 쏟고 사회활동에 활발히 참여하게 함.
   (4) 자신의 개인적 욕구 충족, 안위에 치중하고 타인들에 대한 무관심과 배려 부족, 이기심 등을 갖게 되어 대인관계에 문제가 발생하기 쉬움.

4) 중년여성
   (1) 육아부담, 가사노동으로부터 어느 정도 해방되면서 자기 자신을 돌아보게 되고, 제2의 인생을 계획하는 전환점이 되기도 함.
   (2) 비교적 안정적이며 성숙한 세대라 일컬어지는 성인 중기도 나름대로의 고민과 갈등이 있음.
   (3) 삶의 의미, 자아 찾기, 삶의 질 향상, 인생의 재구성 등과 같은 욕구를 가지고 있음.

5) 여성의 자아 찾기 요구(김재인 외, 2005)
   (1) 생애발달단계에서 비교적 뒤늦게 표면으로 부상.
   (2) 중년 여성에게 위기이자 성장의 전환점.
   (3) 인생을 다시 설계하고 이를 실현하기에는 다소 늦은 시기에 이러한 욕구를

느낀다는 것은 그들에게 심각한 좌절을 가져다 줄 수 있음.
(4) 성공적으로 극복할 경우, 여성으로서의 사회적 제약을 뛰어넘어 자신을 실현할 수 있는 최적의 계기가 될 수도 있음.

6) 중년기의 학습
   (1) 외부의 요구에 의해서가 아닌 자발적 요구와 필요에 의해 이루어지기 때문에 그 교육적 요구는 매우 적극적이며 절실함.
   (2) 과거에 어떠한 상황으로 인해 학교교육을 받지 못했거나 중도에 그만둔 여성들의 경우 학업에 대한 열망을 가지고 있음.
   (3) 일을 하고 싶어 하는 여성들은 취업이나 창업과 관련한 교육을 요구하고, 취미생활, 여가 선용, 자기 성장에 대한 욕구가 강함.

7) 성인 중기의 여성교육
   (1) 신체적·인지적·심리적·사회적 특성 등을 고려하여 계획할 필요가 있음.
      · 이 시기의 현저한 신체적 특징: 노화로 인한 체력과 건강의 감소
      · 이 시기의 심리적 문제: 노화에 대한 사회 및 개인의 부정적인 태도에 의해 많은 영향을 받음.
   (2) 중년의 신체 변화에 대한 이해와 심리적 안정 증진, 건강관리법 등에 대한 교육이 필요함.
      · 이 시기의 인지적 특성: 기억력, 암기력이 감퇴가 눈에 띄지만 사고력이나, 판단력, 분별력, 문제해결력 등에 있어서는 대체로 안정적이며 오히려 발달의 절정기라고 하는 청년기의 인지수준을 넘어 충분히 기능하는 것으로 보고되고 있음.
      · 피아제가 제시한 인지발달의 최고 수준 단계인 형식적 사고(formal thought)의 추상적 수준을 넘어 융통성 있고 개방적·현실 적응적인 성숙한 사고를 할 수 있다고 주장함.
      · 후형식적 사고(postformal thought), 실용적 지능(practical intelligence): 인생에서 다양한 경험을 하면서 이에 대처하는 지혜를 쌓게 된다는 것임.
   (3) 축적된 경험을 활용하여 정보를 활용하고 문제를 해결하는 등 지속적인 성장을 이룰 수 있도록 하는 차원에서의 교육이 필요함.
   (4) 심리사회적 특성: 전업주부와 일하는 여성 간에 차이가 많음.

- 전업주부: 마음 속에 무엇인가 잘못되었다는 불완전한 느낌, 홍허감, 지친 느낌, 두려움, 우울, 절망감 등을 갖고 있는 경우가 많음 - 가정주부 신드롬.
- 일반 중년 여성: 실존적 고민, 다양한 역할 간의 균형의 어려움, 진정한 자신을 찾고자 하는 자기성장의 욕구로 인해 불안이나 갈등, 우울, 좌절 등이 나타나기 쉬움.

(5) 여성의 자아 찾기, 자아정체감 재확립, 자아 성장을 위한 교육이 필요함.
(6) 21세기 정보사회, 지식기반사회 생존에 필요한 지식과 기술의 습득, 급격한 변화에의 대처에 필요한 지속적인 교육이 필요함.
(7) 교육과제: 자율적 가치의 형성과 의식의 성장, 그것을 추구하는 과정에서 심각하게 드러나는 갈등과 문제의 해결을 도와주는 일.
(8) 교육적 관심: 발달적 관심 이상의 것, 즉 발달과제의 해결이나 중년기 변화에의 적응보다 더 중요한 것은 확고한 자아를 바탕으로 문제를 스스로 해결하고 인생의 의미를 창조할 수 있도록 돕는 것.

8) 성인중기 여성을 위한 교육 프로그램(김재인 외, 2005)
(1) 자아를 찾고 세계를 주체적으로 볼 수 있는 의식의 성장을 중심에 두고 구성되는 것이 바람직함.
(2) 사회공헌 능력을 함양하고 사회봉사 기회를 확대하여 중년 여성들이 성숙한 자아를 바탕으로 사회발전에 기여할 수 있도록 도와야 함.

9) 평생교육적 차원의 교육적 지원의 필요
(1) 여가 및 취미, 직업 등에 대한 요구 반영.
(2) 교육적 요구를 고려하여 교육기회의 확대와 다양한 프로그램의 개발 및 운영, 성인교육을 활성화하기 위한 법적·제도적 장치 등이 필요함.
(3) 우리나라 성인학습자를 위한 교육: 학점은행제, 시간제학생 등록제, 평생교육원, 사회교육원, 전공 심화과정, 산업체 위탁교육과정, 원격교육, 지역사회 문화강좌 등이 있음.
(4) 교육을 통해 중년의 위기를 극복하고 삶의 진정한 의미와 자기를 찾고 의식의 변화와 성장, 지식과 기술의 습득과 같은 다양한 측면의 바람직한 변화를 유도할 수 있을 것임.

3.2 성인후기

1) 노인
    (1) 빈곤, 질병, 고독, 무위의 문제가 거론되곤 하였음.
    (2) 의료기술의 발달과 건가에 대한 관심 증대, 생활수준 향상 등으로 평균 수명이 길어지면서 우리나라에서도 인구의 고령화 현상이 두드러지게 나타나고 있음.
    (3) 65세 이상 노인이 전체 국민의 7% 이상이 되면 고령화 사회라고 하는데 2000년에 이미 7.1%로 나타났고, 2006년에 9.5%를 넘어섰음.
    (4) 신체적·정신적 기능의 쇠퇴와 더불어 다양한 심리적 변화가 일어나며 사회적·직업적 기능 발휘의 어려움은 급격한 역할 감소로 이어짐.
    (5) 직장에서의 은퇴, 배우자의 사망, 자녀의 결혼 등으로 인해 심리적으로 심한 소외감을 느끼며 사회적으로 고립·소외되고 지적 능력의 감퇴로 생활에의 부적응을 경험하면서 매우 나약해지고 우울해 함.
    (6) 내향성 및 수동성이 증가하는 반면 융통성은 결여되고 경직성이 증가하여 고집이 세지고 의존적이 되며 우울해 하고, 보수적이며 불평이 많아지고 변덕이 심하고 어린아이처럼 자기중심적으로 변해가는 경향이 있음.
    (7) 이런 부정적 성격 특성으로 인해 비판의 대상이 되기도 함.

2) 주요발달과제(Erikson, 1963) : 자아통정성(ego integrity)
    (1) 자아통정성: 지금까지 살아온 자신의 삶에 대해 후회 없이 열심히 살았고 가치 있는 삶이었다고 확신할 때 생기는 것.
    (2) 통저성이 형성된 사람: 인생을 만족스럽고 감사히 생각하며 자신의 인생에 책임감을 갖고 죽음도 겸허히 받아 들임.
    (3) 지금까지 살아온 삶을 후회스럽고 무가치하며 새로운 인생을 시작하기에는 너무 늦었다고 생각하며 염세적인 태도를 갖고 있는 사람: 책임감도 없고 죽음도 받아들이지 못하고 슬픔, 고독, 허무, 절망감과 혐오감에 빠져들어 타인을 경멸하고 자신의 후회스러운 감정을 타인에게 투사하고 억울해 함.
    (4) 심한 절망감과 후회는 노인성 정신질환, 우울증 등을 초래하기도 함.

3) 성인후기의 발달과제(Harvighust, 1972)
    (1) 체력 감소 및 건강 쇠퇴에 적응하기
    (2) 은퇴 및 수입 감소에 적응하기

(3) 배우자의 사망에 적응하기
(4) 동년배와의 친밀한 관계 맺기 또는 친구관계의 긴밀한 유지
(5) 사회적·시민적 책임 이행하기
(6) 만족스런 육체적 생활을 하도록 준비하기

4) 성인 후기의 발달과제와 교육적 요구를 기초로 노인교육의 필요성 제안(한국평생교육기구, 1991)
   (1) 노인이 자신의 생활을 지혜롭게 영위하기 위하여 필요하며, 원만한 인간관계를 가질 수 있도록 유도해야 함.
   (2) 노인이라 하더라도 자신이 살고 있는 사회의 경제생활을 이해해야 하며 국가생활을 이해하기 위하여 반드시 교육이 필요함.
   (3) 높은 교육수준과 경제적 안정을 갖춘 노인들은 노후를 보다 안락하고 풍요롭게 가꾸고 싶어 하는 욕구가 증가할 것으로 예상됨.
   (4) 자신들의 노화나 질병, 무능력을 탓하기보다 적극적으로 사회에 참여하고 취미, 여가생활을 즐기며 뭔가 보람 있는 일을 하고 싶어함.
   (5) 확대된 여가시간을 시간 때우기, 단순한 휴식의 개념에서 벗어나 보다 생산적·창조적·적극적인 개념으로 변모하고, 자기발견, 자기계발, 봉사 등으로 보다 발전적인 여가선용을 추구하고 있음.

5) 노년기의 교육적 욕구제안(McClusky, 1974)
   (1) 환경적응 욕구(coping needs)
   (2) 활동이나 단체활동에 참여하고 싶어 하는 표현적 욕구(expressive needs)
   (3) 사회공헌 욕구(contributive needs)
   (4) 사회의 변화와 흐름에 영향을 주려는 욕구(influence needs)
   (5) 초월적 욕구(transcendence needs)

6) 노인교육
   (1) 노인문제의 해결뿐만 아니라 노인의 긍정적 자아개념의 형성을 돕고 삶의 질 향상, 노인들의 신체적·정신적 안녕 유지, 노인들이 느끼는 부족함과 욕구를 충족시켜 줄 수 있으며 생을 잘 마무리할 수 있게 도와주는 중요한 역할을 함.
   (2) 목적: 노년기의 생활 적응과 삶의 질을 향상시키는 것.

(3) 중요하며 우리나라에서도 여러 교육기관과 지역사회에서 이들에 대한 교육 프로그램 개발과 운영을 시도하고 있음.

7) 노인들의 교육욕구 충족을 위한 교육과제(한국노인문제연구소)
    (1) 생활고에 대처하는 교육.
    (2) 노인이 걸리기 쉬운 병에 대한 지식을 갖추고 이를 예방, 치료하는 것, 대기오염, 교통사고 등에 대처하는 교육.
    (3) 노인들이 고독에서 벗어나기 위해 노인 스스로가 가족, 이웃, 그리고 지역사회에 직접 참여하여 호흡을 같이 할 수 있도록 하는 교육.
    (4) 노년기를 상실의 시기가 아닌 창조의 빛나는 시기로 이끌어 나갈 수 있는 지혜를 습득할 수 있도록 하는 교육.

8) 여성 노인의 인구비율
    (1) 남성 노인에 비해 높게 나타나며, 연령이 높아질수록 그 비율도 높아짐.
    (2) 현재 여성 노인이 남성 노인에 비해 평균 수명이 8년 정도 길어 배우자 없이 혼자 살아야 하는 기간이 평균 10년 가량됨.
    (3) 오랜 기간 동안 무배우자 시기를 겪게 됨으로써 독립적으로 생활해 나갈 수 있는 여건의 조성이 필요함.
    (4) 자녀와의 갈등, 고독감, 생활보장 문제, 성 문제, 재혼 문제의 영역에서 해결하거나 예방하여야 할 과제를 안고 있어 성인 후기 여성의 평생교육의 중요성을 시사하고 있음.
    (5) 여성 노인들은 종속적이고 의존적인 가치기준에 따라 인식되고 있으며, 사회에 만연되어 있는 노인 차별과 성차별주의는 '여성은 성적이고 가정적인 두 가지 기능만 갖는다'고 해석함으로써 여성 노인에 대한 차별적 상황을 전개시켜 왔음(김재인 외, 2005).
    (6) 신체적·생물학적 노화로 인한 건강상의 문제, 경제적 문제, 역할 상실, 심리적 문제 등으로 많은 어려움을 겪음.
    (7) 신체 건강 측면에서 여성 노인의 유병률은 남성 노인보다 높은데도 불구하고 상대적으로 경시되고 있음.
    (8) 경제적인 문제도 여성 노인이 더 심각한 것으로 나타났음.
    (9) 건강한 삶이란 심신의 건강과 함께 사회적으로도 건강해야 함.

9) 성인 후기 여성교육의 필요성(김재인 외, 2005)
    (1) 역할 상실로 인해 모호해진 정체감의 재정립, 새로운 관계망 형성, 사회참여로 인한 성취와 새로운 경험을 제안함.
    (2) 스스로가 쓸모없는 존재가 아니고 가족과 사회에 필요한 쓸모있는 존재라는 인식을 가져야 함.
    (3) 마음을 터놓을 수 있는 친구와 이웃을 만들고, 보다 자유롭고 새로운 것을 추구하는 삶을 사는 태도가 필요함.
    (4) 여성 노인들이 부정적 측면을 극복하고 보다 긍정적·능동적·진취적·적극적으로 살기 위해서도 교육은 중요한 역할을 함.

10) 성인 후기 여성 교육
    (1) 대부분은 취미나 오락과 같은 단순한 일회성 놀이 프로그램과 건강관련 강좌 등으로 성인 후기 여성들의 교육적 요구와 필요와는 다소 거리가 있음.
    (2) 여성 노인들의 삶의 질을 높일 수 있는 교양과 여가선용은 물론 사회에서 소외되지 않고 경제적 빈곤에서 벗어나 자립할 수 있도록 연령대에 적합한 직업 및 기술교육을 제공해야 함.
    (3) 급변하는 사회에 적응할 수 있도록 도와야 함.
    (4) 적극적인 사회참여를 유도할 수 있는 다양한 프로그램의 개발과 실시가 필요함.
    (5) 교양교육, 여가선용교육, 직업 및 기술교육, 임종 대비교육 등을 통해 노인들로 하여금 자신의 생애를 통합하고 정리하는 단계에서 삶에 대한 반성과 통찰을 돕고 사회변화에 대한 이해와 적응, 경제적 자립 등을 도와야 함.
    (6) 신체적 퇴보와 관련하여 이에 적응하고 건강을 유지 및 증진하는 방법, 퇴직 또는 직업 상실로 인해 초래되는 수입 감소에 대처하는 방법, 친구 및 가족, 이웃들과의 적극적인 인간관계 형성, 성공적인 부부관계 만들기, 배우자 사망 후 대처, 취미생활 개발, 정신건강 증진교육 등이 필요함.
    (7) 다양한 교육을 제공하여 그동안 미처 발견하지 못했던 재능을 발견해 낼 수도 있으며, 축적된 경험과 지식을 젊은 세대를 위한 교육은 물론 동료 노인들을 위해 활용할 수 잇는 기회를 제공함으로써 삶의 의미를 부여하는 좋은 계기가 될 수 있음.
    (8) 교육을 통해 새로운 직업이나 지식, 기술을 익힐 수 있도록 해야 함.
    (9) 가치관과 생활양식의 변화, 세대차이 등을 이해하고 새로운 문화와 생활양식

을 배우고 활용함으로써 노인이라는 이유로 사회에서 소외되거나 혹은 스스로를 소외시키지 않고 적극적으로 사회변화에 적응하면서 사회발전에 기여할 수 있도록 도와야 함.

11) 여성 노인교육 활성화
   (1) 국가적 지원과 지역사회 역할의 비중이 큼.
   (2) 일본
      · 여성의 사회참여 지원 특별 추진사업을 실시하고 있음.
      · 도서관, 박물관, 여성교육시설 등의 사회교육시설과 교육위원회에서 청소년에서부터 고령자까지 폭넓은 연령의 사람들을 대상으로 많은 학습기회를 제공하고 있음.
      · 고령자의 학습지원: 개방대학의 공개강좌, 고령자 교육 촉진, 고령자 교실, 고령자 인재활용사업, 자원봉사자 양성강좌, 세대간 교류사업, 상담 사업 등으로 구성되어 있음.
      · 바람직한 노후를 위해 자립할 수 있도록 조건을 정비하는 것이 중요한 과제로 부각되면서 노인클럽 지원사업, 사회봉사사업, 교양강좌 개최, 건강증진 사업, 삶의 보람과 건강 만들기, 고령자들로 하여금 지금까지의 경험과 지식·기능을 발휘하여 적극적으로 사회활동을 하게 함으로써 보다 밝은 장수사회를 실현하고 나아가 고령자관에 대한 낡은 의식을 개혁하기 위한 고령자의 삶의 보람과 건강 만들기를 추진하고 있음.
   (3) 우리나라
      · 국가적 차원에서 여성노인들의 발달과제와 다양한 교육적 요구를 고려하여 여성 노인교육 및 훈련에 포함시킬 핵심 쟁점의 파악과 함께 이를 충족시켜줄 수 있는 프로그램의 개발과 정책적 지원이 도입되어야 함.
      · 현재 설치 운영되고 있는 상당수의 여성 노인교육은 민간 차원에서 운영되고 있으며, 관 주도의 프로그램은 미미한 실정임.
      · 민간 차원의 여성 노인교육 프로그램도 대부분 레크리에이션 분야에 치중되어 있으며 비체계적임.

〈문제〉 다음 중 성인후기의 주요발달과업은?
① 주도성 ② 자아정체감 ③ 자아 통정성 ④ 친밀감

제4장
여성평생학습의 요청

1. 정보화 및 지식기반사회의 도래와 디지털과 인터넷 세대와의 상호 교류 증진

1.1 정보화 및 지식기반사회의 도래

1) 지식의 노후화(송병순 외, 2000)
    (1) 1970년대: 인류가 활용하고 잇는 지식 내용 중 절반 정도가 5년 동안 활용된 후에는 쓸모 없게 되었음.
    (2) 1980년대: 지식의 수명이 2~3년밖에 활용되지 못하는 것으로 추정.
    (3) 정보통신기술의 디지털화 되면서 정보의 양적 팽창과 질적 향상은 그 가속도를 극대화시키고 있음.
    (4) 정보폭발의 시대: 지금의 사회는 지식 생성의 양이 대략 2년 간격으로 두 배로 증가해 왔음.
    (5) 2010년대: 2~3주만에 두 배로 늘어날 것으로 예측됨.

2) 현대
    (1) 인간의 두뇌를 원료로 하여 생성된 지식이 고부가가치를 창출하는 지식기반사회.
    (2) 지식이 부의 축적을 위한 원천이 되고 있음.
    (3) 지식과 정보가 폭발적으로 증가하고, 개개인의 모두는 새로운 지식과 정보를 습득하여 활용할 줄 알아야 함.

(4) 새로운 지식과 정보를 재창출해 나갈 수 있는 능력을 축적하거나 갱신해 나가가 위해 평생에 걸쳐 끊임없이 자기계발 학습을 해 나가야 함.

3) 지식기반사회
    (1) 고용의 조건이 '근력이 아니라 머리(from brawn to brain)'.
    (2) 예상이 가능하고 계획이 가능한 '근력'에 의한 반복적 작업은 자동화 기계로 대치되기 때문에 그와 같은 직업의 안정성은 없어짐.
    (3) 예정과 계획이 어려운 '머리'를 써서 일하는 신종 직업은 경합이 없고 수입이 높아 사람들이 집중함.
    (4) 머리를 쓰는 직업에서는 새로운 지식과 기술을 쉬지 않고 학습하고 개발하는 능력을 갖춘 창의적 지식 노동자가 새로운 가능성을 갖게 됨.
    (5) 지식이 개인, 기업과 국가의 성과와 경쟁력 및 부(wealth)를 결정하는 핵심요소가 됨.
    (6) 의식, 가치관, 문화가 지배하는 사회.
    (7) 지식과 정보가 부가가치 창출의 핵심이 되고, 정보기술을 활용하여 빠른 속도로 경제활동이 전개되고 있음.
    (8) 창의적인 신지식인을 요구함.
    (9) 신지식인: 어떤 분야에서나 가치 창조의 원천이 되는 새로운 지식을 습득하고 이를 남과 공유하고 활용하면서 새로운 가치와 차원 높은 지식을 창출하고자 끊임없이 자기주도적으로 노력하는 사람.

4) 신지식으로서 갖추어야 할 기본 능력: 지식의 생성력, 저장력, 활용력, 공유능력 (신동로, 주호수, 1999; 한상길, 2001에서 재인용)
    (1) 지식의 생성능력이 뛰어난 자
        · 지적 호기심과 도전정신이 있어야 함.
        · 관찰능력, 판단능력, 추론능력 등이 있어야 함.
        · 책 속에 담겨 있는 형식지의 획득을 위해서는 국어 영어 등의 언어 이해력과 컴퓨터 활용능력이 있어야 함.
    (2) 지식의 저장이 뛰어난 자
        · 유용가치가 높은 지식들을 변별하는 능력과 더불어 변별적으로 선택된 지식들을 기억하기 쉽게 의미적 또는 논리적으로 잘 조직하는 능력이 필요함.

- 지식을 효율적이고도 경제적으로 잘 저장하는데 필수품이 되어버린 컴퓨터의 활용능력 등 다양한 정보기술 활용능력이 요구됨.
(3) 지식의 활용능력이 뛰어난 자
- 저장된 지식을 어떠한 문제에 직면했을 때 적절하게 활용하기 위해서는 문제의 핵심을 파악할 수 있는 상황 판단력과 논리적 추론력, 시간관리기술을 갖추고 먼저 문제해결 전략을 수립해야 함.
- 전략을 수행하기 위해서는 분석력, 인과관계 추론능력, 통합능력, 창의력, 응용력, 시간관리능력 및 개방적인 사고력 등이 요구됨.
(4) 지식 공유능력이 뛰어난 자
- 자신이 속한 집단 내에서 남들과 지식을 공유하면 보다 향상된 지식을 더 많이 소유할 가능성이 그만큼 커짐.

5) 신지식인
(1) 지식을 암묵지 또는 형식지 형태로 저장하기 위해서 대화를 통해 자신이 지식을 전달하는 지식전달능력과 신뢰조성능력, 지도능력, 결과평가능력 등을 가지고 있어야 함.
(2) 형식지 형태로의 공유를 위해서는 개방적 마인드를 기반으로 컴퓨터나 보고서 등의 공유 수단을 활용하는 능력과 지식전달 대상자를 선정할 수 있도록 하는 지식수요 파악능력 등도 필요함.

6) 성인들의 당면과제
(1) 이미 갖고 있는 사전 경험이나 지식을 바탕으로 재조직하여 적극적인 삶을 새롭게 개척해 나가야 할 때임.
(2) 지식사회와 정보화사회에서 살아남고 인정받으며 사회구성을 위한 하나의 개체로 인정받기 위해서라도 남녀 모든 성인들은 능동적으로 인지적 교육활동에 적극 참여하여 학습능력을 향상시켜 나갈 수 있는 학습존재로 거듭나야 함.
(3) 평생학습에의 참여를 삶의 필수과정으로 여겨야 함.

7) 새로운 지식의 생산 및 창출의 과정(한준상, 2001)
(1) 암묵지(暗默知:implicit knowledge)의 공동화 과정
- 사람들은 그들의 머리로 생각하고 마음으로 느끼면서 생활하고 있기 때문에 각자가 나름대로의 아이디어나 노하우 형태의 암묵지를 가지고 있음.

· 타인들과 함께 공유하는 과정 속에서 또 다른 새로운 암묵지를 생성해 내는 지식 창출 행위임.
(2) 형식지(形式知:explicit knowledge)의 표출화 과정.
· 암묵지를 형식지로 바꿈으로써 많은 사람들이 새로운 지식의 표출을 경험하는데 도움을 줌.
· 지식 창출 과정은 연구자개인의 노력으로 종결될 수도 있고 혹은 집단의 시너지로서 완결될 수도 있음.
(3) 지식의 연결화 과정
· 일정한 형식으로 명명되거나 구조를 갖춘 형식지들은 가감되거나 해체되거나, 또 다른 형식지로 연결되면서 지식 창출 과정을 반복해 나감.
(4) 지식의 내면화 혹은 지식의 산출화 과정
· 연구자들이 개인적으로 혹은 집단의 도움을 통해 형식지로부터 더욱더 심화되거나 고도화된, 그러면서 전혀 소견이 다른 또 다른 혁명적인 지식 패러다임으로서의 신출적인 암묵지를 생성해 내는 과정.

8) 창출된 지식을 조직 내에 유포시키려면 구성원들의 개인적인 지식도 남들과 공유해야 함.

9) 조직에서 개인의 창의성과 조직 내부의 상호작용은 지식 창출을 위해 필수이며, 지식은 대화, 토론, 경험 공유, 관찰을 통해 조직 차원에서 증폭되고 구체화될 수 있음을 명심해야 함.

10) 조직은 구성원들 간에 지식 창출을 위한 상호작용이 이루어지는 지식 공유의 배경을 제공하게 되며, 구성원들은 대화와 토론으로 새로운 관점을 창출해 나감.

11) 조직에서도 지식 창출이 이루어지고 있음.

12) 정보사회의 여성정보화
(1) 정보화에 대한 새로운 인식과 필요성이 사회 전반에 확산되고 있음.
(2) 여성정보화촉진을 위한 교육들이 정규 또는 비정규 교육기관을 통해서 활성화됨.

(3) 조사(아이뉴스, 2001)
- 남성(37.8%)과 여성(27.35)의 정보화 격차가 10%에 이르고 있음.
- 주부의 경우 18.6%만 정보화사회에 대비하고 있는 것으로 나타나 정보화에 대한 취약성을 보여주고 있음.
- 가정: 국가를 구성하는 기본단위로서 사회규범을 교육·훈련시키는 장소이며, 바로 그 주체가 주부임.
- 전업주부의 낮은 정보화 수준은 가족 구성원들의 정보화에도 부정적인 영향을 미칠 수 있음.
- 주부: 정보화에 따른 시대 변화의 흐름을 따르지 못해 자녀나 남편과의 대화에서 단절감을 느낀다고 호소하는 사례가 적지 않음.
- 직장여성: 그들만의 네트워킹으로 똘똘 뭉친 남성과의 치열한 경쟁에서 밀려나 설 땅을 잃어버리는 경우도 많음.

(4) 정보의 검색·활용·지식 창출 및 공유 등의 능력 개발을 위해 평생학습활동이 요구되고 있음.

13) 교육의 방향
(1) 가르치는 공부로부터 배우도록 만드는 새로운 교육 패러다임을 형성해 나가야 함.

1.2 디지털과 인터넷 세대와의 상호 교류 증진

1) 현대
(1) 인터넷이 급속도로 발전하면서 세계 경제를 하나의 글로벌 통합경제로 이끌고 있음.
(2) 밤과 낮은 물론 시공간을 초월하여 언제 어디서든지 정보를 주고받는 새로운 형태의 디지털 지식혁명의 신물결이 일고 있음
(3) 무형의 지식이 고부가가치를 창출하는 원동력이 됨.
(4) 일상적인 커뮤니케이션 수단뿐만 아니라 일상생활의 편의를 도모하기 위해 활용되는 커뮤니케이션 테크놀로지가 곧 컴퓨터의 인터넷 공간임.
(5) 새로운 형태의 비즈니스 및 경제운용 방식과 경영 패러다임에 일대 전환을 가져옴.

2) N(network) 세대 혹은 인터넷 세대
   (1) 디지털 혁명과 인터넷을 통한 가상 공동체를 만든 세대.
   (2) 자신의 의견을 적극적으로 개진하는가 하면 상대방과 보다 적극적인 상호작용과 의사소통이 가능한 웹을 선호함.
   (3) 인터넷을 일상적인 삶의 도구로 자유자재로 활용하는 세대적 특성을 지님.

3) 여성
   (1) 디지털 커뮤니케이션 테크놀로지와 인터넷에 익숙하지 못하여 자용 자체를 꺼리거나 N세대들과의 관계를 소원하게 하는 경향이 발생하고 있음.
   (2) N세대들의 다양성을 포용하지 못하고 양자간의 갈등과 괴리가 심화되기도 함.
   (3) 신세대의 새로운 사고방식과 그들만이 활용하고 있는 매체 등에 위협을 느끼고 자신들의 권리를 침해하려고 드는 기성세대에 대하여 분노하는 신세대들과 대치하거나 충돌할 수 밖에 없음.
   (4) 신세대에 대한 무지에서 오는 두려움을 극복하고 효과적인 부모 역할을 수행하려면 N세대의 현상의 제대로 이해하고 쓸데없는 두려움을 버려야만 함.
   (5) 디지털 매체 생활을 이해하고 기성세대들도 디지털 매체 활용 방법을 익혀야 함.

4) 디지털 매체
   (1) 우리가 살고 있는 세계를 반영함.
   (2) 우리의 견해, 윤리, 사업 지식 등을 담고 있는 거울과도 같음.
   (3) 자유로운 유통구조와 쌍방향 통신성, 분산적인 통제구조로 인하여 사회구조의 개혁을 초래하는 변화인자로서의 역할이 커지게 됨(한상길, 2003).

5) 기성세대의 역할
   (1) 미래에 대한 약속을 지켜내고 우리의 지구를 구해내는 것은 N세대에게 달려 있음.
   (2) N세대에게 디지털 매체를 전해주고 자신의 운명을 개척할 수 있는 도구를 마련해 주는 것은 기성세대들의 몫.
   (3) 젊은 신세대들이 새로운 매체를 능숙하게 다룰 줄 안다는 점을 주목하고 이들로부터 배울 수 있는 겸허함을 갖춰야 함.
   (4) 제대로 된 디지털 도구를 갖지 못할 때 심한 좌절감을 맛보는 이들 N세대를

통하여 우리는 새로운 시대에 필요한 진정한 파트너십이 과연 무엇인지를 깨달아야만 함.

6) N세대들이 만들어 가는 문화적 특징
   (1) 강력한 자기의존적 독립심, 지적 개방성, 포용성, 자유로운 의견 개진, 강한 호기심과 자기 주장, 혁신 지향적인 탐구심, 즉흥적인 충동 등(허운나 외, 1999).
   (2) 또래 집단과의 자유분방한 대화를 주고받는 놀이문화 속에서 정서적 안정과 지적 성숙이 향상되어 감.
   (3) 기성세대 특히 어머니세대들과 이들과의 원만한 인간관계 유지와 세대차이 극복을 위해 컴퓨터나 인터넷을 활용할 줄 아는 그리고 디지털 매체를 활용하여 학습활동에 참여할 수 있는 학습능력이 요구됨.

7) 기성세대들에게 요구되는 것
   (1) N세대들의 부모에 대한 역할 요구 증대와 이들만의 독특한 문화 창출 과정, 그리고 놀이문화 등에 대하여 이해하고 동참할 기성세대들에게 요구되는 것은 의식의 변화임.
   (2) 의식의 변화, 디지털 매체의 활용능력 신장을 위해서 요구되는 것이 현대사회에서의 여성평생학습 활동임.

〈문제〉 다음 중 N세대들이 만들어 가는 문화적 특징이 아닌 것은?
① 자기 의존적 독립심 ② 지적 개방성 ③ 일방향 커뮤니케이션 ④ 포용성

2. 근로시간 단축과 여가시간 증가

2.1 근로시간 단축과 여가시간 증가

1) 평생학습정책
   (1) 지구촌화와 기술발달의 빠른 템포에 맞추어 노동구조와 노동시장의 속성도 급속하게 변화해 가고 있음.

(2) 피고용자들의 생존을 위한 기술과 능력개발에의 관심 증대 속에서 한편으로는 노동시간의 단축과 근무기간의 축소라는 아이러니하고도 기이한 현상들이 나타나고 있음.
(3) 여가시간도 증가하고 있음.

2) 2005년도: 주5일 근무제
(1) 우리나라도 시민들의 의식 변화와 함께 고용구조에도 변화가 급속하게 나타나고 있음.
(2) 우리 사회의 이곳저곳에 교육적으로나 문화적으로 많은 변화를 가져오고 있음.
(3) 우리 경제의 경쟁력을 제고시키고, 사회적 통합을 촉진하며, 개인의 자기실현을 강화시킬 수 있음.
(4) 주5일 수업제의 도입과 함께 새로운 교육 프로그램과 학습환경의 조성이 필요하게 되었음(한상길, 2003a).
(5) 평생교육을 위한 교육과정의 구조 개선에 초점을 맞춘 교육정책을 수립하거나, 주말 자율학습 프로그램을 운영하거나, 또는 다양한 교육 네트워크 형성을 위한 학습기구 간의 협력체제를 구축하는 노력이 요구됨.

3) 주5일 근무제와 여성
(1) 주부와 어머니로서 자녀들과 남편들의 여가시간이 증가되고 있는 현대사회에서 주도적으로 여가를 선용할 수 있는 능력을 갖추어야 함.
(2) 노동시간 단축, 근무기간 축소, 주5일 근무제 등으로 인해 증대된 여가시간을 가족들과 효과적으로 활용하도록 함으로써 건강한 그리고 행복한 가족공동체로 거듭나는 윤택한 가정을 일구어 나가는 것도 현모양처로서 여성의 몫이라고 할 수 있음.
(3) 긍정적인 면
· 각자의 취향과 개성 및 적성에 맞는 다양한 여가·취미활동을 하게 되어 지식정보화시대에 적합한 지식인·문화인으로의 성장을 도와줌.
· 근무시간제도의 유연한 운용으로 파트타임, 단기계약직 등의 수요를 증가시켜 여성의 자발적인 경제활동 참여 증가가 기대됨.
· 경제활동에의 참여를 위한 준비로서 여성의 학습참여가 늘어나고 있기도 함.

(4) 부정적인 면
- 결혼을 하고 아이가 생기게 되면 여성은 남성보다 여가에 있어서 자유롭지 못하게 됨.
- 기혼여성의 대부분은 TV 시청(64.9%)과 가사잡일(49.4%)로 가정 내에서 이루어지는 정적이고 가족 중심적인 여가활동이 대다수를 차지함(통계청, 2004).
- 전체적으로는 여성이 남성에 비해 시간적 여유가 풍부하긴 함.
- 취업여성의 경우: 비취업여성과 마찬가지로 가사노동에 할애하는 시간이 남편에 비해 많기 때문에 여가시간을 충분히 활용하기 어려움.

(5) 여가의 증대를 가져온 것은 사실이지만 이것이 곧 삶의 질을 제고하는 것은 아님.

(6) 전통적으로 사람들이 갖고 있던 여가 가치관
- 노동을 위해 존재한다는 사상 즉, 노동의 재생산을 위해 필요한 휴식을 여가의 본질로 여기는 소극적인 여가관이었음.
- 휴식에 지나지 않게 되어 이를 교육과 연계시킬 필요성이 없었음.

(7) 자아계발과 삶의 질 제고로 보는 적극적인 여가관
- 여가를 학습과 연계시켜야 할 필요성이 대두되었음.

4) 평생학습 도래의 일차적 배경
(1) 과학기술의 발달로 인류의 노동시간은 줄어들고 학습시간은 늘어날 수 있었기 때문.
(2) 근무 단축의 교육적 효과.
(3) 평생교육의 이념을 주창한 랭그랑(Lengrand, P.): 평생교육의 설립과 이념을 과학기술의 발달로 인한 여가의 증대에서 찾고 있음.
(4) 여가는 평생교육 성립의 비반이 되었고, 평생교육은 여가를 유효하게 활용토록 하는 기제가 되고 있음.

5) 여성의 주체적이고 자율적인 여가 참여
(1) 여성의 자유의지의 실체화된 표현이라는 점에서 중요한 의미를 지님.
(2) 여성들도 능동적으로 여가활동에 참여하여 여가태도를 변화시티고 만족을 얻음과 아울러 여성 자신의 노동의 효율성 향상, 생활의 질 향상, 자아실현 등을 꾀할 수 있음.

(3) 여가활동을 통해 사회생활을 영위하는 데 필요한 사회적 역할 수행의 기술을 터득할 수 있고 조화로운 인간관계를 형성할 수 있는 능력과 시술을 터득할 수 있음.

6) 여성의 평생교육 대중화
   (1) 여성들의 여가시간을 자기계발과 실용적인 여가활동으로 명랑하고 활기찬 여성활동을 기대할 수 있음.
   (2) 여성들의 활동이 두드러지는 이 시점에서 평생교육을 통한 여성의 여가 활용은 매우 중요한 의미를 지님.

2.2 여성 소외현상으로부터의 탈피

1) 신성한 예지인(叡智人)
   (1) 사회의 변화를 멀리 뒤쪽에 앉아 구경만 해서는 안됨.
   (2) 변화에 대응함은 물론 변화를 주도할 수 있는 지도자적 역할 수행이 가능한 존재가 되어야 함.
   (3) 전체론적인 세계관을 이해하면서 단지 외부의 물질을 강탈하거나 지구환경을 오염시키는 인간이 아님.
   (4) 살아있는 지구와 함께 동반자의 삶을 살아가는 대안적인 삶살이 방식(life style)을 개발해 나가야 함.

2) 19세기~20세기
   (1) 개발화와 국제화의 물결 속에서 인종과 혈색과 종교와 이념이 다른 국가간의 교류 활성화가 추진되어 있는 현실에서 남녀간의 차별이나 소외현상도 사라져야 함.
   (2) 세계 각국은 자국 내의 여성문제 해결을 목표로 여성운동·인권운동이 확산되고, 국제적인 연대의식도 깊어져 공동 관심사로 대처하면서 남녀평등과 법제적·형식적 성 차별은 많이 없어졌음.
   (3) 현실적으로는 보이지 않는 남녀 성차별이 계속되고 있음.

3) 여성
   (1) 이 세상에 태어나는 순간부터 단지 여성이라는 이유로 사회에서 남성보다는 비중이 덜어지는 위치에서 활동하고 생활해 왔음.

(2) 생물학적 이유로 여성은 사회체제 내에서도 구조적·조직적으로 참여가 배제되어 왔으며, 인간다운 삶을 누리지 못하고 억압과 차별을 당하는 사회적 불평등 현상이 사라지지 않고 있음.
(3) 정치적 과정과 노동 분야에서 소외되어 왔음.
(4) 사회복지제도 또한 그 자체가 가부장적 성 역할 분리에 기초해 있어 여성에게는 불리하게 만들어져 잇고 그 혜택도 남성에게 유리하고 여성에게는 차별과 불평등이 혼재해 있음.
(5) 여성 가구주와 여성 노인들은 빈곤층의 대부분을 차지하는 집단이지만 사회적으로 불평등과 불이익을 당하고 있으며 사회복지 대상에서도 소외되고 있음.
(6) 이제 사회구조 내에서 사회적 지위 획득의 차별화 해체, 모든 사람과 평등한 권리를 누리면서 신간사회의 유용한 인적자원으로의 인정, 사회참여를 통한 자아실현 등을 위해서 자기 능력과 재능을 어떻게 발휘해 나갈 수 있는가를 고심하고 이의 해결을 위한 대안으로서 무엇이 요구되는 가를 고려해야 할 때임.
(7) 실질적으로 여성의 노동력 참여는 많이 증가하고 있는 상태이지만, 직종별로 보면 사회적 지위가 높은 위치를 차지하는 전문직종에의 진출빈도는 그렇게 높지 않은 편임.
(8) 동일 직종에서 동일한 학력을 가지고 일을 해도 남성들에 비하여 취업 기회, 승진이나 보수, 담당 역할 등에 있어서 많은 차별과 소외현상이 아직도 나타나고 있음.
(9) 기혼여성의 소외와 파별은 더욱 심각한 상태임.
(10) 여성 근로자 채용 시 연령 제한 및 기혼여성 불채용은 법으로 금지되어 있으나 현실은 그렇지 않음.
(11) 결혼퇴직제와 조기정년제가 차별의 일례임.
(12) 회사입사 시 관행상 결혼할 경우 퇴직한다고 나는 각서를 받거나 퇴직을 종용하는 사례도 부지기수임.

4) 여성의 교육기회
(1) 상대적 학습 소외계층임.
(2) 사당수의 여성은 지식기반사회에서 심화되는 지식격차와 정보격차를 겪고 있음.

(3) 농어촌 지역의 여성은 도시 여성보다 그 격차가 더욱 큼.
(4) 여성의 사회참여는 우리 사회가 겪고 있는 노동력 부족 현상과 국민의 삶의 질 향상에 공히 기여할 수 있음.
(5) 여성들이 사회로부터 소외감을 느끼지 않고 이 사회의 주인으로서 책임감을 갖고 사회에 공헌할 수 있도록 하기 위해 범사회적인 여성 평생교육 인프라 구축이 요구됨.
(6) 학습참여를 통한 여성의 사회 진출 및 지위 획득 기회증진, 기술직업훈련과 취업기회 확대, 여성 스스로의 권리 보장을 위한 의식과 사고의 진작, 여성 고용 기회의 평등보장, 성매매 및 성폭력 예방 등을 확대해 나가도록 해야 함.
(7) 그 결과 여성의 사회적 소외현상은 극복될 수 있고, 여성의 복지증진과 자아실현 그리고 그들의 삶의 만족과 행복 추구에 평생학습활동이 기여하게 될 것임.

〈문제〉 여성 소외현상을 극복하기 위한 여성교육은?
① 신성한 예지인   ② 학습참여   ③ 의식과 사고의 진작   ④ 양분적 성역할

3. 정치 및 경제활동의 참여확대와 고령화사회에의 대응

3.1 정치 및 경제활동의 참여확대

1) 여성의 정치활동 참여 증가
    (1) 정보화지방화 사회를 맞이하면서 여성의 사회참여의 기회가 점차 확대되어 감에 따라 여성의 정치활동에의 참여는 계속 증가 추세에 있음.
    (2) 여성의 정치참여: 일반대중여성들의 정치의식·사회의식·역사의식 등을 고양시키고 여성 정치 지도자를 양성하여 의회와 내각은 물론 행정 각 부서에 이르기까지 여성이 적극적으로 참여하는 것을 의미함.
    (3) 우리나라 여성의 정치참여는 단순히 투표행위가 대부분이며 정치참여를 통한 국회 진출이나 고위 공직자로서의 진출은 아직 선진국 수준에 크게 미치지 못한 실정임.

2) 여성의 정치참여 비율 현황

분야	내용	2003년
정치·행정	16대 국회의원 선거 투표율(2000년) 여성 국회의원 비율 5급 이상 관리직 여성 공무원 비율 정부위원회 여성 참여율	58.7 5.9(16명) 3.9 30

자료: 여성부(2006). 제2차 여성정책 기본계획

3) 여성의 정치참여
   (1) 여성에 대한 억압을 해소하거나 완화시킬 수 있음.
   (2) 여성의 사회적인 특수한 요구와 이익이 고려된 여성의 생존과 복지가 정치에서 결정되므로 정치에 대한 참여는 매우 중요함.
   (3) 평생교육 차원에서의 여성의 정치에 대한 이해와 참여 증가는 모든 차원에 걸친 여성의 사회적 지위와 삶의 질을 향상시킬 수 있다는 점에서 중요한 의미를 지님.

4) 여성의 경제활동 참여 증가
   (1) 현대의 정보화 및 지식기반사회가 도래하면서 남성보다 여성이 경제의 핵심으로 부각될 수 있는 계기를 마련하게 되었음.
   (2) 지식, 정보, 기술 등이 경제의 가치창출을 주도하며, 인터넷 보급·확산으로 근무하는 장소의 경계가 약화되어 직종이 따라서는 재택근무가 도입·확산되면서 여성의 접근 가능성이 용이하다고 볼 수 있음.

5) 우리나라 여성의 경제활동 참여율
   (1) 남성에 비해 현저히 낮긴 하지만, 지난 20여년 간 경제활동 참여율의 변화는 남성에 비해 그 폭이 넓은 것을 확인할 수 있음.
   (2) 앞으로도 여성들의 직업시장에의 참여는 꾸준히 증가될 전망임.

6) 성별 경제활동 참가율

경재활동참가율	1980년	1990년	2000년	2003년
전체	59.0	60.0	60.7	61.4
여성	42.8	47.0	48.3	48.9
미혼	50.8	46.5	47.0	47.2
기혼	40.0	47.2	48.7	48.7
남성	73.6	74.0	74.0	74.6

자료: 통계청(2004). 경제활동인구조사

7) 각국 여성의 연령별 경제활동 참가율
   (1) 우리나라보다 남녀평등지수 혹은 남녀권한척도가 상대적으로 높은 국가일수록 여성의 경제활동 참가율이 높은 것으로 나타났음.
   (2) 구체적으로 스웨덴 74.8%, 노르웨이 68.5%, 미국 60%로 여성의 경제활동 참가율이 높은 반면에 아직 우리나라는 선진국에 비해 50%를 넘지 못하고 있음.

(단위: %)

국가	한국	일본	독일	이탈리아	노르웨이	스웨덴	영국	캐나다	멕시코	미국	호주
전체	47.4	49.6	48.3	34.8	68.5	74.8	43.7	58.9	38.5	60.0	54.0

자료: ILO(2000). 한국여성개발원.

8) 여성의 경제활동 참여 비율(통계청, 2005)
   (1) 2005년 9월 기준, 전체 취업자는 2천304만8천명으로 전년도 같은 달의 2천208만9천명보다 1.0% 늘어났음.
   (2) 이 중 여성 취업자는 42.1%로 1천만명에 육박하였음.
   (3) 양적 성장에 비해 질적으로 여전히 열악한 상황임.
   (4) 우리나라 여성의 경제활동 직종은 대체로 서비스, 판매직, 단순노무직에 많이 종사하고 있어 전문직이나 정부, 기업의 고위 간부의 여성인력 비율이 매우 낮은 편임.

분야	내 용	2003년
경제활동	여성 근로자 비정규직 비율	67.9
	전문직 여성 비율	5.9
	여교수 구성비	14.5
	초등학교 여교장 구성비	7.2
	남녀임금격차	62.9
	육아교육·보육서비스 수혜율	3.0

자료: 여성부(2004). 제2차 여성정책 기본계획.

9) 여성
   (1) 현재 우리사회는 총 인구에서 남성과 같은 비율을 차지하는 여성들이 소비자로서 소비자주권을 행사하고 있음.
   (2) 동시에 생산요소의 공급자로서 경제활동에 참여하는 비율이 더욱 높아지고 있어 그 역할이 중요시되고 있음.

(3) 여성의 경제활동 참여비율이 높을 수록 경제성장률이 높음.
(4) 여성인력을 교육, 훈련, 개발함을 통해 그들의 잠재력을 향상시켜 생산활동에 적극 참여시키고 활용한다면, 경제성장에 크게 기여할 것임.
(5) 남성이 비해 가정과 직업이라는 이중 부담을 안고 있는 여성을 위해 이를 잘 조화시킬 수 있는 법적·제도적 기반을 개선시킨다면, 여성인력의 경제활동 참여확대에 더욱 도움이 될 것임.
(6) 여성의 능력 개발과 노동시장의 제 문제들을 효과적으로 개선하기 위한 여성들의 경제활동 증가는 여성평생교육의 필요성을 증대시키고 있는 요인임.

3.2 고령화 사회에의 대응

1) 고령화 사회
   (1) 우리나라 국민의 평균수명은 생활수준의 향상과 보건의료기술의 발달로 꾸준히 연장되어 왔음.
   (2) 1005년: 우리나라 65세 이상 노인인구는 전체 인구의 9.1%로 고령화사회(aging)로 진입하였음. 장래 인구 추계(통계청, 2005): 20220면에는 노인인구가 전체의 15.7%를 차지할 것으로 예상됨.
   (3) 국제연합 경제사회시사회의 규정(1956): 65세 이상이 전 인구의 7%이상이면 고령화사회(aging society), 14%를 넘으면 고령사회(aged society)로 규정.
   (4) 우리나라는 고령화사회이고, 2017년부터는 고령사회가 됨.

2) 노령화 지수
   (1) 1995년에 25.2%에서 2005년 47.2, 20220년 124.2로 유년인구 대비 노년인구가 급격히 증가 상태에 있음.
   (2) 평균 연령은 1995년 35.5세이며, 2020년에는 42.7세에로 급격히 사회 전체의 상대적 노동인구의 감소와 노인 부양비의 증가가 피할 수 없는 현상임을 알 수 있음.
   (3) 1980년 중반 이후의 지금가지 인구 대비 수준 이하의 급격한 출산율저하와 국민 보건 수준의 향상 등으로 평균수명이 연장되면서 나타나세 된 현상임.
   (4) 세계적으로 가장 빠르게 진행되고 있는 현상이기도 함.

3) 인구 변화 추이 및 노령화 지수

	총인구(만명)	인구성장률(%)	연령1.01별 인구(만명)			총부양비	노년부양비	노령화지수	평균연령(세)
			0-14세	15-64세	65세이상				
1990	4286	0.99	25.6	69.3	5.1	44.3	7.4	20	29.5
1995	4509	1.01	23.4	70.7	5.9	41.4	8.3	25.2	31.2
2000	4700	0.84	21.1	71.7	7.2	39.5	10.1	34.3	33.1
2005	4829	0.44	19.1	71.8	9.1	39.3	12.6	47.4	35.5
2010	4921	0.34	16.3	72.8	10.9	37.3	14.9	66.8	37.9
2015	4980	0.16	13.9	73.2	12.9	36.7	17.7	93.2	40.3
2020	4995	0.01	12.6	71.7	15.7	39.4	21.8	124.2	42.7
2025	4983	-0.1	11.8	68.3	19.9	46.4	29.1	168.9	44.8
2030	4932	-0.28	11.2	64.7	42.1	54.7	37.3	214.8	46.7
2035	4829	-0.52	10.8	61.2	28	63.4	45.8	260.3	48.6
2040	4674	-0.73	10.1	57.9	32	72.6	55.2	316.6	50.4
2045	4474	-0.96	9.4	55.9	34.7	79	62.2	370.3	51.9
2050	4234	-1.18	9	53.7	37.3	86.1	69.4	415.7	53

자료: 2005년 통계청 홈페이지에 게시된 자료를 재구성하였음.

4) 노인인구에 대한 부양지수의 증가
   (1) 노인을 부양해야 하는 부양자의 부담인 동시에 부양을 받아야 하는 노인들의 부담이기도 함.
   (2) 자신이 독립적인 존재가 아니라 종속적인 존재로 기능과 역할이 바뀐 노인은 삶에 대한 결정권을 상실하게 되어, 사회적 존재로서 자신을 효과적으로 실현할 수 있는 힘을 잃게 됨.
   (3) 산업사회에서 고출산-고사망률에서 저출산-저사망률의 형태로 인구 패턴이 변화해 감에 따라 더욱 가속화되고 있음.
   (4) 우리나라는 이러한 현상이 급속한 상업화 과정과 최근의 경기 침체 및 교육시장에서의 고비용 등으로 어느 사회보다 빠르고 갑작스럽게 진행되고 있는 현상임.
   (5) 고령화사회에서 초고령 사회로 진입하는데 소요되는 시간: 프랑스 115년, 스웨덴 85년, 미국 68년, 영국 45년, 일본 25년.
   (6) 한국은 2000년 이후 겨우 17년만에 초고령 사회가 될 것으로 추계되고 있음 (통계청, 2005).

5) 각국의 인구 노령화 속도(60세 이상 비율)

국가명	노인 인구 비율 7%	노인 인구 비율 14%	소요년수
프랑스	1865년	1980년	115년
스웨덴	1890년	1975년	85년
호주	1938년	2012년	74년
미국	1944년	2012년	68년
캐나다	1944년	2008년	64년
영국	1933년	1975년	45년
중국	2000년	2027년	27년
일본	1970년	1995년	25년
한국	2000년	2017년	17년

자료: UN(2002). World Population Aging 1950~2050.

6) 우리나라 평균수명 및 노인 학력 변화추이

구분		1981	1991	2001	2010	2020	2030
평균수명	계	66.2	71.7	76.5	79.1	81.0	81.8
	남자	62.3	67.7	72.8	76.2	79.2	79.2
	여자	70.5	75.9	80.0	82.6	85.2	85.2
노인학력	고졸이상	-	-	15%	27%	44.4%	66.6%
	고졸미만	-	-	50%	55%	47.4%	29.5%
	무학	-	-	36%	18%	8.2%	3.9%

자료: UN(2002). World Population Aging 1950~2050.

7) 평균수명
   (1) 2002년 77.0세인데, 1991년 71.7세에 비해 5년 정도 증가한 상태이며, 2005년에는 평균수명이 81.0세로 늘어날 전망임.
   (2) 고학력자일수록 평생교육의 참여율이 높은 일반적인 현상을 고려해 볼 때, 국민의 전반적 학력수준의 상승에 따른 평생교육 수요의 증가가 예측됨.
   (3) 세대간 지식의 격차, 디지털 격차 현상 발생으로 현 세대의 노인들은 정보문화적으로 소외되고 있어서 연령학력소득 정도에 따라 다양한 유형의 노인교육서비스에 대한 욕구가 증가할 것임.

8) 급격한 고령인구 증가와 단기간의 고령사회로의 변화
   (1) 노인들의 문제를 노인 스스로 인식하여 해결하거나 부양가족 수준에서 해결하기에는 문제의 다양성과 복잡성이 과거보다 더 큼.
   (2) 노인교육이 과거의 복지 차원에서 제공되는 수준을 벗어나야 됨.

9) 노인교육활동
   (1) 변화하는 사회 내에서 노인 스스로가 자신의 적절한 역할을 찾고, 젊은 층의 부양의식 감소에 대응하기 위해 자립적인 생활 구축을 위해 요구됨.
   (2) 수명의 연장으로 노년기의 삶이 지금까지의 기간보다 훨씬 길어졌으며, 이로 인해 자립적인 역할과 여건을 갖추지 못한 노인인구의 경우 부양의존도가 더욱 길어질 수 밖에 없음.
   (3) 독거노인의 수도 늘어날 수밖에 없음.
   (4) 급속히 진행되는 인구의 고령화 현상은 노인인구에 대한 사회정책에 있어 새로운 방향 정립이 필요함.

10) 2000년 65세 이상 고령자 거주가구
   (1) 65세 이상 고령자가 거주하는 가구의 22.35%가 1세대 가구(부부로 구성된 가구)이며, 또한 1인 가구 수는 20.14%에 달하는 것으로 나타났음(통계청, 2005).
   (2) 우리나라 65세 노인의 절반 정도는 혼자 살거나 부부만 거주하는 것으로 나타났으며, 이중 독거노인의 85.3%는 여성 노인임.
   (3) 85세 이상 여성 인구 100명당 남성 인구는 27.4%에 불과하여, 여성이 고령일수록 유배우자 비율이 낮아지는 것으로 나타났음.
   (4) 남성 노인이 대부분 배우자와 함께 살면서 부인으로부터 정서적·신체적 지지를 받고 있음을 보여줌.
   (5) 여성 노인은 배우자 없는 노년을 외롭고 고독하게 보내게 되어 삶의 질이 저하될 가능성이 상태적으로 높음을 보여주고 있음.

11) 여성노인
   (1) 직업 경험이 없고, 노후에도 수입이 없어 자손들에게 의존하기 쉬우며, 남편의 죽음이나 이혼 등으로 인해 홀로되기 쉬움.
   (2) 젊은 노인에 비해 고령 여성 노인들은 경제적으로 더 의존적인 상태에 있고, 만성질환에 시달리며, 낮은 교육수준과 사회참여로 고립되기 쉬워 일상생활을 독립적으로 영위하는 데 있어 많은 고난이 따르고 있음.
   (3) 의식이 있는 노인들은 스스로 해결하고자 하는 개인적 노력 차원에서 학습활동에 참여하기도 함.

12) UN
   (1) 인구 고령화에 대비하여 경제적, 정치적, 사회적 삶 전반에서 노인들 스스로가 자활력(empowerment)을 증진시켜 나갈 것을 기본원칙으로 정하고 있음.
   (2) 각국은 노인의 경제적 역할과 자립을 지원하고, 정치 세력화를 지향하며, 사회적 주체로 자리 매김할 수 있도록 제도적 장치를 마련할 것을 요구하고 있음.

13) 고령화 국제행동계획(Madrid International Plan of Action on Aging) (제2차 세계 고령화 회의, 2002)
   (1) 고령화사회에서 사회경제적 발전의 유지
   (2) 노인계층의 보건 및 복지수준의 향상
   (3) 모든 연령계층을 대상으로 한 지적 환경의 확보
   (4) 이러한 목표를 달성하기 위해서는 국제사회의 고령화에 대한 지속적인 모니터링의 중요성을 강조하고 있음.

14) 노년기의 여성
   (1) 남성들보다 다양한 역경과 소외된 삶의 과정을 경험하고 있음.
   (2) 경험으로부터 탈출하여 더 이상은 외롭거나 소외된 삶이 아닌 독립적이고 활력이 넘치는 자신의 삶살이를 위해 노인들은 적극적으로 다양한 시설을 통하여 새로운 친구와의 만남, 취미생활, 건강관리, 질병 예방, 각종 동호회 활동, 부업이나 취업을 위한 자격증 취득과정 등의 노인교육활동에 참여하고 있음.
   (3) 국가 역시 고령자들을 위한 복지정책의 수립과 예산의 지원 그리고 실질적인 노인복지관 운영 등 점진적으로 많은 관심을 기울려 나가야 함.

〈문제〉 고령화 사회에의 대응을 위한 여성평생교육에 해당하지 않는 것은?
① 가족집단내의 안주 ② 취미생활 ③ 건강관리 ④ 자격증 과정

제5장
여성 평생학습시설의 제 유형

1. 각 급 학교 및 문화시설

1.1 각 급 학교

1) 학교
   (1) 정규학생들만을 일정 기간 학습시켜 졸업장을 수여하는 전통적 교육기관으로만 존재할 수 없음.
   (2) 지역 주민들을 위한 학습장으로도 그 역할과 기능을 수행해야 함.
   (3) 사회생활 과정에서 축적된 문화를 지역사회 모든 사람들에게 전수함을 목적으로 출현하였고 이러한 목적 수행을 달성해 나갈 때 존립의 가치가 있음.
   (4) 정규학생뿐만 아니라 근로청소년 및 지역주민들을 위해 기존의 인적·물적 자원과 시설들을 개방하여 사회복지 차원뿐만 아니라 평생학습사회 건설에도 앞장서야 함.

2) 학교 경영권자
   (1) 전통적인 정규교육만을 고집할 것이 아니라 학교의 시설과 설비 및 인적자원을 지역사회와 주민들에게 개방하여 지역평생교육센터로 거듭나야 함.
   (2) 각 급 학교의 특성에 적합한 고유한 교육 프로그램을 개발·제공하여 지역주민들의 교육욕구를 충족시켜 줄 수 있어야 함.
   (3) 학교는 누구나 다닐 수 있고 배우고 싶은 것을 배울 수 있는 공공의 학습장소로 형식교육과 비형식 교육을 동시에 실시할 수 있도록 교육체제를 개편해야 함.

(4) 국가가 추구하고 있는 신교육체제도 각 학교에서 평생교육을 실천할 것을 적극 권장하고 있음.
(5) 특정 연령층을 독점하여 획일적으로 교육해서는 안됨.
(6) 평생학습체제의 일환으로 학교가 갖는 기능을 살려 학교 밖의 교육기관과 네트워크를 형성해 나가야 함.
(7) 각 교육기관 간의 학습 제공에 관한 장단기의 학습정보 교환과 학습기회에 관한 정보까지도 시민들에게 제공하는 작업을 수행해야 함.
(8) 초등학교부터 대학에 이르기까지 모든 학교는 지역의 유관 평생교육시설과의 연계와 통합을 꾀하여 모든 지역 주민들에게 양질의 교육봉사를 실천해 나가야 함.

1.2 초·중등학교

1) 초·중등학교에서의 평생교육
   (1) 정규수업 이외에 지역사회 주민인 학부모 대상의 성인교육활동을 학교 수준에 적합하도록 계획하고 시행해야 함.
   (2) 지역주민이면서 학부모인 성인들에게 학교를 개방하고 자체 교육프로그램을 개발하여 교육기회를 제공하면서 지역평생학습센터의 기능도 수행하고 있음: 학교의 지역사회 교육활동.
   (3) 대부분은 학교시설물을 활용하지만 상황에 따라서는 인근 지역의 체육관이나 강당 혹은 수영장 등 다른 시설을 이용하면서 학습의 네트워킹화도 전개하면서 학습 장소의 범위를 넓혀가고 있음.
   (4) 학습대상도 학부모 중심이지만 실질적으로는 연령, 성별, 학력, 계층 등에 상관없이 모든 사람들에게 교육의 기회를 제공하고 있음.
   (5) 주된 참여대상은 주부이며, 학습참여홍보는 각 학교에 재학중인 학생을 통한 가정통신문을 활용하고 있음.

2) 초·중등학교에서 이와 같은 지역사회 교육활동 목적
   (1) 지역사회 발전과 지역주민의 삶의 질을 향상시키는데 교직원들의 지식과 기능을 최대한 활용함.
   (2) 취학아동의 감소로 발생하는 유휴교실과 학교 공간을 최대한 활용함.
   (3) 지역사회 주민에게 계속 교육의 기회를 제공하며 지역사회 문화센터로서의 역할을 수행하면서 지역사회 평생교육을 정착시킴.

3) 초·중등학교에서 제공하고 있는 교육프로그램 내용
    (1) 주로 컴퓨터 연습, 그림 그리기, 부모교육, 기초 외국어교육, 취미교육과 교양교육, 노인학교운영 등 학습자들의 자아계발과 각급 학교의 특성이나 활용능력 범위 내에서 학부모들의 교육욕구 충족에 적합한 기초적이고 실용적인 프로그램만을 주로 운영함.

4) 초·중등학교를 중심으로 지역사회 교육활동을 주도해 온 대표적인 민간단체: 한국지역사회교육협의회
    (1) 다양한 지역사회 교육활동을 지원·운영해 오고 있음.
    (2) 시행하는 사업: 지역사회학교 육성사업, 부모교육 사업, 프로그램 지도자 육성사업, 소그룹 지원활동 육성사업, 대여론 형성사업 등.

1.3 대학

1) 대학에서의 평생교육
    (1) 한국의 대학 성인교육활동은 보편화되고 있음.
    (2) 대학의 지역사회에 대한 교육봉사의 기능을 충실히 수행하면서 교육 기회의 확대와 고등교육 인구의 범위를 확대하는 계기를 마련한 것임.
    (3) 대학의 개방을 대학확장활동이라고 함.
    (4) 기존의 대부분 대학들이 정규교육과 성인교육활동을 연계하여 실시하는 것은 교육의 평생화와 교육기회의 균등화를 대학들이 실천하려는 의지로 태동한 결과임.

2) 교육의 평생교육화
    (1) 의무교육과정을 이수한 모든 사람들에게 일생 동안 어느 시기이든 간에 개인의 희망에 따라 학교교육 보충을 위한 학습, 직장 이동 및 승진을 위한 학습, 건강 및 보건을 위한 학습, 정보화 학습, 전문가 자격증 취득 학습 등 언제나, 어디서나, 원하는 학습을 원하는 장소에서 행할 수 있는 권리 보장을 의미함.
    (2) 국민의 학습권과 학습자의 선택권을 보장하여 평생학습 분위기를 조성해 주는 것 이상을 의미하기도 함.

3) 교육기회의 균등화
    (1) 개개인들이 어떠한 지역적, 사회적, 경제적, 문화적 측면의 후진 또는 불우한

환경에 처해 있더라도 교육을 통하여 타고난 잠재적 능력과 소질을 최대한으로 계발하여 인간적인 삶을 향유할 수 있도록 인도해 주는 것임.
(2) 교육기회 균등화 역할은 누구에게나 인생의 어느 시기에나 교육을 받을 수 있는 기회가 부여되는 평생교육의 이념을 적용할 때 가능함.

4) 국가의 입장
(1) 국내 대학들이 성인들을 대상으로 보다 다양한 교육기회를 제공할 수 있도록 평생교육법을 제정·공포하여 대학의 사회봉사활동을 독려하고 있음.
(2) 대학부설 사회교육원의 운영, 독학사 학위취득과정, 학점은행제, 정시제 학생 등록제, 방송대학산업(개방) 대학 및 사내대학과 원격대학가지도 설립·운영할 수 있는 제도를 마련하고 있음.

5) 대학
(1) 정규학생이 아닌 근로청소년 및 성인에게까지도 교육기회를 확대·개방하여 청소년과 성인세대 간에 의식소통 및 갈등문제까지도 해결해 주면서 그들의 교육욕구 충족을 위하여 다양한 형태로 그리고 학습자 중심의 융통성을 발휘하고 있음.
(2) 대학이 존재하는 지역사회에 봉사하고 주변의 지역주민들을 위한 학습센터의 기능도 충실히 수행하고 있음.
(3) 현대인들은 지역주민으로서, 성인으로서, 그리고 여성으로서 대학의 인적·물적 자원의 다원화, 전문화, 기회의 균등화 및 민주화에 근거한 학습기회 개방에 적극 참여하여 자신의 사회적 학습능력을 길러 나갈 수 있어야 함.
(4) 입학자원의 감소에 따른 대학 공동화 현상에 대응하기 위해 다양한 노력을 기울이고 있음.
(5) 지역주민들에게 적합하고 쓸모 있는 교육프로그램을 개발하여 제공하면서 대학교육의 수요자를 확보하고자 노력함.
(6) 디지털대학, 사이버대학, 원격대학, 학점은행제, 산업체 특별전형, 고령자 특별전형, 부설 평생교육원 운영 등 다양한 형태로 대학의 모든 자원을 성인들에게 개방하고자 노력하고 있음.
(7) 대학의 개방을 통해 상아탑으로서 그 동안 축적해 온 지식자원들을 지역주민들과 함께 공유함은 물론 모든 사람의 다양한 교육욕구 충족을 위해 열린 학습 장소로의 전환을 의미함.

(8) 성인들의 연령과 이에 따른 노화 등의 이유로 학습 참여를 거부해 왔던 지역 주민들이 이제는 더 이상 제도나 고정관념으로부터 탈피하여 학습의 일상화를 위한 의식전환을 통해 대학의 열린 학습 공간을 최대한 활용할 수 있는 기회를 만들어 가야 함.

1.4 방송통신대학

1) 평생교육기관으로서의 방송통신대학
   (1) 1968년 11월 교육법을 개정하여 국립대학교에 "방송통신대학 설치위원회"가 결성되어 방송통신대학 설립의 기초 작업이 시작되었음.
   (2) 서울대학교 부설 사회교육기관으로 존립하던 방송통신학교가 행정상으로는 "교육부 고등교육국"으로 편입되고, 운영은 서울대학교가 계속 맡기로 하면서 1972년 3월 9일 서울대학교 부설2년제 전문대학 과정으로 5개 학과(가정, 경영, 농학, 행정 및 초등교육과)에 12,000명의 정원으로 출발하였음.

2) 설립목적
   (1) 정규 학교교육 이외의 청소년과 성인들이 고등교육 요구 수용을 위해 대중매체를 적절히 활용하고, 대학교육 기회를 지역사회까지 확대하여 대학이 성인교육을 전담할 수 있도록 만드는 데 중요한 계기를 마련하였음.
   (2) 일하면서 배우는 수많은 직장인의 학력 제고와 자질 향상에 기여하고, 현대의 급변하는 정보화 및 지식기반사회에 대응해 나갈 수 있도록 새로운 학문적 지식을 다양한 성인계층에게 전달하여 사회복지 건설에 기여하기 위함이었음.

3) 연혁
   (1) 1972년 개교한 방송통신대학은 80년대까지는 가정형편상 진학하지 못한 직장인들이 학사학위를 취득하기 위해 지원하면서 학습자의 주된 대상이었음.
   (2) 1980년 7.30 교육개혁에 의해서 1981년 2월에 한국방송통신대학 설치령 중 개정령에 의하여 5년제 학사학위 과정으로 승격되었음.
   (3) 1982년 2월: 설립 당시부터 서울대학교 부설기관으로 운영되던 체제를 분리·독립하여 모든 학사업무와 대학 운영 전반을 독자적으로 운영하게 되었음.
   (4) 1992년: 5년제 학사과정을 4년제로 개편하면서 학부제를 도입하여 인문과학,

사회과학, 자연과학, 교육과학, 교양학부 등 5개 학부에 16개의 전공학과를 설치·운영하였음.
(5) 서울에는 대학 본부 및 교육관을 두고, 12개의 지방도시에는 지역학습관을 두어 본격적인 4년제 학사과정 체제의 종합대학으로 발전하게 되었음.
(6) 비정규 학생인 근로청소년이나 직장 성인들 그리고 가정의 주부나 미혼여성들이 정규대학이 아닌 비정규대학을 통하여 학사학위를 취득할 수 있게 되는 혁신적 계기를 맞이하게 되었음.

4) 방송통신대학의 교육체제
(1) 자학자습, 방송강의 청취, 그리고 협력학교에의 출석수업으로 이루어져 있음.
(2) 자학자습: 과제물을 담당교수에게 제출하고 첨삭지도를 받게 됨.
(3) 방송강의: TV와 라디오 교육방송을 통해 이루어짐.
(4) 출판부와 학보사: 부교재와 카세트를 제공하며 학보에 의한 지상강좌를 운영함.
(5) 전임교수와 행정직원이 파견되어 근무하고 있는 시·군 지역 학습관: 학사 업무의 편의 제공과 지역학우회 활동의 지원, VTR 학습자료의 비치를 통한 학습활동을 도와주고 있음.
(6) 협력대학에의 출석학습: 동·하계에 각각 5일씩 실시하며, 1997년 기준하여 현재 32개의 대학교와 전문대학이 협력대학으로 참여하고 있음.

5) 방송통신대학의 학생
(1) 2000년부터는 신입생보다 편입생이 더 많음.
(2) 신입생 4만 명에 편입생이 6만 명 정도 됨.
(3) 4년제 대학을 졸업하고 다시 방송대에 편입하는 경우가 2만 명이나 됨.
(4) 평생교육에 대한 국민들의 인식이 높아지면서 자기계발 욕구가 그만큼 뜨겁다는 것이며, 직장인이나 성인을 위한 재교육기관으로 위상이 높아진 현실을 보여주고 있음.

6) 방송통신대학은 유일한 국립 원격대학으로서 평생교육 실천의 터전임.
(1) 다시 배우겠다며 책을 잡으려는 직장인에서부터 문학소녀의 꿈을 실현해 보겠다며 편입하는 여성이나 주부 등 성인들의 자기계발 욕구를 충족시켜 주는 열린 대학이기도 함.

(2) 배우려는 의지가 있는 모든 사람들에게 열린 대학 그리고 공부하려는 의지만 있으면 누구든 지원할 수 있는 성인대상의 평생학습기관임.

〈문제〉 다음 중 한국지역사회교육협의회의 시행사업이 아닌 것은?
① 지역사회학교 육성사업　　② 부모교육 사업
③ 프로그램지도자 육성사업　④ 위기청소년 관리사업

2. 주민자치센터 및 매체의 활용

2.1 문화시설

1) 문화시설
   (1) 한 지역사회 내에서 일반 대중에게 통찰력, 인식력, 이해력 등 최소한의 지식이나 정보를 제공하기 위한 공간임.
   (2) 대중들에게 비의도적이면서도 자연스럽게 그리고 무의식적으로 교육적 기능을 발휘하면서 지역주민들에 다양한 학습기회를 제공하는 장소임.
   (3) 각 지역별로 설립되어 있는 공공도서관, 각급 학교 도서관, 박물관, 미술관, 화랑 및 전시실, 문화원, 국악원, 시·군·구민회관, 종합공연장, 각종 회관 등이 있음.

2) 도서관
   (1) 공공도서관은 물론 학교 도서관까지도 포함하여 일컫는 말임.
   (2) 성인학습의 기능적 측면에서 도서관의 역할
   · 개개인의 성인학습자들에게 도서 대출과 ERIC 카드 및 환등기, 기록 테이프, PC CD, 각종 정기 저널 및 신문 등을 제공하면서 개인학습을 돕고 있음.
   · 특별학습자(노인 혹은 외국인) 나 대중들을 위한 학습자 그룹 조직 및 장소의 제공과 각종 토론클럽을 결성하여 각종 강의 주제나 기사 내용 및 필름과 카드를 대여해 주기도 함.
   · 국민 독서회, 독서 강습회, 각종 전시회, 오락활동, 연구집회 개최, 그리고 농어촌 주민들을 위한 도서 기탁소, 대출문고, 순회 문고, 자동차 문고 등을

운영하면서 국민의 자질 향상과 문화 발전에 기여하며 성인교육 활동을 수행하고 있음.
(3) 기타기능
- 정보와 지식 생성을 위한 고도의 시설로서 탈바꿈되어 가고 있음.
- 국내외의 인터넷 네트워크를 통하여 범세계적 정보망을 망라하여 접속이 가능한 정보망을 구축하고 있는 곳.
- 누구나 도서관을 이용하여 정보를 검색하고 지식을 습득·창출·공유해 나갈 수 있음.
- 만민을 위한 공공학습시설로서 평생학습정보원으로 기능의 확대를 가져옴.
(4) 여성과 정보통신기기의 활용
- 남성보다 서투른 편.
- 정보통신기기의 활용과 이를 통한 정보의 검색 및 이용관련 능력을 향상시켜 나감.
- 개인학습과 개별학습의 장으로 접근이 용이한 시설.
(5) 도서관의 특성
- 설립 주체와 활용목적 등에 따라 주변의 시설을 이용한 학습내용을 달리하고 있는 시설.
(6) 평생학습 기능확대를 위해 국가와 지방자치단체 및 기업까지도 도서관의 설치 및 운영에 관심과 노력을 기울이고 있음.

3) 박물관
(1) 성인교육 활동을 위한 시설로 활용되고 있음.
(2) 역사, 예술, 산업, 민속, 자연, 과학 등에 관한 자료의 수집, 정리, 보관, 조사, 연구, 전시 등의 교육과 학습활동을 수행하는 공공시설임.
(3) 각종 유물 등을 전시함과 아울러 다양한 박물관 강좌의 개설 그리고 관광지 표로도 이용되고 있음.
(4) 평생학습시설로서 시민들의 참여가 증가하고 있음.
(5) 국내 처음 생기게 된 것은 1908년 이왕가가 수집·보존한 각 시대의 공예품, 미술품, 기타 유품을 식물원과 함께 보존하면서부터임.
(6) 일본인들에 의한 것이었고, 1909년에는 창경원을 공개하였고 1919년에는 문화정책의 강화로 이왕가 박물관이 공식적으로 설립됨.

(7) 그 이후 조선총독부의 관장 하에 직영 박물관 및 경주, 개성, 부여 등에 박물관이 세워지기 시작했고, 체신 박물관, 시정 기념관, 조선 미술 전람회 등이 일제시대에 설립되기도 함.

(8) 1945년 광복 당시: 6개의 국립박물관과 시립박물관, 대학 부설 박물관들이 세워졌고 대중들에게 공개되고 고전 연구의 자료소서 보존되기도 하였으나 6·25 전쟁으로 인하여 많이 파손되기도 함.

(9) 현재 국가에 등록된 박물관: 26개소의 국립박물관, 108개소의 대학박물관, 92개소의 공립 및 사립박물관의 약 230여개소로 파악되고 있음(이인숙, 2005).

(10) 유형: 과학박물관, 국립박물관, 대학박물관, 국제박물관, 민속박물관, 악기박물관, 어린이박물관, 역사박물관, 유물·유적박물관, 전문박물관(김치박물관 혹은 보석박물관) 등.

(11) 문화시설이면서 평생학습시설.

(12) 1998년 8월 사회교육법이 평생교육법으로 개정되면서 평생교육시설에서 제외되었음(김동선, 2004).

(13) 박물관을 찾는 관람객 수는 증가하고 있으며, 박물관의 평생학습 기능도 더불어 확장되고 있음.

(14) 평생교육법상 평생학습시설로 명기되어 있지는 않음.

(15) 박물관 운영자는 전시물과 관람객의 접촉만을 증진시키는 것에 국한하지 않고 관람객에게 전시물 감상을 위한 흥미유발과 학습효과 향상을 위한 학예교육 프로그램을 운영하고 있음.

(16) 관람객 대상의 학예교육 프로그램: 국립중앙박물관의 '박물관대학', '초·중등교사문화연수', 경주국립박물관의 '경주박물관학교'. 국립민속박물관의 '청소년 민속강좌' 등

(17) 관련 분야 종사자 대상 교육프로그램: 실무연수 및 재훈련과정을 위한 국립중앙박물관의 자원봉사자 교육, 경기도박물관의 '박물관 전문직 입문연수과정'이 있음.

(18) 박물관 교육 프로그램을 통하여 지역주민이나 성인들은 역사관이나 국가관 및 애국심 고취, 그리고 전통문화의 보존과 그 가치를 새롭게 조명할 수 잇는 기회를 갖게 됨.

(19) 아동과 청소년들의 주5일 수업제에 따른 현장체험학습의 기회를 다양한 측면에서 제공하고 있는 시설.

4) 문화원
    (1) 문화관광부의 관장과 지원 아래 각 지방의 문화센터 역할을 수행하면서 각 지방의 향토문화를 창달하고 문화 전승을 위한 각종 성인교육을 실시하는 비영리 특수법인체로 각 시·군에 1개씩 설립되어 있음.
    (2) 활동내용: 일반행사로서 각종 예술 행사와 문예 백일장, 전통문화 선양을 위한 홍보 및 전시, 안보반공 관련 영화 상영, 시화전, 강연회 및 좌담회의개최, 지역주민들을 위한 평생교육, 각종 다양한 강습회, 각종 청소년 서클의 육성, 어린이 및 어머니 합창단 운영, 각 조직 및 단체들에 대한 시설과 장소의 대여사업, 도서관 사업, 문화복지증진사업, 더 나아가서 국제문화교류사업까지 펼치고 있음.
    (3) 각 지역주민의 문화의식을 고취시키며 향토문화를 정착시키는 데 커다란 기여를 하고 있음.
    (4) 지역의 청소년 선도, 부녀자교육, 노인교육 등의 평생교육 진흥에도 공헌하면서 지방의 중추적인 지역평생학습센터로서의 기능을 하고 있음.
    (5) 지역주민 학습참여 기회확대를 위한 프로그램의 개발 및 사업추진과정에 지역주민들을 적극 참여시켜 나가고 있음.
    (6) 지역주민들의 교육욕구 충족에도 크게 기여하고 있음.
    (7) 서울지역의 OO구 소재 문화원(www.sgnc.or.kr)의 활동내용과 지역학습센터로서의 기능 수행과정.
    (8) 주된 사업목표
        · 지역주민이 자발적으로 참여하는 타지역과 특화된 지역 축제의 유치로 주민의 일체감 조성.
        · 축제의 관광 상품화 추진.
        · 각계각층의 주민이 참여하는 문화학교의 개설과 문화복지 실현.
        · 문화유적지 탐방 프로그램의 다양화 추진.
        · 문화강좌 개설과 소식지 간행.
        · 지역 고유의 전통문화행사 발굴과 재현으로 원형보존 및 육성.
    (9) 구체적인 사업활동 실천내용과 평생교육 프로그램 개설 강좌의 내용
        · 지역의 유래, 전설, 인물, 풍속 등의 향토 사료 조사연구
        · 타지역과 특화된 지역축제행사 유치와 구민 축제 개최
        · 강남오케스트라 공연, 연극공연, 서예대전, 강남미술전, 강남동요제

- 구립합창단공연
- 구민의 날·한마음축제 개최 및 민간문화예술 단체 육성 및 공연기회 확대
- 문화/예술관련 신인들의 작품 발표 기회 적극 지원
- 소식지 및 정기간행물 출판 지원
- 연극, 서예, 사군자, 판소리, 경기민요, 미술, 문예창작, 음악, 외국어 등 평생교육 프로그램 운영.

(10) 지역평생교육센터의 핵심시설.

(11) 접근의 용이성, 장소의 편리성, 교육프로그램 및 사업활동의 다양성, 지역문화의 보존과 창달을 위한 창의성 등을 고루 갖춘 여성과 지역주민들을 위한 평생교육시설.

5) 여성회관

(1) 회관: 지역사회 내에 일정한 시설을 갖추고 지역주민 전체 또는 특정 연령층이나 성별 대상을 위하여 여러 가지 프로그램을 개발·제공하는 장소 또는 센터.

(2) 주요기능: 여성의 능력개발과 자아실현을 위한 평생교육 기회 제공, 저소득층 여성의 자립능력 배양과 경제적 자립기반 조성, 여성 복지증진과 사회참여 확대 등.

(3) 기술기능교육·문화취미교육·교양교육 등을 시행하며 여성 고충상담 및 취업알선, 사회복지시설·의료기관·공공기관 등의 여성자원봉사활동 시범센터 운영, 예식장·유아실·미용실 등 사회복지시설 운영 등 다양한 사업을 전개함.

(4) 여성들의 능력개발 및 자질 향상을 위한 여성평생학습 프로그램을 대폭 확대하여 운영해 나가고 있음.

(5) 여성들을 위한 평생학습의 질적 향상을 위하여 외래강사 공개 모집 및 평가제도 시행, 여성 자조조직을 위한 학습장소 제공, 시범교육 및 농촌 여성 방문교육 등 실질적이고 미래지향적인 사업을 펼치고 있음.

(6) 지역사회 복지증진을 위해 자원봉사활동 시범센터도 운영하고 있음.

(7) 교육과정
- 학점인정과정: 학습결과 학점을 취득할 수 있는 과정
- 직업훈련과정: 취업·창업과정 및 기능사 자격증 취득과정

- 생활기술과정: 일반인의 가정생활에 도움이 되는 일반 생활기술과정
- 정보화과정: 컴퓨터 기초, 홈페이지 제작, 컴퓨터활용능력자격증반 등 정보화 능력을 향상할 수 있는 교육과정
- 문화취미과정: 여성들의 문화감성을 키울 수 있는 문화취미과정
- 전통문화과정: 전통의상 등 전통문화의 맥을 이어가는 과정
- 자녀지도과정: 자녀와 대화기법 등 자녀지도에 도움이 되는 과정
- 실버대학: 만 60세 이상 어르신을 위한 무료강좌

(8) 여성 중심의 특별교육프로그램을 운영하고 있음.

(9) 원거리 거주 여성 학습자들을 위해서는 거주지역이나 직장이 소재하고 있는 장소를 교·강사가 방문하여 학습지도를 하기도 함.

(10) 현대 여성들의 정치경제적 참여활동이 증가하고 있음에 다라 여성리더십향상교육, 여성전문자원활동가양성교육, 여성평생교육담당자지원교육, 창업준비가정돕기교육, 가족체험학습강좌등을 확대 운영하면서, 여성전문 평생학습시설로서 그 기능을 충실히 수행하고 있음.

〈문제〉 다음 중 여성평생학습시설 중 문화시설과 관련 없는 것은?
① 도서관   ② 박물관   ③ 주민자치센터   ④ 여성회관

3. 백화점 부설 문화센터 및 언론기관

3.1 주민자치센터

1) 지난 국민의 정부에서 '작고 생산적인' 지방행정체계 구축을 '국정 100대과제'로 포함시키면서 주민자치센터를 도입하였음.

2) 읍·면·동사문소의 기능과 역할을 시대 변화에 적합하도록 일부의 사무를 구청으로 이관하고 민원과 복지와 정보기능 중심으로 재편한 것임.

3) 남는 여유공간에 주민을 위한 각종 문화와 복지 편익시설 및 학습 프로그램 운영을 통해 '주민의 삶의 질'을 높이고, 지역주민의 참여를 통해 주민자치의식과 공동체의식을 향상시키는 구심체 역할을 하도록 만들어 놓은 시설임.

4) 단순히 교육프로그램 운영만을 의미하는 것은 아님.

5) 어려운 이웃돕기, 서먹했던 이웃간의 대화 나누기, 지역의 각종 대소사 의논 등 각박해져 사는 도심 속에서 여유와 나눔의 장소를 제공하여 주민이 함께 지역공동체를 가꾸어 가는 주민자치 실현을 목적으로 설치되었음.

6) 운영: 주민 각계각층의 의사가 반영될 수 있도록 교육계, 언론계, 문화예술계, 관계 등의 주민대표로 구성된 주민자치위원회(동별 25명 이하)의 심의를 거쳐 운영하도록 되어 있음.

7) 지역주민들의 생활수준이 향상되면서 주민생활과 밀접한 민원복지문화 등의 서비스 확충 요구와 지방자치의 발전적 정착을 위한 주민자치기능의 강화 요구가 잇따르면서 새로운 변화된 모습이 필요하게 되었음.

8) 조례
   (1) 문화와 여가, 시민교육, 주민 편익, 지역사회의 복지향상, 자치활동 등 5가지의 기능을 수행하도록 되어 있음.
   (2) 주민들의 편의를 증진시키고 자치기능을 강화함으로써 지역공동체 형성과 유지에 기여하도록 되어 있음.
   (3) 지역사회 주민들에게 평생학습 장과 학습기회를 제공하는 기능을 수행하는 것이 중요한 기능임.

9) 평생학습의 시작과 끝은 지역사회에서 결정됨.
   (1) 지역사회에 부리를 두고 있으며, 지역사회 자체가 평생학습의 자원임.
   (2) 평생학습이 발전하려면 그리고 지역주민들의 삶의 가치를 고양시켜 나가려면 각 지방자치단체가 기관차 역할을 해야 함.
   (3) 평생학습의 지역화 전략: 학습과 지역사회를 연계하여 학습공동체를 조성하는 것.
   (4) 지역단위의 평생학습인구를 증가시켜 나갈 수 있으며, 지역주민들 역시 그들이 거주하는 도시나 지역의 주민센터를 포함한 다양한 시설들을 학습장으로 활용하여 자신들의 삶의 질적 변화를 가져올 수 있을 것임.

3.2 매체의 활용

1) 사회생활 모든 분야 즉, 정치, 경제, 교육, 문화 등의 구석구석에 깊이 침투되어 있는 것이 매체 즉 매스컴과 매스 미디어임.

2) 매스컴과 매스 미디어라는 매체를 활용하지 못하면 현대사회에서의 생활은 불가능할 것임.
   (1) 매스컴
      · 영어의 Mass Communication을 줄인 말.
      · Mass는 대량=공동의 의미이며, communication은 공동체의 유지를 위한 다른 사람과의 접촉, 즉 공동생활을 의미하는 단어임.
      · 인간이 사회적 동물로서 개인과 타인이 서로 공동체로 공동생활을 수행해 나갈 수 있는 사회화 과정의 도구임.
      · 인간은 공동의 이해를 얻고, 공통의 정적·지적 경향을 공유하면서 개개인 간의 사회적 관계를 성립시키며 하나의 사회체제를 형성하는 수단임.
      · 저널리즘 혹은 언론 또는 그의 수단으로서 "언론매체"를 의미함.
   (2) 매스미디어
      · 매스컴을 포함하는 거시적 의미를 지닌 단어.
      · 신문과 방송 같은 이른바 "언론매체" 이외에 음반, 녹음기, 영화 등의 오락매체와 서적, 잡지, 통신으로서의 우편, 컴퓨터, 전화까지도 포함하는 "대량 전달 매체"의 의미를 가진 도구적 용어임.
      · 일상생활과 사회활동 및 교육현장에 없어서는 안될 필수 불가결한 요소임.
      · 여가를 위한 오락물로서만 아니라 일상생활에 필요한 도구적 수단으로서 크게 기여하며 빠르게 발전하고 있음.
      · 원격교육을 위한 통신매체로서는 물론 가정과 직장, 사회 및 국가발전에 있어서도 중요한 역할을 담당함.
      · 개인의 평생교육 실천을 위한 도구와 수단으로서도 대단히 중요한 역할을 수행함.

3) 매체의 발달
   (1) 대량 소비사회의 출현, 인간생활의 합리화, 여가의 증대와 생활의 향상, 대량 정보의 빠른 입수를 가능케 함.

(2) 우리의 일상생활 양식을 향상시키는 데 많은 영향을 미치고 있음.
(3) 우리의 삶의 환경에서 일어나는 여러 가지 변화를 지켜보고 알려 주는 감시 기능과 정보전달 기능을 수행하고 있음.

4) 환경의 변화에 대응해 가는 과정에서 매체의 기능
   (1) 축적된 사회적 지혜나 문화적 유산을 한 세대가 다음 세대로 넘겨주는 사회화 기능
   (2) 각기 다른 사회 환경 속에서 살아가는 고달픈 삶을 달래주고 즐겁게 해 주는 오락 기능
   (3) 미지의 세계에 대한 지식을 전수받고 현재의 삶보다 더 좋은 삶에 대하여 눈을 뜨게 해줌.

5) 개개인의 삶의 과정에서 다양한 매체의 역할
   (1) 사람들의 지식을 넓혀줌.
   (2) 보다 나은 삶을 위한 욕망을 불러일으킴.
   (3) 집단의 의식·감정·규범을 강화시켜 줌.
   (4) 시민들의 여가 및 문화생활을 향상시키는 데 기여함.
   (5) 소비자 생활을 윤택하게 수행하도록 함.
   (6) 다양하고 광범위한 측면에서 지역주민의 평생교육 실천에 활용되고 있음.

6) 정보통신매체
   (1) 첨단공학과 통신기술의 발달.
   (2) 사회의 변화를 촉진시켜 정보화 사회를 도래시켰음.
   (3) 인간의 육체적 노동력과 학력 중시보다는 인간이 창의력과 아이디어 및 지식을 중시하고 정당하게 인정해 주는 지식기반사회 형성에 크게 기여하였음.
   (4) 여성과 성인교육
      · 교수-학습의 질을 향상시킴.
      · 전통 교수법에 비해 낮은 비용으로 평생학습에 참여할 수 있음.
      · 학습의 효율성도 증가시키고 있음.
      · 지리적으로 멀리 떨어져 있는 학습자나 사회적·경제적인 면에서도 상대적으로 열악한 조건에 놓인 학습자들, 즉 소외계층에게 보다 많은 배움의 기회를 제공해 줌.

- 정규교육의 면대면 교육방법의 부족한 면을 보완해 줄 수 있음.
- 개별화 학습기회도 제공함.
- 소규모 집단의 효율적 학습 환경도 제공함.

7) 매체의 활용
   (1) 기존의 교육 중심 축을 교육자 중심에서 학습자 중심으로 이동시켜 놓았음.
   (2) 공부를 위해 학교에 나가는 것이 아니라 컴퓨터 네트워크의 기술적 기반, 즉 테크놀로지를 이용하여 교육내용을 검토하고, 검색을 통하여 정보나 지식을 선별하고, 선별한 지식을 활용하여 사회적 효과를 얻는 방식임.
   (3) 사회적으로나 직업적으로 아직은 남성들보다 약자의 입장에 있는 여성들은 이제 무엇을 어떻게 배워 나갈 것인가에 대하여 답을 찾아야 함.
   (4) 어떻게 배움에 대하여 배울 것인가? (learning how to learn?)

8) 매체 활용 평생학습
   (1) 사이버 공간을 이용하는 평생학습.
   (2) 테크놀로지를 활용할 수 있는 기술을 배우고, 배울 내용을 컴퓨터 네트워크를 이용하여 검색하고 선정하며, 선정된 정보나 지식을 남들과 공유하며, 나아가서는 사회적으로 유망한 효율성을 지지 받을 수 있는 결과를 가져올 수 있어야 함.

9) 정교한 지식이나 정보를 전달해 주는 전달자 없이도 매체를 이용하고, 특수한 공간에 접근하여 자신의 유익한 사회적 가치를 지닌 또 다른 정보나 도구를 발견하고 활용할 줄 알기 위해서라도 평생학습에 참여해야 함.

10) 갇혀서 격리되고 특정인에게 일방적이고 획일적인 통일된 내용을 전달받으며 국가적 사업목표달성에 노력하는 학교교육관은 버려야 함(정민승, 2002).

11) 더 이상 고립되고 단절된 행위로서 가르침을 교육으로 보는 수동적 태도를 견제하고, 일상적인 생활 세계에서 역동적으로 생겨나는 가르침과 배움의 모든 행위를 자연현상 속의 학습행위로 일컬을 수 있도록 개개인의 의식구조가 변화되어야 함.

12) 가르침과 배움의 순환, 생활과 배움의 순환을 통해 생존경제의 도구로 평생학습이 강조되는 사회가 현대사회임을 직시해야 함.

3.3 백화점 부설 문화센터

1) 평생교육법 제 23조에 관한 내용(사업장 부설 평생교육시설의 운영)에 의거함.
   (1) 대통령령이 정하는 일정 규모 이상의 사업장 경영자는 당해 사업장의 고객 등을 대상으로 하는 평생교육시설을 설치·운영할 수 있다.
   (2) 제1항의 규정에 의한 사업장 부설 평생교육시설을 설치하고자 하는 자는 대통령령이 정하는 바에 따라 교육감에게 신고하여야 함.

2) 설치목적
   (1) 사업장에서 고객을 대상으로 평생교육을 실시할 수 있도록 시설을 설치할 수 있는 근거를 마련하기 위함임.
   (2) 시설 설치 대상은 산업체, 백화점 문화센터 등 일정 규모 즉, 종업원 200인 이상의 사업장을 의미함.

3) 사업장 부설 성인평생교육시설의 대표성을 갖는 곳
   (1) 사회교육법에 규정된 일반사회교육시설에 의거 운영되었음.
   (2) 주로 백화점 고객으로서의 일반성인을 대상으로 교양교육과 여가선용의 차원에서 서울을 포함한 대도시 중심의 일부 기관에 국한되고 있음.

4) 교육프로그램의 운영기간
   (1) 대략 주 1회씩 3개월 과정으로 총 12주 동안 수업을 함.
   (2) 봄여름가을겨울학기로 구분하여 연 4회에 걸쳐 취학 전 아동과 모든 성인고객을 학습자로 모집하여 교육활동을 실행하고 있음.

5) 교육프로그램의 특성
   (1) 사회적인 수요가 현저하고 호응도가 높아 집객력이 강한 테마, 호응도는 높지 않지만 계도와 캠페인이 필요한 테마, 독자적이고 차별화된 테마의 성향을 지향하고 있음.

6) 프로그램의 유형(이장석, 2004)
    (1) 정기강좌, 단기특강, 현장답사 클럽, 문화이벤트 강좌, 특별기획 강좌로 구분·운영하고 있음.

7) 기업의 이미지 제고와 잠재고객 확보 및 기업적 필요에 의해 태동하고 육성되었음.

8) 지역주민들의 교육욕구 충족을 위한 교육프로그램보다는 시대의 흐름과 유행을 추종하는 수강생들의 요구만을 반영하는 경우가 많음.

9) 학습자의 경제수준도 상류층이 주류이며 여가선용, 취미, 교양, 예술, 건강 영역 등.

10) 본래의 평생교육이념의 실현보다는 기업 이미지 홍보와 고객관리, 나아가서는 잠재적 혹은 미래 고객 확보에 더 큰 목적이 있음.

11) 본연의 사회봉사 혹은 백화점 매장에서 발생하는 이익금의 일정액을 고객들에게 환원한다는 차원에서 평생학습의 장이 될 수 있도록 전문성 강화와 교육프로그램의 질적 관리에 보다 많은 노력이 필요함.

3.4 언론기관

1) 평생교육법제26조와 관련됨.
    (1) 신문·방송 등 언론기관을 경영하는 자는 당해 언론매체를 통하여 다양한 평생교육 프로그램을 방영하는 등 국민이 평생교육 진흥에 기여해야 한다.
    (2) 대통령이 정하는 언론기관을 경영하는 자는 일반국민을 대상으로 교양 증진과 능력향상을 위한 평생교육시설을 설치·운영할 수 있다.
    (3) 이를 설치하고자 하거나 폐쇄할 때는 교육감에게 신고해야 한다.

2) 언론기관의 평생교육시설 설치를 위한 규정 목적
    (1) 언론기관도 일반 국민을 대상으로 교양 증진과 능력 향상을 위한 평생교육을 실행할 수 있는 근거를 마련한 것.

3) 언론기관의 범위
    (1) 정기간행물의 등록에 관한 법률 제7조 1항의 규정에 의하여 문화관광부 장관

에게 등록된 정기간행물 중 일간신문·통신·주간신문 또는 월간잡지인 정기간행물을 발행하는 자
(2) 방송법 제2조 1호의 방송을 행하는 법인으로서 지상파 방송, 위성방송을 포괄한다.

4) 언론기관 부설 평생교육시설
   (1) 1980년대 이후 일반 국민들의 여가선용 및 교양증진을 위해 출발되었음.
   (2) 1990년대: 방송사 부설 평생교육시설이 생기면서 종래의 여가나 교양 중심에서 방송관련 전문적인 지식과 기술을 습득시켜 주는 직업준비 과정 중심으로 변화되어 가고 있는 추세임.
   (3) 1997년 말: 외환위기로부터 시작된 경제적 고통과 정보화시대의 도래하는 사회적 변화는 언론기관 부설 평생교육시설을 통한 전문 직업준비과정이 사회적으로 커다란 인기를 모으는 중요한 계기가 되었음.

5) 교육대상
   (1) 일반 시민을 대상으로 하고 있지만 주로 중상층 여성이 많이 참여하고 있음.
      - 방송관련 분야가 사회적으로 인기 있는 직종이 되면서 이 분야에 종사하고자 하는 대졸 남녀 청년들이 직업 준비 차원에서 참여가 늘어나고 있음.

6) 교육이념 및 목표
   - 수강생의 교양증진 및 자질 향상, 효율적인 여가선용과 능력 함양 등.

7) 평생교육 프로그램
   (1) 평생학습시대를 맞이하여 국민들의 학습욕구를 충족시켜 주기 위해 제공됨.
   (2) 해당언론사에 대한 대중적인 이미지 개선을 통한 장기적인 고객 확보전략.
   (3) 언론사에 대한 대중들의 신뢰 구축과 새로운 이미지 제고를 토하여 언론사의 열악한 재정형편을 개선하려는 동기.

〈문제〉 민원과 복지와 정보기능 중심으로 재편한 여성평생학습시설의 유형은?
① 주민자치센터   ② 도서관   ③ 언론기관   ④ 백화점 부설 문화센터

제6장
여성과 사회제도

1. 결혼제도와 가족 및 전통사회의 혼인제도

1.1 결혼제도와 가족

1) 가족
   (1) 원초적인 또는 자연발생적 의미에서 혈연으로 맺어진 관계로서 부부관계, 부모-자식관계 또는 형제자매관계.
   (2) 넓게는 혼인으로 인한 일가친족들.
   (3) 아주 오래 전엔 아무런 이해 득실 관계없이 그저 자연스런 숙명으로 이루어졌던 소규모 집단.
   (4) 혼인제도에 의해 자신의 위치, 지위, 이해관계를 셈하면서 맺어질 수 있었음.
   (5) 본래의 기능: 한 울타리 안에서 서로 연대감을 가지면서 자신과 가장 가까운 혈연을 서로 돕고 격려하며 정을 나누며 발전할 수 있는 사회제도의 기본 단위.
   (6) 현대와 같은 소가족 소규모 형태에서 더욱 이기적으로 변모하는 개인주의적 경향은 결혼 기피, 출산 거부 등의 부작용을 낳고 있어 가족 해체라는 또 다른 커다란 사회문제를 야기하고 있음.

2) 모계전통
   (1) 윈난성의 끝자락 해발 2,690m에 '루그호'라는 호수가 있음.
   (2) 중국 53개 소수민족 가운데 하나인 '모소오족'이 살고 있음.

(3) 인구는 3만 명에서 4만 명으로 추정되고 2000년 이상 내려온 모계전통을 갖고 있음.
(4) 어머니는 결혼하지 않고 아이 낳아 혼자서 아이를 기르고, 아이는 어머니의 성을 따르며 집안에서는 할머니가 최고의 어른임.
(5) 재산 상속은 장녀에게 대물림됨.
(6) 남편은 존재하지 않고 아버지라는 호칭은 없기에 그냥 '아저씨'로 대신함.
(7) 외삼촌이 아버지 역할을 함.
(8) 아버지나 할아버지, 남편이라는 개념은 없어서 단어나 언어는 존재하지 않음(이경자, 2001).
(9) 21세기 현대에도 실제로 존재하고 있는 모계적 결혼제도임.

3) 시대에 따른 변화.
(1) 수천년 전부터 왕족들의 왕위 계승을 위한 근친상간의 결혼제도는 희미해지면서 이와 함께 오랜 세월동안 내려오는 부계중심의 혼인제도 등은 현대에 이르기까지 다양한 분포를 보이며 발전해 왔음.
(2) 사회발전의 초기 단계는 모계이고 그 후 발전 단계에서는 부계라는 견해는 근거 없는 이론이며 사회마다 케이스 바이 케이스로 연구되어야 함(Murdock, 1949 재인용).

4) 결혼제도
(1) 수천년 아니 수만년 이러진 인간의 사회제도 중 하나.
(2) 그 시대의 철학과 종교의 부산물로서 다양한 모습을 보여 왔으나 그 여러 모습의 결혼제도도 구심점이 있음.
(3) 인간은 아주 오래 전부터 자신의 둥지를 마련하고 그 속에서 서로 기대며 살아왔음.

5) 가족
(1) 가정의 구성원.
(2) 인간을 편안히 쉬게 하는 장소.
(3) 서로가 서로를 의지하고 살아가는 심적 안전장치의 소규모 집단이 사는 공간.
(4) 구성원인 가족은 오래 전부터 그 분위기에 가장 익숙하고 자신과 가장 친근한 사람끼리 모인 혈연집단의 최소 단위.

6) 가족의 본래 기능
   (1) 서로에게 정신적신체적 안정감을 주는 가장 친밀한 존재.
   (2) 서로가 서로를 고독하지 않고, 두렵지 않게 지켜 주는 보이지 않는 울타리.
   (3) 가족의 본래적 의미가 현대에 와서도 그대로 유용하게 유지되어 오고 있는 것이며, 미래에도 지속될 사회제도임.

7) 가족
   (1) 결혼제도에 의해 이루어짐.
   (2) 기본단위: 남성과 여성의 혼인에서 시각.
   (3) 페미니즘 연구
      · 한 때 다산과 풍요의 상징이었던 여성의 '자궁'이 남성 중심의 가부장제 시대를 맞이하여 여성 억압의 기제로 작용하게 되어 여성의 출산은 더 이상 권력의 상징물로 자부할 수 없게 됨.
      · 남성적 가부장제와 억압당한 모성이 유교적 이데올로기에 의해 합리화된 형태가 가족이라는 울타리로 변모되었음.
   (4) 엘빈 토플러: 『The Power Shift』(1991)
      · 인간의 파워가 있었던 시절은 이미 부계사회로 진입된 시기였음.
      · 힘이 존재하지 않던 평화로운 시절 노자가 말하는 소국과민의 욕심없는 세상, 인간과 인간끼리 파워 게임의 전쟁이 없고, 의식주라는 주어진 삶만을 영위하던 시절, 즉 현재의 입장에서 볼 대 이러한 혼돈의 시대를 신화의 시대라 할 수 있음.
      · 결혼제도라는 의식이 없이 공동체만 형성된 시기임.
      · 혼돈의 시대: 인간의 결혼 모습이 혼음.
      · 정착시대인 초기 농경사회에서 노동력이 파워였을 때의 인간 한 사람 한 사람은 아주 귀중한 자산이었고 이것은 어머니의 소유였음.
   (5) 금세기 이스라엘: 1950년 이스라엘 귀향법에 따라 시민권 발급이 어머니의 혈통에 따라 결정됨.
   (6) 중국신화: 창세신 복희와 여와는 남매신
      · 부부가 되어 인류의 조상이 되었고 여성인 여와는 뱀의 모습을 한 여신이었음.
      · 진흙을 빚어 인간을 빚었음(전인초 외, 2002).
      · 뱀은 그 씨족의 수호신이었고 그 뱀을 수호하는 씨족은 모계 혈통의 종족이었으리라 추측함.

(7) 일본 건국신화: 남매신인 이자나기(남)와 이자나미(여)
- 결혼하여 여러 신들을 낳음.
- 근친결혼
- 오랫동안 역사시대 이후 근친혼이 허용되었음.

(8) 중국과 일본의 대표적 신은 여신이며, 초기의 모습은 섬나라이기에 동떨어져 있어 유교문화가 늦게 전파된 일본에서 원형모습으로 남아 있는 흔적으로 볼 수 있음.

(9) 역사 속의 실재 인물인 여왕의 등장
- 한국: 신라 27대 선덕여왕이 등극(632-647)했고, 그 후 28대 진덕여왕, 51대 진성여왕이 있었음.
- 일본: 2세기 야마타국의 히미코여왕, 이요여왕 등장, 5세기말 스이코 천황, 8대 사이메이 천황, 13대 지소 천황 등장(연민수, 2000).

(10) 일본과 신라는 진흥왕 이전까지 주요 외교육이었고 또 일본은 섬나라이기에 가부장적 유교문화가 비교적 느리게 전파되어 혼동의 시대인 모계전통의 흔적이 오랫동안 남아 있었음을 추론.

(11) 부계사회 이전의 가족 형태는 혼돈의 시대인 신화시대로 분류되며 이 시대는 모계전통이 만연한 혼돈시대라 부름.

1.2 전통사회의 혼인제도

1) 삼국시대의 혼인제도
(1) 고구려
- 서옥제라 불리는 서류부가혼 형태(최재석, 1983).
  - 혼인이 결정되면 신부집 뒤에 조그만 집(서옥)을 지어 사위될 사람이 저녁에 신부의 집 문 밖에서 자신의 이름을 대고 꿇어 앉아서 신부와 함께 자겠다고 간청함.
  - 신랑은 돈과 비단을 내놓음.
  - 혼인 후 아이를 낳아 아이가 크게 자란 후에 신랑의 집으로 돌아감.
- 형사취수제도 : 결혼 풍속 중 하나.
  - 형이 죽으면 형수를 시동생이 돌봐주는 제도.
  - 노동력을 상실하지 않고 묶어 두려는 경제적 이해와 남편이 죽은 후 여성이 경제적 곤란에 처해진 상황을 구해 주는 일종의 사회보장적 장치.

- 서로의 이해가 합치되어 존속했던 제도.
- 히브리인의 수혼제(형수와 결혼하는 제도)와 흡사함(세계여성사, 1995).

(2) 백제
- 삼국 중 중국의 문화를 일찍 받아들였음.
- 왕족은 일부다처제의 풍속으로 후궁을 많이 거느렸음.
  - 『삼국사기』 '도미설화'에서 보듯이 여인들은 정절을 지키는 것을 미풍양속으로 삼았음.
  - 의자왕의 삼천궁녀와 낙화암의 전설에서 알 수 있음.
  - 『삼국사기』 등에는 백제의 기록은 미미하여 자세히는 알 수 없음.
- 신라나 가락국처럼 동성혼이 아닌 동성불혼의 혼인을 유지함.
- 민간에서는 일부일처제의 혼인제도가 정립되었음.

(3) 신라
- 서류부가혼의 형태(최재석, 1983).
  - 처가에서 체재하며 생활하는 기간이 김.
- 자유결혼 풍습
  - 남녀가 자유스러운 혼인인.
  - 『삼국사기』의 '김유신조': 김유신의 아버지 김서현은 신라 왕족인 숙흘종의 딸 만명과 눈이 맞아 중매없이 결합하여 밤에 도주했음.
  - 『삼국유사』의 '김현감호조': 김현이 탑돌이를 하다가 한 여인을 만나 정을 통하는 장면이 나옴.
- 여인
  - 재혼도 비교적 용이했음.
  - 태종무열왕의 딸인 요석공주가 남편을 잃고 과부가 되어 궁중에 있는데 원효대사와 사랑을 나눠 설총을 낳음.
  - 도화녀는 남편이 죽은 후 임금과 관계하여 비형랑을 낳음.
- 상층부
  - 동성혼 또는 근친혼도 가능했으며 자신들의 왕위를 보존했음.
  - 혼수품은 남자 쪽에서 성대하게 준비하는 풍속이 있었음.

2) 고려시대의 혼인 풍속
(1) 고려초기에도 계급적 내혼제(동성혼)가 그대로 답습됨.
(2) 근친혼이 성행하였음.

(3) 왕실과 지배층
- 일부다처제 사회였음.
- 처와 첩의 지위가 동등한 사회였음.
- 자신이 죽을 때 그 처나 첩의 자식에게 균분상속을 하였음.

(4) 혈족 내 근친 혼인은 황실 내에서 뿐만 아니라 민간에서도 이루어졌음.
- 원나라의 세조가 왕가의 동성혼은 성지에 위배되므로 향후 위반하면 논죄하겠다고 경고했음.
- 충선왕(1310) 때 비로소 종친과 양반의 동성금혼을 국법으로 공포하였음.

(5) 여성(최재석, 1983)
- 이혼이나 재혼이 자유로웠음.
- 재산상속도 균분상속이었음.
- 제사 역시 윤회봉사나 분할봉사로서 딸도 친정 부모님의 제사를 모실 수 있었음.
- 혼인풍습: 서류부가혼이 보편적 혼인형태.
- 호적에서 여성의 위치가 드러남.
    - 남편이 죽었을 경우 비록 장성한 아들이 있더라도 어머니가 호주가 됨.
    - 서열의 순서는 남성 위주가 아닌 출생순서, 즉 연장자 순성임.
- 묘비명: 남녀 구분 없이 출생순서대로 자녀의 이름을 표기했음.

3) 조선의 혼인 제도
(1) 종법적 부계질서
- 통치이념으로 성리학을 받아들이고 군과 신의 위계질서를 가장 잘 실천할 수 있는 가족제도.
- 역성혁명으로 새로운 나라를 만들고 그 허약한 기반을 노심초사하며 단단히 굳히고자 기존의 모든 사회제도를 가부장적 종속윤리인 성리학적 윤리관에 그 초점을 맞춤.
- 아래로는 부자관계를 위로는 군신의 관계를 공고히 하고자 했음.
- 여성: 지금까지 인생의 주관자였는데 새로운 시대를 맞이한 후부터 보이지 않는 다른 손에 의해 옮겨가는 모습으로 서서히 변모하고 있었음.

(2) 서옥제 또는 남귀여가혼의 혼인제도
- 제사를 자손들이 돌아가면서 지내는 윤회봉사와 제사를 형제자매끼리 형의 후 나눠서 지내는 분할봉사가 계속 유지되었음.

- 딸 역시 상속에서 균분상속이었기에 여성의 위치는 고려시대를 이어 유지되고, 있는 것이 일반적 현상이었음.
- 남귀여가혼 문제점을 지적함- 조선 초 권력기관인 의정부에서 논의됨

(3) 의정부
- 남귀여가혼의 혼인예가 음양법에 맞지 않음.
- 친영례를 올려 가부장의 음양원리를 살리고 왕실의 위엄을 돈독히 하자는 요구를 했음.

(4) 친영례
- 세종17년(1435)에 숙신옹주와 파원군 윤평과의 혼인을 친영의식으로 거행하여 시작됨(세종실록, 권 67).
- 150년 후 명종: 혼인은 여자 집에서 하며 일정 기간 남자가 여자 집에 머룬 후, 여자는 남자 집으로 거주지를 옮기는 형태인 반친영은 조선 후기에 정착했음.
- 제사는 아들에게로 옮겨짐.
- 재산상속은 균분상속에서 점차 장자상속으로 변하였음.
- 여성의 재산상속은 제사상속과 더불어 조선 후기로 갈 수록 출가외인이기에 점점 상속에서 제외되어 가는 사회적 분위기였음.

4) 현대의 가족법
(1) 결혼제도
- 자유연애 결혼
- 법률이 정하는 일부일처제.
- 이혼과 재혼 역시 자유로우며 그에 따른 법적 불이익은 없음.

(2) 민적법
- 1909년 3월4일 법률 제8호로 공포함.
- 우리나라 삼국시대부터 내려온 가족관계를 밝힌 호적법과는 아주 다른 형태의 가족법.
- 출생, 사망, 호주 변경, 혼인, 양자, 파양, 분가, 일가 창립, 입가, 폐가, 폐절가재흥, 부적, 이거, 개명 등을 그 사실 발생 10일 이내에 호주가 본적지 관할 면장에게 의무적으로 신고하게 만든 법.
- 현행 호적법에 해당하는 법.

- 모든 신분행위에서 호주가 가의 주재자임을 법적으로 선언한 것.
- 호주는 가의 우두머리라는 사실을 입증하는 것.

(3) 민법개정안((2005)
- 현행 호주제가 위헌 결정으로 국회 본회의를 통과함.

(4) 개정되는 호주제
- 호주의 정의: 일가의 계통을 계승한자, 일가 부흥한자 → 삭제.
- 호주의 승계순위: 직계존비속 남자, 딸, 손녀, 아내, 며느리 순 → 삭제.
- 자의 입적 및 성과 본: 자녀는 아버지의 성과 본을 따른다(부성가제) → 협의 후 따름(부성원칙).
- 아내의 입적: 아내는 남편의 호적에 오른다. → 삭제.
- 여성의 재혼금지 기간: 6개월 → 삭제

(5) 기존의 호주제도
- 남성우선적 호주승계순위 및 부가우선입적주의 등을 원칙으로 하는 가족제도
- 혼인과 가족생활에서 개인의 존엄과 남녀평등을 보장한다는 헌법 제36조 1항의 정신에도 위배됨.
- 유엔여성차별철폐협약 제16조8항 가족성씨 선택의 자유권에도 위배됨.
- 국제적 비난을 받고 있었음.

(6) 개정되는 민법
- 우리나라 고유의 신분등록제도의 기준을 정립하여 양성평등적 이념과 주체적 사고방식의 다양성을 선택할 수 있는 제도로 거듭나야 함.

(7) 유엔여성차별철폐협약
- 남녀평등과 여성의 발전을 확보할 국내입법의 의무화
- 모성보호를 위한 조치
- 인신매매·매음의 금지
- 투표권공무담임권의 평등
- 국적 취득권의 동등과 처의 국적독립권
- 교육과 노동의 기회, 임금 등의 평등
- 결혼 또는 해산에 따른 차별해고 방지
- 사회·경제권의 평등
- 농촌여성의 개발이익 향유보장과 평등확보
- 재산관리 및 사법 절차에서의 남녀평등

- 여성의 법적 능력을 제한하는 계약·문서의 무효
- 가사 책임에 관한 남녀 분담

자료: 여성가족부

〈문제〉 다음 중 고려시대의 혼인제도가 아닌 것은?
① 서류부가혼 ② 내혼제 ③ 형사취수제도 ④ 근친혼

2. 모성보호법과 성매매금지법

2.1 모성보호법

- 여성들의 경제활동 참여가 늘어나면서 사회적으로 대두되는 출산과 양육의 문제를 사회나 국가가 심각히 고민하고 인정한 법.
- 가정과 사회의 양 울타리 사이에서 어려움에 처한 여성 근로자의 기본권을 지켜주고 출산과 육아를 개인 문제로 국한하지 않고 국가가 사회적 책임으로 인정한 것.
- 헌법에 모성의 보호와 직접 관련 있는 규정 "국가는 모성의 보호를 위하여 노력해야 한다"(헌법 제36조 2항), "모든 국민은 보건에 관하여 국가의 보호를 받는다"(헌법 제36조 3항)에 근거하고 있음.
- 1953년 제정 후 48년 만에 처음으로 개정됨.

1) 근로기준법
   (1) 위험·유해 업무의 사용금지
      · 사용자는 임신 중이거나 산후 1년이 경과되지 아니한 여성, 즉 임산부를 도덕상 또는 보건상 유해·위험한 사업에 사용하지 못할 뿐 아니라, 임산부가 아닌 18세 이상의 여성을 보건상 유해·위험한 사업 중 임신 또는 출산에 관한 기능에 유해·위험한 사업에 사용하지 못한다(근로기준법 제63조).
   (2) 야간작업·휴일근로의 제한
      · 사용자는 18세 이상의 여성을 오후 10시부터 오전 6시까지의 사이 및 휴일에 근로시키고자 하는 경우에는 당해 근로자의 동의를 얻어야 하고, 임산부를 오후 10시부터 오전 6시까지의 사이 및 휴일에 근로시키지 못한다. 다만,

산후 1년이 경과되지 아니한 여성의 동의가 있거나 임신 중의 여성이 명시적으로 청구할 때, 노동부 장관의 인가를 얻은 경우에는 그러하지 아니하다(근로기준법 제68조).

(3) 시간외 근로의 제한
- 사용자는 산후 1년이 경과되지 아니한 여성에 대하여는 단체협약이 있는 경우라도 1일에 2시간, 1주일에 6시간, 1년에 150시간을 초과하는 시간 외의 근로를 시키지 못한다(근로기준법 제69조).

(4) 갱내 근로의 금지
- 사용자는 여성을 갱내에서 근로시키지 못한다. 다만, 보건·의료, 보도·취재 등 대통령령이 정하는 업무를 수행하기 위하여 일시적으로 필요한 경우에는 그러하지 아니하다(근로기준법 제70조).

(5) 유급생리휴가
- 사용자는 여성인 근로자가 청구하는 때에는 월1일의 생리휴가를 주어야 하는데(근로기준법 제71조), 2003년 9월 개정된 근로기준법에 의하면 그 시행일은 다음과 같이 사업장에 따라 달리 적용되고 있다.
    - 금융·보험업, 정부투자기관관리기본법 제2조의 규정에 의한 정부투자기관, 지방공기업법 제49조 및 동법 제76조의 규정에 의한 지방고사 및 지방공단, 국가·지방자치단체 또는 정부투자기관이 자본금의 2분의 1 이상을 출자하거나 기본재산의 2분의 1이상을 출연한 기관·단체 및 상시 1,000인 이상의 근로자를 사용하는 사업 또는 사업장: 2004년7월1일
    - 상시 300인 이상 1,000인 미만의 근로자를 사용하는 사업 또는 사업장: 2005년7월1일
    - 상시 100인 이상 300인 미만의 근로자를 사용하는 사업 또는 사업장: 2006년 7월1일
    - 상시 50인 이상 100인 미만의 근로자를 사용하는 사업 또는 사업장: 2007년 7월1일
- 근로기준법 제71조
    - 상시 20인 이상 50인 미만의 근로자를 사용하는 사업 또는 사업장: 2008년 7월1일
    - 상시 20인 미만의 근로자를 사용하는 사업 또는 사업장, 국가 및 지방자치단체의 기관: 2011년을 초과하지 아니하는 기간 이내에서 대통령령이 정하는 날

- 생리적인 이유로 여성 근로자에게 부여되는 월1일의 유급휴가(근로기준법 제71조)
- 도입: 근로기준법 제정 시 도입. 현재까지 유지되고 있음. 1989년 여성근로자의 청구가 없어도 무조건 부여하도록 함.
- 쟁 점: 여성의 모성기능을 고려한 정당한 보호라는 입장 대 과보호이므로 폐지해야 한다는 입장.

(6) 산전산후휴가 및 임신중
- 사용자는 임신중의 여성에 대하여 산전후를 통하여 90일의 보호휴가를 주어야 한다. 이 경우 휴가기간의 배치는 산후에 45일 이상이 되어야 한다. 이 휴가 중 최초 60일은 유급으로 한다. 또한 사용자는 임신중의 여성 근로자에 대하여 시간외 근로를 시키지 못하며, 당해 근로자의 요구가 있는 경우에는 경미한 종류의 근로로 전환시켜야 한다(근로기준법 제72조).

(7) 출산휴가(산전후휴가)
- 결혼한 여성 노동자의 모성을 보호하기 위한 산전, 산후의 휴가이다. 근로기준법에 의해 사용자는 임신중인 여자에게 산전·후를 통해 90일의 보호휴가를 주어야 한다. 휴가 중 최초 90일은 유급으로 한다(근로기준법 제72조).
    - 정상적인 만기출산과 임신 8월 이후부터 발생한 유산, 조산, 사산의 경우에 출산 전·후를 통하여 60일의 출산휴가를 허가하여야 함.
    - 임신 4월부터 임신 7월 이하까지의 기간중의 유산, 조산, 사산의 경우에는 산모의 상태 등을 고려하여 60일의 출산휴가를 허가하여야 함.
    - 일반병가를 받을 수 있는 경우
    - 출산과 관련된 여러 상황(유산, 사산)

(8) 출산 전 휴가의 이행과 현실
- 출산 후 휴가를 이용하는 여성이 전체의 절반 수준이며, 육아 휴직 이용자는 10명에 1명꼴에 불과하다.
    - 낮은 임금과 열악한 작업환경이 걸림돌이 되고 있기 때문이다.
    - 모성보호제도의 이용률이 특히 저조한 영세사업장의 경우 출산 후 노골적인 퇴직 압력과 결혼 및 출산 후 퇴직 관행 등 기업체 쪽의 모성보호제도에 대한 이해부족이 원인이다.

(9) 유급 수유시간
- 생후 1년 미만의 유아를 가진 여성 근로자의 청구가 있는 경우에는 1일 2회 각각 30분 이상의 유급 수유시간을 주어야 한다(근로기준법 제73조)

2) 고용보험법
    (1) 육아휴직급여의 지급
        · 노동부 장관은 남녀고용평등법 제19조의 규정에 의해 육아휴직을 365일(근로기준법 제72조의 규정에 의한 산전후휴가기간 90일과 중복되는 기간을 제외한다)이상 부여받은 피보험자 중 다음의 요건을 갖춘 경우에 육아유직급여를 지급한다(고용보험법 제55조의 2 제1항)
            - 육아휴직 개시일 이전에 피보험단위기간이 통산하여 180일 이상일 것
            - 동일한 자녀에 대해서 피보험자인 배우자가 육아휴직(30일 미만은 제외한다)을 부여받지 않고 있을 것
            - 육아휴직 개시일 이후 1월부터 종료일 이후 6월 이내에 신청할 것
    (2) 산전후휴가급여의 지급
        · 노동부 장관은 남녀고용평등법 제18조의 규정에 의하여 피보험자가 근로기준법 제72조의 규정에 의한 산전후휴가를 부여받은 경우로서 다음의 요건을 갖춘 경우에 산전후휴가급여를 지급한다(고용보험법 제55조의 7 제2항)
            - 산전후휴가 종료일 이전에 제32조의 규정에 의한 피보험단위기간이 통산하여 180일 이상일 것
            - 산전후휴가 종료일로부터 6월 이내에 신청할 것
    (3) 산전후휴가 기간중의 임금지급(고용보험)
        · 종전에는 산전후 휴가기간 중 최초 60일분은 사업주가 지급하고, 이후 30일분은 고용보험에서 지급하였으나, '06. 1. 1 이후 출산하는 우선지원대상기업 근로자 90일간의 급여를 고용보험에서 지급한다. 대규모 사업장은 종전 그대로 시행한다.
        · 산전후휴가 급여 지급은 휴가 개시일 현재의 통상임금을 기준으로 지급하되 90일 기준 최고 405만 원까지 지급하게 된다. 따라서 해당 근로자의 통상임금이 월 135만 원을 초과할 경우에는 사업주가 그 차액을 지급하여야 한다.
            - 정상적인 만기출산과 임신 8개월 이후(197일)부터 발생한 유산, 조산, 사산의 경우에는 출산 전후를 통하여 90일의 출산휴가를 허가하여야 함.
            - 임신 4월(85일)부터 임신 7월 이하(196일)까지의 기간 중의 유산, 조산, 사산의 경우에는 산모의 상태 등을 고려하여 190일 이내의 출산휴가를 허가하여야 함.

3) 남녀고용평등법

4) 모·부자복지법
   (1) 기존에 시행되었던 모자복지법을 2002년 12월 개정하여 모·부자복지법으로 명칭을 변경함.
   (2) 배우자를 상실한 여성, 노동능력을 상실한 배우자를 가진 여성, 미혼여성, 기타 보건복지부령이 정하는 여성이 세대주(세대원을 사실상 부양하고 잇는 자를 포함)인 모자가정에 대해서만 국가 등이 경제적·사회적 지원을 하도록 하고 있었던 것을 확대하여 같은 조건의 남성이 세대주인 부자가정에 대하여도 지원하도록 하고 있음.

5) 사립학교법
   (1) 임신 또는 출산으로 인한 휴직
      · 교원의 임명권자는 자녀(휴직 신청 당시 1세 미만인 자녀에 한한다)를 양육하기 위하여 필요하거나 여교원이 임신 또는 출산하게 된 때에 본인이 원하는 경우 휴직을 명하여야 한다(사립학교법 제59조 제1항 제7호).
   (2) 출산에 대한 급여 지급
      · 사립학교의 교원 및 사무직원의 출산에 대하여 법률이 정하는 바에 따라 적절한 급여를 지급하여야 한다(사립학교법 제60조의 2 제2항 제4호).

2.2 성매매금지법

1) 성매매의 정의 및 기원
   (1) 성매매
      · 돈을 받거나 어떤 대가를 약속받고 몸을 파는 행위, 흔히 매매춘이라고도 함.
      · 확률적으로는 윤락행위라 하여 불특정인으로부터 금전 및 기타 재산상의 이익을 수수하거나 또는 약속하거나, 기타 영리의 목적으로 성행위를 하는 것.
   (2) 성매매의 기원
      · 인류가 모계제 사회에서 부계제 사회로 전환되면서 여성은 다산과 출산의 풍요의 상징으로 추대받는 입장에서 반전하여 여성 자신의 몸을 이용해 삶을 유지하는 생존수단으로 전락하면서부터 성매매가 시작되었음.인류학자들의 추론.

2) 우리나라의 성매매의 역사
    (1) 먼 시대 고조선에서 전쟁포로나 흉악범죄인과 그의 가솔들이 남의 종이나 첩 또는 양수척(버들고리를 자서 팔던 천민계급)이 되었다는 설.
    (2) 신라 원화가 그 시초라고 함.
    (3) 조선시대
        · 기생: 직업기녀. 노래와 춤을 업으로 삼고 성을 매개로 상층 남성과 교유했던 여인들.
        · 천민계급에 속하였고 대부분 그의 어머니의 신분에 따라(천자종모법) 기녀가 되었음.
        · 관기가 될 수도 있고 부모가 기가에 팔아 기적에 올리는 경우도 있음.
        · 기적에 오르면 속량되지 않는 한 천형을 감수해야 함.
        · 매춘을 업으로 삼는 창기와는 다름.
        · 예절과 법도를 배우고, 말 공대하는 법, 앉는 법, 걷는 법, 몸단장하는 법, 그 외 가(歌), 서(書), 예(藝), 호신술 등에 이르기까지 엄한 규율 아래서 여러 기능을 익힌 예인이었음.
        · 후대를 내려오면서 몸을 파는 창(娼)과 예를 업으로 삼는 기(妓)로 나누어졌음.
        · 매춘 행위를 국가가 정식으로 공인한 적은 없음-밀매음 형태로 묵인되었음.
    (4) 일제강점기(손정목, 2005)
        · 조선의 개항과 함께 자국의 공창(公娼)제도를 일본인 거류지역에 도입했음.
        · 일본: 16세기부터 공창제도가 존재했음.
        · 1904년 서울지역에서 처음으로 매춘업을 허락했음.
        · 1916년 공식적으로 공창제도를 시작했음.
        · 사창의 번성으로 창기를 공급하기 위한 인신매매 등 각종 수단이 동원되기도 했음.
        · 근대 한국 매춘의 대중적 사회화는 일본 제국주의 하에서 이루어졌음.
    (5) 미군정
        · 공창제도 폐지령: 1948년 2월 미군청정 행정명령 제16호로 발표.
        · 초기 공창제도를 그대로 두었으나 우리 여성계의 공창제 폐지운동이 적극적으로 전개되자 폐지령을 선포했음.
    (6) 1960, 70년대
        · 박정희 정관: 사회악을 뿌리 뽑는다는 차원에서 1961년 '윤락행위방지법'을 제정.
        · 1968년: 실질적인 단속에 필요한 시행령 만들어짐.

- 기지촌을 벗어나 사회 일반에 매매춘문화 확산을 낳는 사회적 토대를 형성하는 모순된 정책을 펼쳤음.
- 1970년대: 한국 매춘이 규제대상에서 암묵적 묵인의 대상으로 변화하였음.
- 국고 수입의 증대와 대외의존적 경제구조의 취약성을 보완하기 위해 관광산업의 개발에 박차를 가했음.
- 특정 지역 내에서의 성매매 행위나 특수관광호텔에서 외국인을 상대로 성매매가 허용되었음.
- 외화획득의 이유로 암묵적으로 용인되거나 장려된 기생관광이나 미군 매춘의 허용적 태도였음.
- 국가는 여성의 성매매를 조장했고 성의 노예로 전락시켰다는 데에서 자유로울 수 없음.

(7) 1980년대
- 한국 사회가 자본주의 혹은 근대화 후기 단계에 접어들면서 매매춘 현상도 초기의 절대빈곤 때문에 고향을 떠나 서울을 향하던 때와는 다른 모습을 보임.
- 미군기지 주변의 기지촌 등 특정 지역에서 집단을 이루며 포주 등 중간 조직과 연결되어 성을 팔았던 이른바 '전통형 매춘'에서 쉽게 돈을 위해 향락업소를 매개로 성을 파는 '산업형 매춘'이나 '겸업매춘'이 늘어나기 시작했음.
- 독점재벌의 시장 장악 이후 이에 따른 중소 자본의 3차 서비스산업으로의 진입, 접대경제의 발달, 정통성 없는 국가정책 등에 따라 향락산업이 기형적으로 비대해졌음.
- 자본주의의 병폐인 '황금의 절대권력'만이 위용을 자랑한다는 사회적 인식이 확산되었기 때문.

(8) 1990년대
- 경제가 성장하며 자본의 위력이 더욱 가치를 발휘하며 향락퇴폐산업이 확산되고 심해지며 성수매자인 남성들이 어린 여성을 선호하는 그릇된 의식으로 성산업에 청소년이 유입되기에 이르러 소위 원조교재 등 청소년 성매매가 심각한 지경에 이르렀음.
- IMF경제위기 이후 카드 사용 확산으로 인해 빚을 갚지 못한 20~30대 여성들이 성산업에 유입되어 산업형 성매매가 확산되고 사회문제 등을 유발하게 되었음.

3) 성매매의 규모(한국형사정책연구원의 통계)
  (1) 2002년: 성매매 종사 여성은 최소 33만 명으로 추정되고 있음.
  (2) 1976년: 약 4만 6천 명(보건사회부 통계)에 비해 7배나 증가한 수.

(3) 단란주점이나 룸살롱 등에서 겸업하는 성매매 여성이 24만 명, 집창촌(일명 사창가) 여성이 1만 명, 노래방, 보도방 등을 통한 성매매 여성이 약8만 명에 이르렀음.
(4) 2006년 3월 성매매방지기획단의 발표: 2002년 성매매 알선업소는 약 8만여 개- 집창촌업소는 3,000여개에 달함.
(5) 2002 성매매 경제규모: 연간 24조 원으로 이는 국재총생산(GDP) 578wh 8,000억 원의 4.1%에 해당하며 농림어업이 차지하는 비중(4.4%)과 비슷한 수준임.

4) 성매매방지특별법
   (1) 한국 경제가 성장함에 따라 성의식은 오히려 반비례했음.
   (2) 한국의 성역사: 성매매는 일부 집장촌에서 폐쇄적으로 거래되다가 2003년 도처에서 성을 사고 파는 행위가 버젓이 자행되고 있고 심지어 미성년자의 성매매가 인터넷 등을 통해 매매되기에 이르렀음.
   (3) 신분, 노소 구별 없이 일부 남성들에 의해 확산되어 사회가 병들어가는 모습으로 변모해 갔음.
   (4) 2004년 3월 22일 제정하여 9월 23일부터 시행된 법.
   (5) 우리의 아이들을 사회로부터 보호하고 상품화되어 가는 이 땅의 여성들을 위해 그리고 잘못되어 가는 성문화를 개롭게 인식시키고자 여성 가족부와 여성단체에서 적극 문제제기하였음.
   (6) 성매매를 범죄행위로 규정하고, 특별법을 제정하여 성매매를 미연에 방지하고 성매매 피해자 및 성을 파는 행위자의 보호와 자립을 지원하기 위한 법.
5) 성매매 처벌 특별법의 달라진 내용

구분	윤락행위 등 방지법	성매매 처벌에 관한 특별법
용어순화	윤락 등의 왜곡된 표현	성매매, 성매매 피해자 등 가치중립적·인권 중심적 표현
경제적 제재 조항 시설	없음	성매매 알선자 수익 몰수 및 추징
성매수자 처벌	1년 이하 징역, 300만 원 이하 벌금	옛 법과 같음(경찰, 무조건 입건방침)
성매매 피해자 규정 신설	없음	업주 강요에 따른 성매매 땐 피해자로 보고 형사처벌 제외
성매매 피해자 보호 규정	없음	증인보호법상 신변보호, 신뢰 관계자 동석
수사기관 협조 조항 신설	없음	각종 자활지원, 긴급구조 요청 시 경찰관 동행 의무
의료비 지원 조항 신설	없음	14조에 지원 근거 신설

자료: 경찰청

> 〈문제〉 다음 중 유급생리휴가가 나와 있는 모성보호법은?
> ① 근로기준법 ② 고용보험법 ③ 모·부자복지법 ④ 사립학교법

3. 성과 사회문제

3.1 성과 사회문제

1) 미혼모
   (1) 정의
      · 합법적이고 정당한 결혼 절차 없이 아기를 임신 중이거나 출산한 여성.
      · 아기를 임신하게 한 남자와 법적으로 결혼하지 않은 여자.
      · 별거, 이혼, 배우자 사망의 상태로 배우자 이외의 아기를 가진 여자.
      · 우리나라에서는 미혼모라는 용어에 대한 법적 정의는 명확하지 않음.
      · 여성 관련법이나 관련 지침들: '혼전에 임신 중인 자 중에서 분만 예정자나 분만 후 6개월 이내이면서 사실혼 상태에 있지 않은 자'로 규정하고 있어 협의의 의미를 가짐.
   (2) 발생요인
      · 급격한 산업화와 더불어 전통적 사회구조에도 빠른 변화가 있었음.
      · 성에 대한 가치관 혼돈과 성규범의 약화, 성의 의미를 왜곡시키는 성의 무지 등으로 인해 충동적이고 책임감 없는 미혼 부모의 문제가 대두되었음.
      · 현대에 와서는 본인이 원해서 아이를 출산하는 경향도 늘어나는 추세임.
   (3) 현황
      · 미혼모의 저연령화가 심화되고 있음.
      · 중학교 재학생, 고교 중퇴로서 학력이 낮은 현상이 보여서 성의 무지와 판단력 부족으로 보이는 현상.
      · 요즘 20대 미혼모 가운데 대학졸업자나 재학생들이 꽤 있다는 현실은 꼭 성에 대한 무지하고 판단력이 부족해서 발생한다고 속단하기에는 이름.
   (4) 연령
      · 홀트아동복지회의 미혼모상담통계자료에서는 2000년에 10대가 61.2%를 차지했으나 여성가족부 2005년 통계에서는 20대 초반 미혼모가 가장 많은 것(45.8%)으로 나타났음.

· 시설에 입소한 미혼모를 대상으로 조사된 통계여서 드러나지 않은 미혼모의 실태는 아직 파악되지 않고 있음이 문제점임.

(5) 학력(여성가족부, 2005)
· 고등 중퇴 이하가 35.3%, 고졸 47%, 대재 이상 17.7%로 조사되고 있어 미혼모의 연령이 높아짐과 함께 학력도 높아지고 있는 것으로 나타나고 있음.

(6) 임신·출산 이유
· 임신 이유
 - 원치 않는 임신(66%), 피임 실패(16.0%)가 가장 많은 경우로 나타나고 있음.
 - 아기를 갖기 위해(7.5%), 기타(5.9%), 직업상(0.8%), 성폭행(3.9%).
 - 시설에 입소한 미혼모의 대부분은 성에 대한 무지와 피임에 대한 무지로 원치 않는 임신을 한 것으로 나타나고 있음.
· 출산 이유
 - 낙태의 시기를 놓쳐서(28.8%), 낙태가 두려워(16.3), 낙태비용이 없어서(11.4%), 낙태가 죄악이라는 생각(11.4%), 낙태시 보호자의 동의가 없어서(0.4%) 등 원치 않은 출산이 약 70%로 나타나고 있음.
 - 아기를 낳기 위해서 (26.3%), 미혼부가 아기를 원해서(3.4%) 출산한 경우도 있음.

(7) 미혼부와의 관계
· 친구 소개(37%), 우연히(16.4%), 직장 동료(13.4%), 등 미혼부를 만나 이성교재 중에 자연스럽게 성관계를 갖게 되었음.
· 임신 후 미혼부와의 관계: 헤어졌다(62.1%), 가끔 왕래(10.8%)인데 비해 결혼예정(6.0%), 교제중(19.4%)로 나타나 관계가 유지되는 경우는 25.4%에 불과함.
· 미혼부들이 이성교제 시 혼전성관계에 대해서는 자유로운 사고를 갖고 있으나 예상치 못한 임신·출산에 대한 책임은 회피하고 있음을 보여주고 있음.
· 예상치 못한 임신·출산의 문제는 대부분 미혼모가 혼자서 감당하고 있음을 알 수 있음.

(8) 출산 후 양육문제(여성가족부, 2005)
· 입양(68.3%)을 원했고, 양육(31.7%)을 선택했음.
· 양육 결정 후: 경제적 지원(43.8%)이 가장 필요하다고 응답했음.
· 입양 선택한 미혼모 중 37.7%가 경제적 지원이 이루어진다면 양육할 의사가 있는 것으로 조사되고 있음.
· 양육 시 필요한 도움: 경제적 지원, 가족의 이해(24.7%), 아동무료보육(13.7%), 모자원입소(8.2%), 사회의 따뜻한 시선(6.9%), 취업 위한 기술교육(2.7)

(9) 미혼모의 어려운 점
- 대부분 어린 나이에 모든 사회적 관계가 거의 단절된 상황에서 임신과 출산을 혼자서 겪어내야 함.
- 마음의 혼란(35.6%)-경제적 문제(23.5%)-가족과의 관계(15.2%)-주위의 시선(10.9%), 미혼부와의 관계(6.1%)-학업문제(5.2%)-아이문제(3.5%) 등의 순으로 어려운 점을 토로하고 있음.
- 미혼모의 산전·산후 관리 문제, 건강 및 의료 문제, 주거 문제, 자녀 양육 문제, 취업 문제 등이 문제점을 지적되고 있음.

- 미혼모 보호시설현황

시도	시설명	시설장	시설허가일	소재지	전화번호	수용현황 정원(명)	현원
합계	8개소	7				345	252
서울	구세군여자관	전명순	66.12.1	서대문구 전연동	023635772	35	19
	애란원	한상순	83.11.22	서대문구 대신동	023934792	40	31
부산	마리아모성원	김두임	85.4.13	서구 암남동	0512537543	50	27
대구	대구혜림원	이석임	84.	수성구 범어동	0537561394	50	45
광주	인애복지원	이애신	84.9.20	남구 봉선동	0626720072	30	19
경기	에스더의 집	이광미	8512.28	평택시 소사동	0336563472	50	32
강원	마리아의 집	김여심	82.1.1	춘천시 석사동	0332624617	40	23
충북	자모원	한윤미	93.12.31	청원군 오장면	0422120437	50	20

출처: 보건복지부(여성보건복지과, 2002년 4월)

2) 혼인기피 현상(통계청, 2005)
(1) 결혼적령기에 해당하는 20대의 미혼 여성이 약 70%에 해당하며 초혼연령이 지속적으로 상승하고 있음.
(2) 혼인기피 현상으로 이후 저출산과 고령인구의 가속화 등의 또 다른 사회문제를 야기하고 있음.
(3) 초혼연령의 남성의 경우 30.6세, 여성의 경우 27.5세로 지속적을 상승하고 있음.
(4) 결혼이 늦어지는 이유는 결혼을 꼭 해야 한다고 주장하는 사람이 점점 줄어들고 있고 대개는 독신을 선택하거나 혹은 상황이 허락한다면 생각해 보고 결혼하겠다는 입장을 밝힘.
(5) 많은 젊은 남녀가 결혼에 대한 생각은 필수가 아닌 선택으로 바뀌고 있음.
(6) 대응책을 사회, 국가 차원에서 원인 분석을 하여 대책을 세워야 함.

(7) 결혼에 대한 생각

통계청 실시년도	반드시 해야 한다	하는 것이 좋다
1998년	33.6%	39.9%
2002년	25.6%	43.5%

(8) 우리나라 젊은 여성층 미혼율 추이

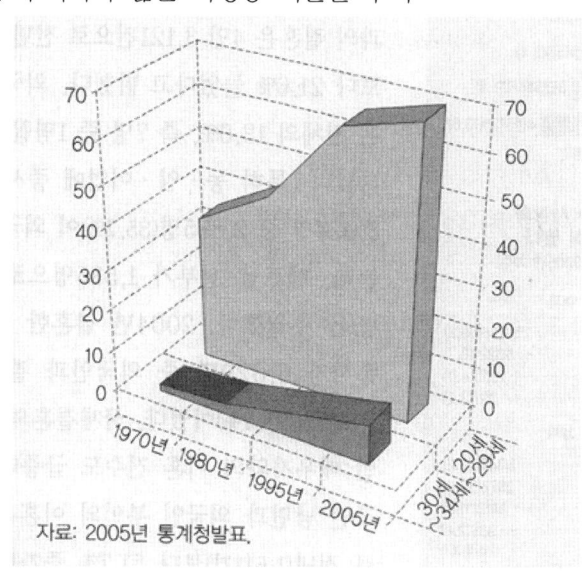

자료: 2005년 통계청발표.

3) 국제결혼
  (1) 미혼여성들의 결혼적령기에 결혼을 하지 않고 유보하고 있는 우리나라의 현 실정에서 농어촌의 젊은 청년들은 우리나라 여성과의 결혼이 더욱 힘들어짐.
  (2) 외국인 여성을 맞아 화촉을 밝히는 일이 해가 갈수록 늘어나고 있음.
  (3) 2005년 결혼한 농어촌 남성 3명 중 1명은 베트남과 중국 등 외국인 신부를 맞이한 것으로 나타났음.
  (4) 2005년 혼인·이혼통계(통계청)
     ·외국인과의 결혼은 4만3,121건으로 전년보다 21.6% 늘었음.
     ·외국인과의 결혼은 전체의 13.6%, 즉 7명 중 1명꼴.
     ·농·임·어업에 종사하는 남성은 8,027명 중 2,885명(35.7%)이 외국인과 결혼했는데, 베트남 신부가 1,535명으로 중국인(984명)을 추월했음.
     ·한국인 남편과 외국인 부인의 이혼은 2,444건으로 전년(1,611건)보다 51.7% 증가했음.

어느 나라 사람과 결혼 많이 했나 (단위: 건, %, 2005년 기준)			
한국남자와 결혼하는 여자		한국여자와 결혼하는 남자	
중국	2만635(66.2)	중국	5042(42.2)
베트남	5822(18.7)	일본	3672(30.8)
일본	1255(4.0)	미국	1413(11.8)
필리핀	997(3.2)	캐나다	285(2.4)

*( )는 총혼인건수 구성비

점점 늘어나는 외국인과의 결혼(단위: 건, %)	
2000년	1만2319(3.7)
2001년	1만5234(4.8)
2002년	1만5913(5.2)
2003년	2만5658(8.4)
2004년	3만5447(11.4)
2005년	4만3121(13.6)

*( )는 총혼인건수 구성비

(5) 외국인과의 결혼과 외국인 배우자와의 이혼은 계속 증가할 것임.
(6) 글로벌시대에 단일민족 단군의 자손을 고집하며 색다른 편견으로 바라보는 시각도 문제임.
(7) 국제결혼의 과정, 결혼 이후의 생활, 문화의 차이, 언어의 차이, 그리고 무엇보다 애정과 사랑이 그 결혼의 밑바탕이 되었나 등의 근본적 관점에 얼마나 숙고했느냐의 문제임.
(8) 커다란 문제점은 이혼출산 후 아이의 양육과정에서의 언어소통 문제, 혼혈아 등에 대한 편견 등으로 증가해 가는 국제결혼이 또 다른 사회문제를 낳고 있음.

문제) 다음 중 미혼모가 겪고 있는 가장 어려운 점은?
① 경제적 문제 ② 마음의 혼란 ③ 가족과의 관계 ④ 주위의 시선

제7장
여성의 사회적 위치

1. 시대별 여성의 사회적 위치

1.1 시대별 여성의 사회적 위치

1) 페미니즘
   (1) 우리나라에 1970년대 용어가 소개됨.
   (2) 가정에서건 사회에서건 상대적 약자 층 위치에 선 여성.
   (3) 자신의 이름은 주민등록상에만 있고 누구의 현모와 누구의 양처로서의 삶이 여성의 훌륭한 삶의 모델이었음.
   (4) 자기의 삶에서 자신은 빠지고 자식과 남편만이 내 삶의 전부인 시절이 불과 몇 년 전.
   (5) 그런 사회적 분위기와 사회적 제도가 너무나 당연한 우리 사회의 대다수 여성이 갖는 운명이었음.
   (6) '치맛바람'이란 용어도 이 사회에서 탄생했을 가능성 있음.

2) 혼음시대
   (1) 노동력이 힘이었던 시절.
   (2) 다산과 풍요가 불가분의 관계에 있던 시절.
   (3) 자녀는 그 어머니에 귀속되어 가족관계를 형성했었던 모계혈족이 왕성한 시기.
   (4) 농경사회가 시작된 신석기 훨씬 이전에 성립되었으리라는 추론.
   (5) 자녀의 수가 노동력과 경쟁력 그리고 파워의 원천.

3) 결혼제도
    (1) 고구려, 고려, 조선 초·중엽까지 남자가 여자 집으로 장가가는 풍습을 그대로 지속시켜 왔음.
    (2) 여성의 경제력과 사회적 위치를 동시에 내포하고 있음.
        · 재산분배는 남녀 균등분할이었음.
        · 조사에 대한 제사 역시 남녀를 가리지 않고 윤회봉사 또는 분할봉사의 형태를 유지했음.
        · 외손주, 손녀에게도 재산을 물려주었으며 역시 외조부의 제사도 지낼 수 있었음.

4) 조선시대
    (1) 가부장적 종속윤리의 성리학이 남성 위주로 전환시킴.
    (2) 재산상속, 봉제사 등을 남성에게 유리하게 했음.
    (3) 여성의 입지를 어렵게 만들어 놓음.
    (4) 여성의 가정경제의 중요한 기둥인 직조마저 조선말 서구에서 유입된 값싼 대량 공장제품과는 가격 경쟁력에 밀려 가정경제권마저도 지탱할 수 없는 지경에 이르렀음.

5) 동학농민혁명(1894) : 혁명군이 주장했던 12개의 <조문>
    (1) 반상 차별을 폐지할 것.
    (2) 노예를 해방할 것.
    (3) 과부의 재가를 허할 것.

6) 조선시대 여성의 위치
    (1) 부부유별과 삼종지도(유교의 통치이념)
        · 부부유별: '남자는 하늘', '여자는 땅'으로 남자는 우주만물을 형성하는 근원이며, 여자는 그에 종속된다는 논리를 풍미하게 만들었음.
        · 삼종지도: 여자의 지위를 남자의 종속적인 위치에 놓이게 하는 가장 대표적인 유교의 부녀관, 시집가기 전에는 아버지를 따르고, 시집가서는 남편을 따르고, 남편이 죽은 뒤에는 아들을 따라야 한다.
    (2) 열녀
        · 남편을 잘 섬기는 것으로 여자에게만 아름다운 모습으로 이상화하여 일부종사라는 여인의 덕목으로 삼아왔음.

(3) 종가집, 종부
- 종법제에 의해 종가집은 가부장적인 가족구성의 주도권을 갖고 있었고 재산과 제사의 상속이 종가집을 중심으로 이어졌음.
- 각 종가들은 다양한 제례의식은 물론 내림음식, 전통복식, 지역과 내력에 따라 다양한 모습을 보이고 있는 독특한 문화상을 드러내고 있음.
- 종부: 한 집안의 며느리가 아니라 그 씨족집단 전체의 며느리이기에 교육, 풍모, 가문 등 모든 면에서 현부인이어야 했음.
- 종갓집이라는 이름 뒤에는 종부의 보이지 않는 피와 땀 그리고 눈물이 서려 있음.

(4) 다모: 여형사
- 여성에게 수사권이라는 직업적인 책임을 부여했음.
- 규방사건의 수사, 염탐과 탐문을 통한 정보수집, 여성피의자 수색 등 잡다한 수사권한을 가졌음.
- 역모사건 해결에 일조를 하는 등 비밀여자경찰 같은 역할을 하기도 함.

(5) 의녀
- 조선 중종(1506~1544) 때 대장금이라는 엄청난 칭호까지 받은 장금이 있었음.
- 남존여비의 봉건적 체제하에서 무서운 집념과 의지로 궁중최고의 요리사가 됨.
- 우여곡절 끝에 조선 최고의 의녀가 되었던 역사상 실존 인물임.

7) 일본강점기
(1) 호적법을 민적법으로 바꾸며 남자만이 호주가 될 수 있도록 고침.
(2) 장자상속원칙으로 입법화시킴.
(3) 여성의 입지는 더욱 좁혀지고 성리학에서 주장하는 천존지비(天尊地卑)의 형태로 전락했음.

8) 광복이후
(1) 여러 차례의 정권교체에도 호주제는 '한국의 전통'이라는 잘못된 인식으로 여전히 지켜옴.
(2) 이혼, 혼인기피, 저출산 등 많은 사회적 부작용이 속출하여 여성단체의 끊임없는 문제 제기와 노력으로 2005년 국회에서 폐지 법안이 통과되어 입법화 과정에 이르렀음.

9) 주요한 국가정책
    (1) 호주제도폐지 법안 통과(2005)
    (2) 성매매특별법 제정(2004)
    (3) 모성보호법 강화(2001)
    (4) 군 가산점제 폐지(1999)
    (5) 아들 딸 재산균분상속과 처는 자식의 1.5배 상속(1994)

10) 현대의 주요한 법들
    (1) 여성에게 불합리한 사회제도를 합리적으로 수정한 제도.
    (2) 남성 위주의 편향된 사회가 양성평등 방향으로 이행되어 가는 과도기.
    (3) 현모와 양처라는 이름 아래 '여성비하' 의식이 그 저변에 항상 놓여 있었음.

11) 여성의 자아 찾기
    (1) 현대는 나와 현모와 양처를 모두 아우르는 여성이 힘이 있는 여성, 능력있는 여성으로 인정되는 풍토로 조성되어 가고 있음.

12) 법이 제정되고 그 법이 사회에 정착되어 그 사회가 공유하는 하나의 문화로 자리매김하기까지 많은 시간이 걸림.

13) 현대사회는 구성원의 학력과 지식이 높고 미디어의 확산 등으로 아주 빠르게 문화가 번지고 있으며 머뭇거림 없이 실현되어 가고 있음.

14) 어떤 사회제도의 모습과 그에 따른 문화적 공감대의 형성은 여러 요인이 있으나 그 중 사회가 갖는 의식의 수준이 중요한 변수임.

15) 의식의 수준은 그 사회가 갖는 제도, 법에 의해 가장 큰 영향을 받으며 그 제도와 법은 사회적 정의감 못지않게 경제적 손익과도 뗄레야 뗄 수 없는 관계임.

〈문제〉 다음 중 동학농민혁명 시 혁명군이 주장했던 내용이 아닌 것은?
① 반상 차별을 폐지할 것   ② 노예를 해방할 것
③ 여성을 직조에서 해방할 것   ④ 과부의 재가를 허할 것

2. 경제참여로 본 여성의 위치

2.1 경제참여로 본 여성의 위치

1) 전통사회 여성의 경제활동
    (1) 음식 만들고 옷 만들고 빨래하는 등 가사 준비에 바빴음.
    (2) 사이 사이 밭 매고 채소 등을 수확하여 가정을 꾸렸음.
    (3) 가계운영이나 세금납부를 위해 직조를 했고 직접 재배한 채소 등을 시장에 직접 내다 팔거나 하여 가정경제를 이끌어 나갔음.
    (4) 식사 준비와 바느질, 의복 손질, 직조, 농사와 밭일, 시장에 내다 사고 팔기 등으로 가정 경제 활동을 직접 수행하는 데 정신적·육체적 노동을 제공하였음.
    (5) 신분사회로 여유 있는 상층사회에서는 노비가 대부분 노동을 수행했음.
    (6) 경제가 어려운 양반, 평민 여성은 대부분 방아 찧고, 청소하고, 물 긷고, 음식 장만, 의복 손질, 바느질, 농사일, 밭일 그리고 직조를 직접 수행하였음.
    (7) 시대에 따라 베 한 필이면 군역면제나 세금대신 낼 수 있는 큰 자원이었음.
    (8) 경제적 부를 증진시켜 가계를 일으키는데 굉장한 몫을 했음.

2) 삼국시대
    (1) 여성들은 아주 오랜 옛적부터 여성을 신성시하는 풍습이 남아 있었음.
    (2) 여성이 가정이나 국가의 경제에 무시 못 할 위치였을 수도 있음.
    (3) 방아 찧어 밥 짓고 빨래하고 바느질하며 시장에 나가 사고파는 일을 하고 농사짓는 일을 하며 살아갔음.
    (4) 남성과 더불어 생산 활동에 종사하였음.
    (5) 노비가 없는 대부분의 일반 가정에서는 부인이 직접 직조를 하였음.
    (6) 직조물은 조세로 납부되어 국가의 중요한 재원으로 이용되었음.
        - 국가는 직물을 과, 고, 독자, 수병들에게 사여하였음.
        - 중국에 조공하거나 교역하는데 사용하였음.
    (7) 직조기술을 가진 여성
        - 궁중에서 장인으로 일하였음.
        - 국가 간 문화교류에도 이용되었음.

3) 고려시대
   (1) 물을 긷고 밥을 짓고 아이를 양육하는 일, 의복을 빨고 표백하고 삶고 바느질하는 일 역시 부녀자의 일이어서 밤과 낮으로 열심히 일했음-『고려도경』.
   (2) 생산물은 시장에 나가 사고팔고 하며 자가 생산물을 비지급품으로 물물거래와 교환하며 판매하였음.
   (3) 남성과 더불어 농사를 지었으며, 직조 역시 여성의 중요한 경제기반이었음.
   (4) 길쌈은 일반계층의 여성 뿐 아니라 사가의 부인들도 하였음-이승인의 『도은집』, 금자광록대부참지정사상장군김공부인인씨의 묘비.
   (5) 여자는 밤낮으로 여공에 힘써 딸과 손자들을 먹이고 입혀 손님 접대, 혼인, 장례, 제사 비용을 마련하였다고 했음-정몽주 포은 선생집, 이곡의 가정집.
   (6) 직조물은 화폐로 통용되었고 국제교역에서도 대송 수출품으로 중요한 비중을 차지하였음.
   (7) 여성의 노동력(농사일과 직조)이 가정을 이끌어가는 큰 재원이었음.

4) 조선시대
   (1) 조선 초기
      - 여성의 노동이나 경제력이 농경사회의 생활과 크게 차이가 없었음.
      - 여성은 방아 찧고 물 긷고 밥 짓는 등 가사 일을 하며 자녀양육과 농사일 그리고 직조생산에 허리가 휘도록 일을 했음.
   (2) 조선 중기 이후
      - 17세기 서구가 산업사회로 발전하며 우리나라도 그 영향을 받았음.
   (3) 조선 말기
      - 수공업제품이 아닌 값싼 공장제 면직물이 대량으로 수입되면서 집단에서 직접 생산해 낸 여성들의 직조물은 상품으로서의 가치를 대항해 낼 수 없었음.
      - 값싼 공장제의 대량수입품과 가내수공업의 소량물품은 가격경쟁력에서 밀릴 수밖에 없었음.
      - 1873년 부산에 수입된 영국산 옥양목: 가볍고 얇은 수입제품.
      - 1890년 재래 면포와 비슷한 백목면을 개발한 일본산 제품 국내유입.

5) 일제강점기 이후
   (1) 일제는 우리나라 여성의 노동력을 최대한 이용하여 농업수탈정책을 가속화시켰음.

(2) 농촌의 섬유관련공업은 파괴되어 갔고 농촌은 일본 방적업의 원료인 면화를 재배하고 누에를 치는 양잠지역으로 전환되어 갔음.
   (3) 1919-1929년 사이에 일제는 면화증산계획, 누에고치증산계획을 농업수탈정책의 근간으로 삼았음.
   (4) 여성의 가내 생산 영역은 면직과 양잠만이 남게 되었고 직포와 방적사 생산은 축소되었음(김성희, 2000).

6) 조선말, 근대
   (1) 여성의 직조 생산은 현격히 줄어들 수밖에 없었으나 여성의 경제활동인구는 감소하지는 않았음.
   (2) 가사일과 면화 재배와 누에치는 양잠, 가축을 기르는 목축업 등에 종사하여 가정경제에 큰 역할을 맡고 있었음은 여전했으나 여성의 노동은 전통사회에서와는 달리 부수적인 것으로 인식되었음.
   (3) 여성의 노동인구는 남성과 거의 비슷했음.
   (4) 농림·목축 종사인구 중 여성 인구

연도	1917	1925	1935	1942
여성인구	43.8%	43.7%	42.4%	45.3%

2.2 현대 여성의 경제활동

1) 여성의 경제활동
   (1) 경제구조의 산업화와 노동시장의 변화 그리고 자본 경제가 중시되고, 일하는 여성에 대한 사회적 인식이 새로운 점으로써 여성 경제활동인구는 점점 늘어나고 있는 추세임.
   (2) 여성 경제활동 참가율: 1963년대 37.0%에서 꾸준히 증가해 2005년 50%로 나타났음.
   (3) 경제활동인구 중 여성의 비율: 1963년 34.4%에서 2005년 41.5%의 증가율을 나타냄.
   (4) 여성의 비율이 점점 향상되어 남녀의 경제활동 비율이 향후 거의 비슷한 수준에 도달하고 있음을 보여주고 있음.

2) 여성경제활동인구(1960-2005)

	1963년	1970년	1980년	1990년	2000년	2003년	2005년
여성경제활동인구	2,835	3,615	5,412	7,509	9,150	9,418	9,860
여성 경제활동 참가율	37.0	39.3	42.8	47.0	48.9	49.0	50.1
경제활동 인구중 여성의 구성비	34.4	35.9	37.5	40.4	41.3	41.0	41.5

3) 전국 사업체 기초 통계조사

구분	1999년	2001년	2003년
전체사업자	2927330개	3046554개	3187916개
여성사업자	981720개	1066019개	1146440개
전체사업자 대비 여성 사업자 비율	33.5%	35%	36%

(1) 취업자의 산업적 분포는 농업, 어업, 공업, 음식숙박업, 전산업, 교육서비스업, 사회간접자본 및 기타 서비스업 등 23개 산업 영역 중 여성 근로자의 분포가 양적으로 높은 산업은 사회간접자본 및 기타 서비스업임.

(2) 남성에 대해 비율의 분포가 높으며 규모가 큰 산업은 도소매음식 숙박업, 공공서비스, 소비자 물품수리업, 교육서비스업 등의 순으로 분포를 나타내고 있음.

(3) 여성 경제활동 인구의 증가
  · 자본주의 경제인식 상향의식과 사회경제활동의 긍정적 분위기
  · 소비수준 향상 및 출산율 저하로 육아부담에 대한 부담이 적어졌음.
  · 가전기구의 편리함으로 가사노동 단축 등.

(4) 우리나라의 여성 경제인구의 꾸준한 증가와 함께 여성 사업체 역시 꾸준히 증가하고 있음.

(5) OECD 국가 중 국가경쟁력이 상위에 속하는 미국, 핀란드, 덴마크, 캐나다, 아이슬란드 등 10위권 국가보다 여성기업의 비중이 낮음(한국여성개발원, 금융지원정책토론회, 2006년12월7일).

(6) 업종별로는 여성 사업체 업종별 비중은 음식·숙박업, 도소매업, 기타 서비스업 등이 큰 비중을 차지하고 있는 것으로 나타났음.

4) 여성 기업인
  (1) 여성 기업인의 창업 평균 연령: 39.96세로 30대와 40대에 창업을 하고 있는 것으로 나타났음.

(2) 여성 기업인의 재무 상태: 안정적이고 양호한 편으로 응답했음.
(3) 경영인에 있어서는 여성식 경영으로 인력관리, 열린 조직과 수평적 관리, 여성인력을 많이 채용함.
(4) 여성 기업인의 어려운 점
   · CEO 사장기업이 전무한 상태이며 대부분 규모가 영세하고 업종이 제한적임.
   · 자료조달에 대한 어려움과 판매의 범위가 대부분 국내로 한정되어 있어 판로의 어려움과 가사와의 병행, 자녀교육, 거래처 접대의 어려움 등을 호소하고 있음.
(5) 해결방안
   · 장기적 전망을 갖고 체계적 창업마인드를 심어 주는 기업가 정신 함양 프로그램 개발 및 확산이 요구됨.
   · 여성 기업인끼리의 네트워크를 구축하여 리더십을 배양하고 활용하여 전략적으로 관리할 필요가 있음.

〈문제〉 다음 중 여성 경제활동 인구의 증가 원인이 아닌 것은?
① 자본주의 경제인식 상향의식과 사회경제활동의 긍정적 분위기
② 소비수준 향상 및 출산율 저하로 육아부담에 대한 부담이 적어졌음
③ 가전기구의 편리함으로 인한 가사노동 단축
④ 시부모님의 지지와 남편의 가사노동 분담

3. 정치참여로 본 여성의 위치

3.1 정치참여로 본 여성의 위치

1) 삼국시대의 여성 정치참여
   (1) 한국의 전통사회에서 여성의 정치적 참여는 신라시대를 제외하고는 대체로 없음.
   (2) 고구려와 백제 그리고 신라 모두 남성 중심의 부계사회가 이미 형성되었기 때문.

(3) 건국 초기인 기록상 기원전 37년경 고구려와 백제를 세운 숨은 공로자가 있음-소서노.
- <삼국사기>의 동명왕조: 주몽이 졸본부여의 왕의 딸과 결혼하여 왕위를 이었으나 소서노의 아들 비류와 온조가 고구려의 대를 잇지 못하자 남으로 내려와 하남 위례성을 쌓고 새 나라를 건국했는데 이때 백제의 기틀을 잡았음.
- <삼국사기>의 온조왕조: 온조왕 13년(BC) 왕모가 61세에 세상을 떠났음. 사당을 세워 국가의 안녕과 평안을 기원했음. 백제에서 소서노는 신앙의 차원으로 승화한 것임.

(4) 가야제국의 허황후(아유타국의 공주):
- ㅋ『상국유사』가락국기: 서기 48년 가야에 온 그 후 허황후 세력이 왕비족을 계속 독점하여 가야왕실은 허황후 세력이 장악하였음.

(5) 신라(골품제도): 선덕여왕과 진덕여왕(성골), 진성여왕(진골)
- 즉위조건.
    - 국민여론의 대변자이며 정치적 영향력이 있는 국인들에게 인정을 받아 선덕을 추대했음.
    - 선덕은 신성이 있었음.
    - 여성 왕의 즉위에 대한 대내외의 공감대 등
- 일본과 신라는 혼돈의 시대부터 내려온 습속인 여성을 신으로 계속 모셨고 사람들 역시 여왕을 신으로 받들었음.

(6) 신라의 '지귀설화', 선덕여왕의 이야기, 지기삼사의 설화(선덕여왕의 신성성을 말해 줌).

2) 고려·조선시대의 여성 정치참여
  (1) 조선시대 여성의 지위
   - 성리학이 정착되고 실천하는 과정에서 많이 변모되었음.
   - 조선초기: 모계 중심·외가중심의 유습이 강해 여성도 당당한 위치였음.
   - 가부장적 성리학의 끊임없는 시도로 17세기 이후 종법제가 정착되고 문중이 강화되어 적장자 우대의 부계 중심으로 변모되어 갔음.
   - 여성의 정치참여는 거의 전무했음.
     - 세조의 비 정희왕후 윤씨는 세조 승하 후 19세 예종이 즉위하자 수렴청정하였음.

- 명종의 어머니 문정왕후와 선조 즉위 후 명종의 비 인순황후, 정조가 죽고 순조가 11세로 즉위하자 영조의 비 정순왕후 김씨 등 여러 차례의 수렴청정이 있었음.
- 공식적 정치참여는 아니나 왕실의 최종권자의 권한 행사라 할 수 있음.

3) 현대의 여성 정치참여
   (1) 2004년 17대 총선에서 여성 국회의원 수가 40명으로 늘어나면서 여성 국회의원의 비율이 13.3로 14대(1992년)에 비해 12 증가(여성 국회의원 비율로는 10배 증가) 했음.
   (2) 한국의 여성정치: 비정부조직인 민간여성단체에 의해 시작되고 발전하였음.
   (3) 정치적 정당성이 없는 정치권력의 비판에서 출발한 여성정치는 1980년대부터 여성을 대변하고 여성문제를 쟁점화하고 여론화하여 여성정책형성을 위해 끊임없이 노력해 왔음.
   (4) 국회의원

연도	구분	전체	지역구	전국구
1992(14대)	국회의원	299	237	2
	여성	4	0	4
	여성비율	1.3	0	6.5
1996(15대)	국회의원	299	253	46
	여성	9	2	7
	여성비율	3.0	0.8	11.3
2000(16대)	국회의원	273	227	46
	여성	16	5	11
	여성비율	5.9	2.2	24
2004(17대)	국회의원	299	243	56
	여성	40	10	30
	여성비율	13.3	4.1	53.5

자료: 여성백서(2004) 여성가족부

   (5) 한국 여성정책의 발전속도는 빠름.
   (6) 정치적·사회적 성격으로 인정하면 정책쟁점화를 시켜 제안하고 입법화시키는데 여성 정치인의 활약이 컸으나 아직도 여성 정치인의 힘이 역부족한 상황임.
   (7) 여성의 정치참여를 활성화시키는 것이 양성평등으로 나아가는 우선과제임.

4) 여성이 정치해야 나라가 사는 이유(2017.9.5)
   (1) 원주시 최초의 여성의원 용정순
   (2) 의회 회관에 여자 화장실도 없었다(2006).
   (3) 여성대회도 온통 다 남자(시장, 시의회 의장, 국회의원, 시의원)였다.
      · 초청강연제목: 남편의 성공, 여성의 행복
      · 22명 지방의원 전체 남자, 평균연령 65세 이상
   (4) 여성 정책도 하나도 없었다.
      · 2002년 지방선거 전 지역의 시민사회 단체들과 함께 후보자들을 불러 지역의 정책현안에 대한 입장도 듣고 후보의 자질도 검증하는 자리를 가짐.
      · 학교급식의 식중독문제에 대한 대안: 어머니들이 손수 음식을 만들어 자녀에게 전해줄 수 있도록 제도적 방안을 마련해야 한다고 생각하며 제도적 방안을 마련해야 한다고 제안.
      · 여성 일자리 창출에 대한 대안: 개인적으로 열심히 노력해야 함.
   (5) 우리의 생활은 정치와 연결돼있다.
      · 많은 일들이 시에서 의회에서 결정되고 있음.
      · 내 문제의 해결이 곧 우리 여성들의 문제의 해결이고 우리 여성들의 문제해결이 곧 우리 지역사회 문제해결이라는 것을 알게 되었음.
      · 우리에겐 더 많은 여성 정치인이 필요하다.

〈문제〉 건국 초기인 기록상 기원전 37년경 고구려와 백제를 세운 숨은 공로자는?

제8장
제도교육 내에서의 성차별

1. 교육의 기능, 교육목표 및 교과서에 나타나는 성차별

1.1 교육의 기능

1) 인간은 사회적 동물이자 교육적 동물임

2) 교육
   (1) 개인이 속해 있는 사회의 구성원으로서 살아갈 수 있도록 그 사회의 가치규범, 행동양식 등과 같은 가치 있는 문화내용을 학습하고 내면화하는 일종의 사회화(socialization)과정.

3) 교육의 기능
   (1) 교육의 순기능에 초점을 둔 관점
      · 교육의 긍정적 기여와 교육을 통한 사회의 질서유지를 강조함.
      · 교육의 목적은 사회화를 통한 사회의 안정과 통합 증진에 있음.
      · 교육의 기회는 평등함.
      · 사회는 개인의 능력에 따라 차등 보상하며 유능한 인재를 선발하여 적재적소에 배치하는 합리적인 제도라고 봄.
   (2) 역기능에 초점을 둔 관점
      · 교육의 부정적 기여를 강조함.

- 교육이 오히려 사회의 불평등한 구조를 존속·심화시키고 지배계급을 정당화하고 보호하는 역할을 하고 있다는 것.
- 학교는 체제순응적인 인간양성기관으로서 지배층이 다스리기 편하게 국민을 순화하고 교화시키는 역할을 하고 있음.
- 교육은 불평등의 재생산 과정으로 교육이 빈부의 재생산, 신분의 재생산, 문화의 재생산, 경제의 재생산 역할을 한다고 주장함.
- 교육이 자본주의 체제의 영속화와 재생산에 기여하며 현존하는 사회·경제적 질서를 유지하고 강화하는 역할을 함으로써 불평등한 구조를 지속시키는 핵심적인 역할을 한다고 보았음.

4) 성차별
 (1) 교육의 재생산 기능 측면에서 볼 때 제도교육 내의 여성에 대한 성차별 문화 역시 교육을 통해 계속해서 재생산되고 있음.
 (2) 태어날 때 가지고 태어나는 생물학적 성(sex)과 후천적으로 사회문화적 환경 요인에 의해 획득되는 남성적, 여성적이라는 개념인 사회적 성(gender)을 기반으로 합리적인 이유 없이 여성을 차별하는 태도나 신념, 정책, 법, 행동 등을 일컬음.
 (3) 법이나 전통적인 사회적 관습, 즉 남녀 간의 불평등한 구조나 제도를 정당화하고 지지하는 이데올로기에 의해 강화되며, 주로 여성이기 때문에 겪는 일종의 억압 형태라고 할 수 있음.
 (4) 남녀간의 차별적인 사회화 과정으로 이어짐.
   - 태어나는 순간부터 여성은 여성으로, 남성은 남성으로 철저하게 길들여지는 데 이러한 성차별적인 사회화가 남성과 여성의 거의 모든 행동과 활동을 조정하는 동시에 방향을 제시해 주는 기능을 함.
   - 우리나라는 전통적으로 가부장제도와 유교이념으로 인해 여성은 형식적 교육으로부터 소외되어 왔음.
   - 근대에 이르러 비로소 형식적 여성교육이 공론화되기 시작했고 이후 지금까지 여성교육의 양적 성장은 괄목할 만함.
   - 전통적 성차별적 관념은 사회에서 뿐만 아니라 학교에서도 팽배하여 성차별적 교육이 이루어져 왔음.
   - 광복과 함께 남녀평등교육을 부르짖으면서도 남녀유별 교육, 현모양처주의, 남녀 이분법적 교육은 한동안 지속되었음.

(5) 우리 사회의 오랜 가부장적 사회구조 속에서 형성되어 온 성차별은 성별 이중적 기준을 낳게 하였고 이로 인해 성차별적 이중 기준을 당연시하는 까닭에 우리의 교육현장에서도 아무런 비판 없이 이를 그대로 적용하고 있음.

5) 학교
   (1) 가정과 더불어 아동과 청소년의 사회화를 담당하는 중요한 기관임.
   (2) 표면적으로 볼 때 우리나라의 남녀평등교육은 성공적으로 보임.
   (3) 전통적인 성역할 고정관념과 성 고정관념에서 벗어나지 못한 성차별적인 교육이 여전히 시행되고 있음을 결코 부인할 수 없는 현실임.
   (4) 교육목표나 학교 또는 교실에서 교육이 진행되는 방식, 교과내용, 교사와 학생 간의 상호작용, 교육환경 등을 통해 직간접적으로 성차별이 강화되고 있는 실정임.

6) 학교생활에서의 성차별에 대한 인식조사(통계청, 2003)
   (1) 여성: 많이 있다(4.0%), 약간 있다(28.9%)
   (2) 남성: 많이 있다(3.5%), 약간 있다(26.0%)
   (3) 여성과 남성의 30% 정도가 학교 내에 성차별이 존재한다고 하였음.
   (4) 여성이 남성에 비해 성차별을 더 많이 느끼고 있는 것으로 나타났음.

7) 성차별은 모든 교육활동을 통해 나타남.
   (1) 남학생은 창의적이고, 지적이며, 적극적이고, 사회적인 내용을 주로 습득함.
   (2) 여학생은 감성적, 보조적, 소극적, 부차적, 가정적인 내용들을 배움.
   (3) 남성과 여성의 활동범위가 사회와 가정으로, 역할은 사회노동과 가사노동으로, 인식면에 있어서는 지성과 감성 등으로 이분화된, 여성과 남성 모두 부조화된 인간으로 성장하게 됨.
   (4) 부조화는 여성의 남성에의 의존, 종속적인 성향을 내면화시킨다는 큰 문제점을 안고 있음(전국교사협의회, 1989).

8) 여성교육의 필요성
   (1) 교육은 존엄성을 가진 인간으로서 개인의 자아실현과 사회적 인간으로서의 사회적 참여와 기여, 역사 발전의 주체로서 적극적으로 참여하는 인간을 길어내는 것이어야 함.

(2) 최근 여성 삶의 구조적 변화와 여성 의식의 변화, 여성 인력에 대한 사회적 요구 등
(3) 적극적이고 남녀평등한 교육적 접근이 요구됨.
(4) 1980년대: 여성이 남성에 비해 교육적·사회적 측면에서 상대적으로 불리한 입장에 있음을 인정하고 이러한 성차별에 대한 인식과 남녀평등의 새로운 사회질서를 구축하는데 초점을 둔 여성 의식교육이 이루어졌음.
(5) 1990년대: 여성의 정치참여 확대와 리더십 함양을 위한 교육들이 이루어졌음.

9) 양성평등적 교육
    (1) 최근 교육현장에서 시도되고 있음.
    (2) 과거에 비해 법적·제도적 보완과 교육적 지원으로 시정되고 있음.
    (3) 학교교육에서의 성평등은 아직 초보 수준에 머물고 있음.
    (4) 성차별적 교과내용, 교사들의 성차별적 가치관과 인식, 전통적인 성별 분업적 성역할 고정관념.
    (5) 가정에서 일차적으로 형성된 성 고정관념에 근거한 고정관념적 성역할 사회화가 학교에서도 계속 반복·강화되고 있음.
    (6) 학교에서 학생들은 직간접적으로 남녀 불평등을 경험하게 되고 이는 성역할 사회화에 영향을 끼침.
        · 성차별적 교육내용이나 교사들의 성차별적 태도, 남성 중심적 교육환경 등
        · 교과서와 교사를 통해 성역할 고정관념과 편견이 반복·강화되고 생활지도, 진로지도, 교훈 및 급훈에 성차별적 내용이 자연스럽게 들어가 있음.
        · 남녀는 다르게 교육받아야 하고 남녀의 역할은 다르다고 봄.
        · 남학생과 여학생에 대한 요구와 기대 및 평가기준의 차이, 전형적인 성별 분업적 직업 제시, 남녀 상이한 교훈 및 급훈, 교과내용의 성차별적 요소 등의 반복제시로 성차별적 시각을 강화시키고 있음.
        · 남학생의 역할과 남성성, 여학생의 역할과 여성성을 규정하는 이분법적 속성이 교육에 그대로 적용됨.
        · 학교에서 전통적인 남녀의 성역할이 의식적·무의식적으로 강조되고 여학생들 스스로 여성임을 자각하고 이러한 사회적 관습과 인식에 맞추어 나가도록 성역할 사회화가 되어가고 있음.

1.2 교육목표 및 교과서 상 성차별

1) 교훈
   (1) 성역할 고정관념이 강하게 드러남.
       · 남자 중·고등학교: 이상, 창조, 신념, 용감함, 의지 등 주로 높은 뜻을 품고 실력을 높이자는 분위기임.
       · 여자 중·고등학교: 희생, 정숙, 인내, 사랑, 착한 사람이 되자거나 다정하고 부지런하자는 것이었음.
   (2) 학생들을 교육하는 근본 지침으로서 교장의 훈시나 교사의 가르침 속에 나타남.
       · 남학생: 진취적이고 건설적인 인간상이 격려됨.
       · 여학생: 전통적인 여성상이 제시되고 있음.
   (3) 전국979개 여중·여고의 교훈조사(교육부, 2000)
       · 전체의 33.1%(324개교): '밝은 마음, 착한 행실, 고운 몸매', '경건한 여성이 도자, 부덕을 높이자', '여성의 참모습을 갖자, 착한 마음씨, 알뜰한 솜씨, 아름다운 맵씨', '순결한 마음을 갖자'
   (4) 16개 시도교육청을 통해 해당 학교에 교육은 시정할 것을 강력히 요청하였음(김원홍 외, 2005).
   (5) 2002년 여중·여고의 순결, 부덕 등과 같은 성차별적 교훈의 금지가 고시되었음(여성신문, 2002. 7. 7)

2) 교육목표
   (1) 학교에서조차도 우리 사회 전반에 깔려 있는 성차별적 태도와 인식에 대한 문제의식이나 이를 깨뜨리려는 노력은 부진한 듯함.
   (2) 오늘날 학교 교육을 받을 기회와 같은 가시적인 측면에서는 남녀 성차별이 거의 제거된 것처럼 보이지만, 남녀에 대한 교육의 목적이나 기대 등에 있어서는 여전히 성불평등이 건재함.
   (3) 문서상의 교육이념이나 목적은 남녀에게 동일하게 제시되어 있지만 교육의 실제에 있어서는 성차별적으로 해석되는 경향이 있음(조경원, 1999).

3) 교과서의 내용
   (1) 학생들의 가치관 형성, 성역할 인식, 세상에 대한 관점 등을 습득하는 데 영향을 줌.

(2) 학생들은 교과서에 묘사되어 있는 성역할이나 인식을 통해 성 및 성역할 고정관념을 형성할 수 있음.

4) 제7차 교육과정
   (1) 성 중립적 내용을 강화하려는 시도가 있었음.
   (2) 가정과 기술을 분리하여 가정은 여학생, 기술은 남학생이 이수하도록 했던 것을 통합하여 남녀 학생 모두가 이수하도록 하여 성역할 고정관념을 극복하고자 하였음.
   (2) 교육내용이나 삽화에 성역할 고정관념은 여전히 존재하고 있음.
   (3) 교육의 과정이나 교육내용 그리고 교실에서 이루어지는 교육활동이 전통적인 성편견, 성역할 관례와 가부장적 가치와 태도를 반영하고 있다고 강조하였음(조경원, 1999).

5) 우리나라 교과서에 실린 여성
   (1) 전통적인 성역할, 즉 주로 주부에 자신의 삶을 한정시키고 제한된 선택의 범위 속에 머물러 있는 경우가 많음.
   (2) 여성의 능력과 가능성은 제한되고 일부 제한적이고 보조적인 역할의 고정화된 이미지를 주로 형성하게 됨.
   (3) 중요한 핵심적인 역할과 바깥일, 상위직은 남성이, 부수적·보조적인 역할, 집안일, 하위직은 주로 여성이 맡고 있는 경우가 많음.

6) 여성개발원의 초·중등 교육과정(7차) 중 3과목 성형평성 분석결과
   (1) 도덕과: 사랑과 희생, 봉사 등의 관념은 주로 여성의 몫으로 그려졌으며 직업활동을 하는 사람의 대부분은 남성으로 기술되었고 여성이 직업을 갖는 이유는 경제적 여유가 없기 때문으로 묘사되었음.
   (2) 사회과 초등과정: 역사 속에서 유관순이나 명성왕후 외에는 여성 인물이 거의 등장하기 않았음. 경제활동에서 여성은 소비자로, 남성은 생산자로 이분화되어 있으며 가족해체나 이혼율 증가 등 사회문제의 주요 원인이 여성의 사회진출이라는 논리가 반복적으로 기술되어 있었음.
   (3) 실과: 여성이 가사노동의 전담자로 그려졌으며 남성의 직업으로는 낙농업자로부터 광고기획자, 선물거래사 등 현대의 다양한 직업이 망라된 반면 여성의 직업은 보육교사, 영양사 등 전통적인 것에 한정되었음.

7) 전국교직원노동조합 성평등교육분과장(이덕주)의 '당대비평 가을호'
   (1) "교과서 등장인물 중 여성은 주로 집에 있는 역할로 나오는데 반해 남성은 의사, 판사, 경찰관, 농부, 건설기술자 등 다양한 직업인으로 그려져 잘못된 성역할을 심어 주고 있다"고 비판했음.
   (2) 사회 6학년 2학기 교과서 24-30쪽: 건설기술자, 공장 직원은 모두 남성으로 그려져 있으며 교과서 등장인물의 숫자도 단연 남성이 많음.
   (3) 국어 6학년 2학기 교과서: 어머니는 으레 앞치마를 두르고 가족을 위해 식사를 준비하거나 유모차를 끌고 가는 모습인데 비해 아버지는 바깥에서 일을 하는 것으로 묘사되어 있음.

8) 초등 1-4학년 교과서: 양성평등 개념이 부족하다고 전문가들은 지적함.
   (1) 도덕 교과서의 위인은 안창호, 안중근 등 대다수가 남성임.
   (2) '꽃씨와 소년'(국어2-2), '흥부와 놀부'(즐거운 생활2-2) 등 이야기 소재가 거의 과거여서 주인공은 임금, 선비 등 남성임.
   (3) 남학생과 여학생이 동시에 나오는 장면은 대부분 남학생이 먼저 나옴(한국일보, 2006. 9.17)

9) 2006년 사회 교과서에서의 고정된 남녀 역할(국민일보, 2006. 9. 17)
   (1) 초등학교 6학년 사회교과서: '아버지는 열심히 일해 돈을 벌어 가정을 이끌고…, 어머니는 가족이 마음 놓고 맡은 일을 할 수 있도록 한다'고 설명하고 있음.
   (2) 중학교 2학년 사회교과서: '00씨는 초등학생 아들을 둔 어머니이자 직장인…, 집안일에는 신경 쓰지 않아 집안 살림은 엉망이 되곤 한다'와 같이 여성의 사회활동을 부정적으로 기술하고 있음.

10) 한국교원대학교 교사연수과정: 양성평등적 관점에서 교과서 분석 결과
    (1) 실과 및 기술가정 교과서 속 사진과 삽화: 초등학교에서는 남녀의 비율이 거의 1대1을 유지한 반면 중학교 기술 분야는 11대 21로 남성의 비율이 2배 정도 높게 나타남.
    (2) 기술분야: 등장하는 인물의 직업을 보면 여성은 전체 426명 중 주부 245명, 직업인 181명인데 비해 남성은 421명이 직업에 종사하는 것으로 그려졌음.

- 남성: 전문직, 기술직, 단순노무직 등 전 영역에 종사하고 있음.
- 여성: 가정과 예술 분야로 표현되어 성별 직종분화 현상이 여전했음.
(3) 전체적으로 가족생활 내에서의 성역할, 여성이 보조적인 인물로 묘사되는 부분, 아동이 희망하는 직업에서 보여지는 성 정형성 등에서 개선이 필요한 것으로 나타났음.
(4) 남녀 모두에게 친화적인 내용으로 개선할 것과 남성의 가사노동 분담과 육아 자녀교육참여를 유도하는 교육내용, 올바른 성역할을 습득할 수 있는 내용으로의 수정이 요구된다고 제안하였음(여성신문 902호, 2006. 11. 4)

11) 초등 국어 교과서 중 읽기 교과서와 중고등학교의 소설과 희곡 분석결과
 (1) 남성 저자 42.4%, 여성저자 12.7%로 3배 이상 많은 것으로 나타났음.
 (2) 주인공: 남성 77%, 여성 23%로 남성에 치우쳤음.
 (3) 직업: 남성은 33가지의 다양한 직업을 가진 반면, 여성은 주부, 학생, 교사가 대부분을 차지했음.
 (4) 언어교육: 성차별- '색시, 여편네, 과부 딸, 아녀자', 성적 비하 발언-'열 아들 안 부럽다니까', '여편네가 요망스럽게'
 (5) 교과서 속 문학작품의 저자 대다수가 남성작가들임.
 (6) 우수한 여성 작가들의 작품을 발굴해 저자의 성 형평성을 맞추려는 노력이 요구된다고 제안하였음.(여성신문 902호, 2006. 11.4)

12) 도덕 교과서: 비중 있는 인물은 남성
 (1) 사진 및 삽화 총 1,358건 중 남성만 등장한 것은 33%, 여성만 등장한 것 16%로 남성이 여성에 비해 2배 높은 비율을 보였음.
 (2) 직업과 관련된 사진 및 삽화 총 271건 중 남성은 81%, 여성은 19%를 차지했음.
 (3) 직업의 종류에서도 남성은 의사, 정치인 등 고소득의 높은 지위가 많은 반면 여성은 간호사, 은행원 등 서비스직과 주부가 대부분이었음.
 (4) 교과서에 등장하는 위인의 수: 총 70명 중 남성이 64명, 여성은 6명임(여성신문 902호, 2006. 11. 4)

13) 국사 교과서
 (1) 여성은 거의 등장하지 않음.

(2) 역사의 주체는 남성이며 역사의 변천과 발전 속에서 여성의 존재는 찾아보기 어려우며, 그나마 나오는 여성은 문제의 발단으로 기술되고 있는 실정임.
(3) 광주학생운동 당시에 수많은 여학생들이 주체로 싸웠음.
(4) 조선말의 몇몇 여류 문인들이나 고대 「정읍사」에서 망부석이 된 아내 등 봉건적이고 전통적인 여성상이 약간 언급됨.
(5) 식민지하 무장독립투쟁 과정에서 여성의 활동이 존재했음(전국교사협의회, 1989).

14) 삽화
(1) 초등학교 슬기로운 생활: 남녀가 같이 나오는 장면에서 직접 실험에 임하거나 측정하는 역할은 남자 어린이이고, 옆에서 말없이 지켜보는 역할은 여자 어린이의 몫인 그림이 압도적으로 많음.
(2) 교과서 내용이 친절, 공경, 예절, 가사일 등과 관련된 경우에는 으레 여성이 삽화에 등장하는 반면, 직업에 종사하는 모습, 책임감, 리더십, 과학자 등과 관련된 것은 주로 남성이 등장함.

15) 초등학교 5, 6학년 도덕 교과서의 내용과 삽화
(1) 여성의 역할은 매우 고정적이고 보수적인 관점에서 표현됨.
(2) 뜨개질하는 어머니, 아이를 돌보고 시장을 봐 오는 어머니, 음식 솜씨가 좋은 어머니, 신문을 보는 아버지 옆에서 과일을 깎아 드리는 어머니, 제사 음식을 만들어도 제사에 참여하지 못하는 어머니 등 한마디로 말해서 가정주부로서의 고정적인 모습에 관한 묘사로 일관되어 있음.
(3) 남성은 사회의 생산노동에 참여하며, 사회의 주체로서 그려짐.
(4) 남아의 놀이는 축구, 야구, 관찰하기, 싸우리 등으로 활동적이고 모험적인 데 비해, 여아는 고무줄놀이, 꽃꽂이, 책읽기, 산책하기 등의 정적인 행동을 하는 것으로 그려짐(김원홍 외, 2005).

16) 언어적 편견
(1) 남성 애국지사들은 의사, 열사 등으로 기술한 반면 여성에 대해서는 누나, 언니로 기술함.

17) 성별 분업적 진로교육내용
   (1) 남학생보다 여학생의 순결을 더 강조하는 성교육 내용.

18) 대학학문 내용의 성경이 남성 중심적인가라는 질문에 대해 '그렇다'고 응답한 여학생이 61%.(노혜숙, 1996)

19) 교과서 속 성차별
   (1) 역사적·문화적 인물은 대부분 남성
   (2) 등장인물의 출현빈도도 남성의 비율이 월등하게 높음.
   (3) 남성은 주인공 역을 맡아 큰일을 성취하는 반면 여성은 남성에 종속되고 남성 가장을 통해 보상받고 희생과 인내하는 인물로 주로 그려짐.
   (4) 직업에서 남성의 우월성을 은근히 암시함.
   (5) 남녀 성별 비율의 지나친 불균형, 여성의 희소성은 은연중에 여자가 남자보다 열등하다거나 여성은 남성에 비해 중요하지 않으며 가치 없는 존재라는 성 고정관념을 심어 줄 우려가 있음.
   (6) 남성 중심적 시각과 편견이 여학생에게 불리하게 작용할 수 있음을 주지해야 함.

20) 해결책
   (1) 일하는 여성의 아름다움이라거나 우리의 역사 속에서 억눌리고 빼앗겼던 여성들의 역사, 민주적인 가정을 이루어 나가기 위한 일 등 올바른 남녀관계의 정립과 인간화를 위한 내용들이 교육의 적극적 측면으로 나타나야 할 것임 (전국교사협의회, 1989).
   (2) 교과서 개발과정에 여성의 참여비율을 높이고 양성평등과 여성의 역할 변화에 관한 교육내용을 보완하고 역사적인 여성 인물도 적극 발굴하여 삽입할 필요가 있음.
   (3) 여성개발원
      · 집필 경험이 있는 현직교사 등이 중심이 되어 '교과별 양성평등 교육내용'이라는 보완안을 개발, 교과서 개편 시 활용될 수 있도록 정부에 제시하기로 하였음.
      · 총 26개 영역에 걸친 보완안은 평등부부, 청소년의 성문화(도덕), 호주제와 여성할당제, 여성의 정치참여(사회), 피임, 가사노동의 경제적 가치(실과) 등을 담고 있음.

> 〈문제〉 다음 중 교과서 상 성차별에 해당되지 않는 것은?
> ① 역사적·문화적 인물은 여성도 있었음.
> ② 직업에서 남성의 우월성을 은근히 암시함.
> ③ 주인공 역은 남성이 많았음.
> ④ 여성은 남성에 종속되고 희생과 인내하는 인물로 그려짐

2. 성차별 강화 요인으로서의 교사, 남성 중심적 학교환경

2.1 성차별 강화요인으로서의 교사

1) 교사의 영향
   (1) 학교에서 지내는 시간이 많은 학창시절에 학생에게 강력한 영향을 미치는 사람은 교사와 또래 친구임.
   (2) 아직 가치판단 능력이 미숙한 유아나 청소년들에게 있어서 교사의 영향력은 매우 큼.
   (3) 교사의 말 한 마디, 행동 하나하나가 학생들에게 본보기가 되며 동일시 대상이 됨.
   (4) 교사들 대부분은 자신들이 자라온 사회문화적 환경의 영향을 받아 성고정관념과 성역할 고정관념을 갖고 있음.
   (5) 교사는 자신이 갖고 있는 성역할 규범에 근거하여 학생들을 대하는 경향이 있고 여학생, 남학생에 대해 상이한 기대를 함.
   (6) 은연중에 또는 직접적으로 학생들에게 전달되고 무의식적으로 남자와 여자를 편가르는 행위를 하게 됨.
   (7) 학생들은 이러한 교사의 기대에 부응하기 위해 여자다움 또는 남자다움, 여성의 역할 또는 남성의 역할이라는 고정관념적 행동을 하게 됨.
   (8) 교사로부터 다시 또 강화를 받게 됨으로써 성 고정관념과 성역할 고정관념을 확실히 굳히게 됨.

2) 교사의 잘못된 성 고정관념
   (1) 여성은 보호받아야 할 힘 없는 존재이고 남성은 여성을 보호해야 하는 힘 있는 존재로 인식하여 남학생과 여학생을 대하는 태도도 달라지게 만듦.

(2) 남학생이 할 일과 여학생이 할 일을 구분지음으로써 성별 이분법적 성역할 고정관념을 고착시키는 결과를 초래하기도 함.
· 환경미화에서 남학생은 못을 박거나 힘든 일을 주로 하도록 하고 여학생은 쉬운 일, 선세한 일, 힘 안드는 일을 하도록 하는데 만일 남녀공학이 아니었다면 그 모든 것을 남학생 혹은 여학생이 모두 스스로 해야만 하고 할 수 있는 일임.

3) 생활지도에서 교사의 성차별
(1) 개인의 취향은 고려하지 않고 여학생에게는 치마를 강요하고 정숙한 몸가짐, 깔끔한 옷차림, 아름다움 등을 강조함.
(2) 벌을 줄 때에도 성차별적 태도가 곳곳에서 나타나는데, 남학생을 여성화시킴으로써 수치심을 자극한다든지 "여자/남자가 그게 뭐냐, 여학생 교실이 왜 이렇게 지저분해"와 같은 식의 일상적인 언어에서도 성차별이 자주 나타남.

4) 교과서와 교사들에게 팽배해 있는 전형적인 성별 분업적 직업 배치 모델
(1) 학생들에게 은연중에 또는 직접적을 직업 선택에 영향을 미침.
(2) 여성에게 적합한 직업으로 흔히 교사, 간호사, 약사 등을 제시하고, 남성에게 적합한 직업으로 의사, 변호사, 군인, 과학자 등을 제시함으로써 학생들은 직업 선택 시 이를 고려하게 됨.

5) 학생들 평가 시
(1) 남녀의 태도나 행동특성이 양분된 평가기준을 적용하고 있음.
(2) 여학생의 평가기준: 착함, 예절바름, 인사성, 얌전함, 차분함.
(3) 남학생의 평가기준: 독립적, 모험적, 공격적, 창의적, 진취적이며 심지어 고집이 센 것도 긍정적으로 평가됨(김원홍 외, 2005).
(4) 교사들은 "어디 여자/남자가 그런 행동을…" 하며 성 고정관념을 부추기고 뒷받침하는 역할을 함.
(5) 남학생에게는 남성다움을 강조하고 여학생에게는 지고지순한 여성상이 가장 아름다운 전형적인 여성이라고 강조함.
(6) 여학생의 교복 하의는 대부분 치마로 규정되어 있는데 행동제약과 불편함이 제기되어도 이를 굳이 고수하는 까닭은 여학생에 대한 정숙, 단정, 여성스러움 등을 기대하는 성 고정관념 때문임.

6) 교사로부터의 기대
   (1) 일반적으로 남학생은 여학생에 비해 어릴 때부터 교사로부터 더 많은 긍정적 기대를 받는 경향이 있음.
   (2) 남학생이 교사와 더 많은 상호작용을 하게 함으로써 여학생보다 지적 기술을 습득하고 발달시킬 수 있는 보다 많은 기회를 갖게 되어 유리한 위치를 선점하게 됨.
   (3) 임원선출 시에도 교사들의 남아 선호가 나타나는데 대개 상위직은 남학생을 선호하는 경향이 있음.

7) 수업 장면
   (1) 남학생들에 대해서는 리더십, 경쟁, 적극성, 자신감, 활동성, 도전, 독립심 들을 강조함.
   (2) 여학생들에게는 용모단정, 순종, 협조, 의존성, 감성 등을 주로 강조함.
   (3) 수학과 과학은 남학생이 잘하고, 국어나 예능, 암기 과목은 여학생이 잘한다는 식의 이분법적 구분도 남녀 학생 모두에 대한 성고정관념에 의한 성차별로서 진로지도와 진로 선택 시 제한으로 작용할 수 있음.
   (4) 체육시간에 여학생은 축구나 농구와 같은 거친 운동을 싫어하고 반대로 남학생은 무용을 싫어한다는 것과 같은 성 고정관념적 선호의 성별에 따른 차별적인 경험을 왜곡된 사회화를 조장할 수 있음.
   (5) 이러한 차별적 경험이 단순히 신체능력의 차이에 기인한다고 일반화하는 위험성을 초래할 수 있음.

8) 교실 수업에서 교사와 학생 간의 상호작용에 나타난 성차별에 관한 조사(Sadker et. Al, 1995)
   (1) 교사와 학생 간의 상호작용에 있어서 성차별이 존재하는 것으로 나타났음.
   (2) 남학생이 여학생보다 교사로부터 더 많은 관심을 받음으로써 수업 중 더 많은 말을 하게 되는데, 교사는 이러한 편애의 효과에 대해 무감각하다고 하였음.
   (3) 영국에서는 여학생의 과학성취도가 남학생보다 낮은 원인 탐색
      · 수업시간에 교사와 학생 간의 상호작용은 빈번한 반면, 다수의 얌전한 여학생과의 접촉은 상대적으로 적기 때문인 것으로 파악함.

- 남학생과 여학생을 동등하게 대우하고 남성 중심적 언어를 여성 중심적으로 바꾸어 가르친 결과 여학생들의 성취에 큰 효과가 나타났음.
  -예: spaceman→spacewoman, he→she
- 영어권에서는 1970년대부터 이러한 성차별적 언어표현을 성중립적 언어로 바꾸는 노력을 하고 있으며 학교나 방송 등에서 성차별적 표현의 금지지침을 엄격히 시행하고 있음.
  -예: chairman→chair-person, policeman→police officer, cheer girl→cheer leader

9) 대학교수들의 성역할관에 대한 의식에 관한 질문(노혜숙, 1996)
  (1) 여학생들의 72.3%가 교수의 성별에 관계없이 일반적으로 전통적인 여성관을 가지고 있다고 인식하고 있는 것으로 나타났음.

2.2 남성 중심적 학교환경

1) 학교환경
  (1) 남성 중심적 환경에서 벗어나지 못하고 있는 듯함.
  (2) 남성과 여성은 지능, 적성, 능력 등에 있어서 선천적으로 차이가 있으며, 남성이 보다 우월한 존재라는 성차별적 이데올로기가 팽배한 사회에서는 학교환경조차 남성 중심적으로 조성될 수밖에 없음.
  (3) 1970년대: 남녀공학의 경우, 회장이나 반장은 거의 남학생에게만 기회가 주어졌고, 여학생은 부회장과 부반장만 할 수 있었음에도 불구하고 이러한 상황에 대해 학부모, 교사, 학생 그 누구도 성차별이라는 인식이나 문제 제기를 하지 않았고 이를 당연시하는 사회적 분위기였음.
  (4) 남성 중심적 학교환경은 곳곳에서 눈에 띔.
  (5) 남녀공학: 진보적 교육정책의 하나.
    - 남녀의 극단적인 성향들을 보완해 줌으로써 성 고정적 교육을 극복하는데 기여한다고 생각되었음.
    - 여학생들은 상대적으로 불평등하고 위축된 학교 생활을 경험함.
    - 진취성이나 자아개념에 부정적 영향을 미쳐 학업성취에 불리하게 작용한다고 주장함.
    - 남학생이라는 우위의 비교집단이 존재함.

· 남학생에 비해 교사의 기대를 많이 받지 못함으로 인해서 학문에 대한 자기 기대가 낮다고 함(김재인 외, 2005).

2) 국가인권위원회(2005년 10월)
   (1) 초등학교 출석부에서 남학생에게 앞 번호를, 여학생에게 뒤 번호를 주는 것은 성차별로서 어린 시절부터 남성이 여성에 앞선다는 차별적 인식을 갖게 할 수 있으므로 대전 모 초등학교장에게 시정을 권고한 바 있음.

3) 대학의 교육환경: 성차별이 심각한 수준
   (1) 여학생들을 무시하거나 소외시키는 분위기, 강의실 내 성차별, 남성 중심적 교육환경과 교육과정, 남자 교수에 비해 상대적으로 저조한 여자 교수의 비율 등.
   (2) 여학생에게 부정적 영향을 끼칠 수 밖에 없음.
   (3) 이진부(1993)
      · 가부장적 문화가 지배적으로 교육과정, 교수의 태도 등을 포함하는 대학 교육환경이 남성 중심적이어서 여학생들이 불평등을 경험하고 있다고 보고함.
      · 남녀공학은 보다 직접적으로 여학생들로 하여금 남녀불평등을 경험하게 한다고 지적하였음.
   (4) 노혜숙 등(1996)
      · 대학생활 전반과 수업 장면에서 남녀공학 여학생들이 여자대학 여학생들보다 더 많은 성차별을 인식하고 있는 것으로 나타났음.
      · 남녀공학대학이 여자대학보다 여학생들에게 보다 불리하고 여성 차별적 학교환경임을 입증해 주는 것이라 하겠음.

4) 교육환경의 차이가 여학생들에게 미치는 영향력에 대한 연구(Riordan, 1990, 1994; Smith, 1990, 김재인 외, 2005 재인용)
   (1) 여자대학에 다니는 여학생들이 남녀공학에 다니는 여학생들에 비해 훨씬 높은 자신감을 갖고 졸업하는 것으로 나타났음.
   (2) 직업 또는 진로 선택 및 포부수준이 덜 전통적이며, 대학 재학시절에는 학교 활동에 더욱 적극적으로 개입하고, 졸업 후에 전통적으로 남성 중심적인 직업 영역에 진출하는 경향도 높은 것으로 나타났음.

(3) 문서상의 교육이념이나 목적은 남녀에게 동일하게 제시되어 있지만 교육의 실제에 있어서는 성차별적으로 해석되는 경향이 있음(조경원, 1999).

5) 교사사회에서의 성차별: 더욱 심각한 수준
   (1) 초등학교: 남교사에 비해 여교사의 비율이 월등히 높은데도 불구하고 교장, 교감과 같은 행정직은 대부분 남성들이 차지하고 있음.

6) 학교급, 직위 및 성별 교원 수 결과(교육인적자원부(2005)
   (1) 초등학교: 여교사의 비율은 71.0%인 반면 교장과 교감의 비율은 각각 8.7%, 14.6%에 불과함.
   (2) 중학교: 여교사의 비율은 2.3%인 반면 교장과 교감의 비율은 각각 9.9%, 17.7%.
   (3) 고등학교: 여교사의 비율은 38.1%이며 교장과 교감의 비율은 각각 6.5%, 4.7%로 나타났음.
   (4) 대학: 총장의 경우 여성의 비율은 12.0%이며, 여교수의 비율도 13.3%로 매우 낮음.
   (5) 여성 교장과 교감의 수가 절대적으로 부족해 정책을 연구하는 장학사나 연구사도 여성이 적다면서 정책연구 단계에서 여성인력의 참여를 최우선 과제로 꼽았음(한국여성개발원 정해숙 부원장).
   (6) 정책연구 인력의 여성 비율을 높이고 양성평등 심의기구를 제도화하는 방안이 필요하다고 지적함.

7) 교무실에서 나타난 성차별
   (1) 여교사에 대한 차별의식, 학년배정·업무분장 등에서의 차별, 승진에 있어서의 불평등, 성역할 분담의 고정화.
   (2) 사립학교: 결혼이나 출산에 즈음하여 퇴직각서를 요구 받기도 하며, 그 밖에 모성보호를 위해 반드시 필요한 산전·산후휴가조차도 당당하게 확보하기 힘든 실정임.
   (3) 여교사들도 교육의 민주화를 추구하는 한편, 교육내용에서의 성차별을 불식시키고 파행적인 여성상과 남성상을 타파하여 바람직한 여성상을 제시하며, 건강한 양성교육을 하기 위한 여러 가지 노력들을 시도하고 있음(전국교사협의회, 1989).

〈문제〉 다음 중 남녀공학의 기대효과에 대한 설명이 아닌 것은?
① 진보적 교육정책의 하나
② 남녀의 극단적 성향들을 보완해 줌.
③ 성고정적 교육을 극복하는데 기여함.
④ 상대적으로 불평등하고 위축된 학교 생활을 경험함.

3. 양성평등교육

3.1 양성평등교육

1) 학교에서의 성차별
   (1) 교육목표, 교육내용, 교사의 태도, 남성 중심적 학교환경 등에 의해 공공연하게 이루어져 왔음.

2) 교육법 제81조
   (1) 성별 등에 대한 차별 없이 균등하게 교육을 받을 권리'를 보장하고 있음.

3) 교육인적자원부
   (1) '교육발전 5개년 계획'과 '제7차 교육과정에 의한 교과서 개발 따른 집필상의 유의점'에서도 양성평등교육을 강조하고 있음.

4) 모든 교육장면에서 양성평등교육이 강조되고 있고 이제 양성평등은 국가적 관심사임.
   (1) 남녀평등 교육 이념은 교육의 기회에 있어서는 어느 정도 만족되고 있지만 교육내용과 질에 있어서는 어느 정도 만족되고 있지만 교육내용과 질에 있어서는 성차별적 문제가 여전히 지적되고 있음.
   (2) 학교교육에서의 성차별은 시급히 개선되어야 하는 과제임.

5) 학교에서 양성평등교육을 실시해야 하는 이유(조경원, 1999)
   (1) 양성평등한 교육이 실현되지 않고서는 정의로운 사회가 이루어질 수 없기 때문.

(2) 무한경쟁의 세계에서 인구 절반인 여성 노동력을 최대한 개발하여 활용할 경우 국가경쟁력이 높아질 것이기 때문.
(3) 여성의 사회참여에 대한 남녀 양성간의 올바른 이해와 교육이 요구되기 때문.
(4) 그동안 평가절하되어 온 여성의 경험과 가치들을 존중할 뿐 아니라 여성의 잠재적 능력을 개발하여 활용하게 될 때, 경제 위주의 사회발전으로 인한 문화적 모순과 가부장적 가치 혼란을 제거할 수 있기 때문.

6) 양성평등교육의 형태(조경원, 1999)
(1) '성 중립적 교육'으로서 기존의 상징화된 '여성화' 교육 또는 여성 차별적인 교육을 반대하고, 교육의 공식적인 차원에서 남녀 차별이 제거되어야 함.
· 교육의 과정, 내용, 방법이 남녀에게 동일해야 하고, 학교 자원 및 교육적 이익의 배분에서 남녀가 동등하게 대우를 받아야 함.
· 남녀공학의 확대 실시, 교과서에 나타난 성역할 고정관념 타파, 불평등한 교육과정 철폐 등이 이해 속하는 구체적인 교육활동임.
(2) '성을 고려하는 교육'으로서 이는 교육 상황에 미치는 성의 미묘한 여러 차이들을 고려하면서 실시하는 교육을 뜻함.
· 성을 전혀 고려하지 않거나 성차를 제거함으로써 평등에 도달하려고 노력하기 보다는 성차에도 불구하고 어떻게 평등에 도달하도록 할 것인가에 관심을 두는 교육의 형태임.
· 여성과 남성 각각의 특성에 적합한 교육방법을 활용함으로써 양성 모두 의미 있는 교육활동에 종사하도록 하는 것을 뜻함.

7) 국가적 차원에서의 양성평등을 위한 노력들의 예
(1) 교육인적자원부와 여성가족부를 중심으로 다양한 행사를 통해 양성평등교육의 활성화를 도모하고 있음.
(2) 교육인적자원부가 2000년부터 연1회 개최해 온 '양성평등 글짓기 대회'
(3) 교육청과 학교별로 양성평등을 주제로 하는 문예행사를 실시하고 '양성평등의 날'을 운영하는 등 관련 행사를 통해 양성평등의 실천을 계획하고 있음.
(4) 2001년부터는 교육인적자원부 및 시·도 교육청 주관으로 양성평등교육 연구학교를 운영 중임.
(5) 교사나 학생뿐 아니라 학부모들을 위한 양성평등교육의 중요성을 인식하고 지역별 주부교실을 이용한 성인 대상의 양성평등교육도 예정되어 있음.

(6) 대학의 양성평등문화 확산을 위해 연1회 양성평등조치 우수 대학을 선정·발표하고 있음.
(7) 여성가족부는 2005년부터 학교 현장에서 직접 활용할 수 잇는 양성평등교육 프로그램개발을 진행 중임.
(8) 2005년 4월에는 초등학생을 위한 '아동기 양성평등의식 교육프로그램'을, 12월에는 중학생 대상의 '청소년 양성평등의식 교육프로그램'을 발표했음.
(9) 앞으로 성인용까지 단계적으로 프로그램 개발을 계속할 예정임.
(10) 사들의 양성평등의식 고취와 사기진작을 위해 1999년부터 실시해 온 '남녀평등교사상'을 확대 개편하여 2005년부터는 교사를 위한 '양성평등교육 우수사례'와 초·중·고등학교 교장 및 교감을 대상으로 한 '양성평등교육자상'으로 나눠 시상하고 있음.
(11) 교육인적자원부 (국민일보, 2006. 9. 17)
- 저출산 고령사회위원회와 공동으로 학생들이 학교교육을 통해 사회적 남녀 성역할 및 저출산 고령사회에 대한 올바른 인식을 갖도록 사회, 실과(기술가정), 도덕 교과서 등을 수정·보완해 2007학년도부터 사용하기로 했음.
- '일하는 아빠, 주부 엄마'처럼 고정적인 남녀간 역할분담을 강조해 온 교과서 내용이 수정되고 양성평등시대에 맞게 남성과 여성이 가정, 직장, 사회생활을 함께 하는 모습을 보강하기로 했음.
- 초등학교 교과서에 '일하는 엄마, 가사 돌보는 아빠'와 같은 내용을 추가해 남녀간 역할분담에 대한 고정관념을 완화하기로 했음.

8) 양성평등교육의 의미 있는 실행(김재춘, 1999)
(1) 교육내용 구성의 측면에서 남성적임과 여성적임에 대한 성 고정관념에서 벗어날 수 있는 내용을 반영하고 각 교과 교육과정의 내용 제시방식을 양성 모두에게 친화적인 형태로 바꾸고, 남성 친화적 내용과 여성 친화적 내용을 조합한 새로운 형태의 교과를 구성할 것, 양성평등교육에 적합한 교과서를 개발하기 위해서 교과서 김의(1종 도서) 또는 검정(2종 도서) 과정에서 '양성평등지수 측정표'를 활용할 필요가 있음.
(2) 수업방법의 측면에서 양성평등한 수업방안을 마련하기 위한 전 단계로, 양성평등교육의 의미를 성차별이 제거된 소극적인 의미의 양성평등교육과 양성평등 가치관 확립을 위한 적극적인 의미의 양성평등교육으로 구별하였음.

- 소극적 의미의 양성평등 수업방안: 교사는 남녀 차별의식을 조장하는 언어나 활동을 사용하지 않도록 유의하고, 여학생의 학업 성취수준을 높이기 위하여 여학생의 특성을 고려하는 다양한 수업방법(예: 소집단 협동학습, 체험을 강조하는 대화 학습, 프로젝트형 수업 실시 등)을 활용함.
- 적극적인 의미의 양성평등 수업방안: 각 학교급별로 최소한 17시간의 양성평등의식 함양을 위한 수업시간을 확보함. 각 교과별로 학년당 13시간의 범위에서 교과와 관련된 양성평등교육을 실시하도록 함. 영화나 비디오, 방송 프로그램과 같은 멀티미디어 자료를 활용하고 다른 성의 역할을 경험해 볼 수 있는 역할극, 찬반 토론법 등을 적극 활용함.

(3) 교육과정 운영의 측면에서 제7차 교육과정에서 학교나 학생의 재량에 따라 다양하게 운영될 수 있는 재량활동이나 선택 중심 교육과정이 전통적인 성편견을 강화하는 방식으로 이루어지지 않도록 운영에 대한 장학과 지도활동이 필요함을 지적하였음.

9) 지향해야 할 양성평등교육
  (1) 남성과 이성이라는 이분법적 사고와 성고정 관념을 탈피하고 양성성을 인정하고 적극적으로 개발해야 함.
  (2) 남녀 모두 동등한 인격체임을 인정하고 성 차별적 사회구조와 성의식의 변화, 성차별적 성역할 규범에서 벗어나 남녀평등적·통합적 시각에서 교육과정을 개발하고 성차별적 고정관념에 사로잡혀 있는 교사들의 의식도 개선되어야 함.
  (3) 학교에 내재되어 있는 남녀 차별과 억압의 구조적 배경이 되고 있는 학교제도와 문화, 지식체계 등을 비판적·가치중립적 시각에서 사유하고 바람직한 양성평등의 방향을 모색하고 추진해 나가야 함.

10) 학교에서의 양성평등교육의 어려움
  (1) 시·도 교육청별 양성평등교육을 담당하는 전담부서가 없다는 것을 큰 문제로 꼽았음(교육인적자원부 여성교육정책과 서영주과장).
  (2) 양성평등교육이 학교정책과, 중등교육과, 평생교육과 등 여러 부서에 흩어져 있어 혼란을 야기하고 다른 업무를 겸임하면서 전문적인 업무수행이 현실적으로 힘들다고 하였음.

11) 교육인적자원부가 전국 시·도 교육청 양성평등교육 담당자들과 가진 협의회에서 양성평등교육 활성화 방안 7개 분야 2개 과제를 내놓아 기대를 모으고 있음(2006년).
    (1) 양성평등교육과 관련한 최초의 중장기 계획이라는 점에서 의미가 있음.
    (2) 이를 통해 양성평등교육의 획기적인 전환점을 마련하는 발판이 될 것으로 기대됨.
    (3) 주요 추진과제: 교육청에 양성평등교육 전담팀 설치, 교원전문가지역기관이 참여하는 협의체로서의 양성평등교육위원회의 구성, 교원 대상 연수 강화, 양성평등교육 추진 실태 평가 등이 포함되어 있음.

〈문제〉 다음 중 학교에서 양성평등교육을 실시해야 하는 이유에 해당되지 않는 것은?
① 정의로운 사회가 이루어질 수 없기 때문
② 여성 노동력을 개발하여 국가경쟁력이 높아질 것이기 때문
③ 남녀 양성 간의 올바른 이해와 교육이 요구되기 때문
④ 경제 위주의 사회발전으로 인한 문화적 모순과 가부장적 가치 혼란을 강화할 수 있기 때문

제9장
가정에서의 성역할 사회화

1. 가정환경의 영향

1.1 가정환경의 영향

1) 가정
   (1) 일차적 사회집단이자 일차적 교육기관.
   (2) 가족 구성원 개개인의 신체적·지적·정서적·사회적 발달에 중요한 영향을 미침
   (3) 학교와 대중매체, 또래집단 등도 개인의 발달에 영향을 주지만 가장 큰 영향을 미치는 것은 가정이며 부모임.
   (4) 인간 발달의 제 영역에 걸쳐 초기 경험의 중요성이 강조되는데, 초기 경험은 주로 가정에서 하게 됨.
   (5) 부모의 자녀 양육방법이나 가족관계 등과 같은 가정환경이 중요한 역할을 하게 됨.
2) 가정환경
   (1) 가정의 사회적 계층과 같은 지위환경(state environment), 부모와 자녀의 상호작용 형태와 질, 개인에게 가해지는 압력과 같은 주로 심리적 측면에 해당하는 과정환경(process environment)으로 구분할 수 있음.
   (2) 과거에는 지위환경에 대한 연구가 주를 이루었고 따라서 지위환경의 중요성이 강조되는 추세였는데, 과정환경에 대한 연구들이 시도되면서 지위환경 이상으로 과정환경의 중요성이 강조되고 있음.

(3) 부모-자녀 간 상호작용의 형태는 개인의 성격, 행동특성 등에 직접적인 영향을 제공하는 중요한 요인이며 가정에서의 경험과 학습은 심신의 발달은 물론 적응과 이후 생활에 지속적으로 많은 영향을 미치는 것으로 밝혀지고 있음.

3) 개인의 성격 및 행동특성
   (1) 대부분 학령 전 가정 안에서 그 기초를 형성하게 됨.
   (2) 다른 시기에 비해 발달이 가장 활발하게 진행되는 시점.
   (3) 가정환경이 개인에게 미치는 영향력은 막대함.
   (4) 가정은 개인에 대한 교육이 이루어지는 최초의 장이며 평생동안 가장 많은 시간을 보내는 곳이기도 함.
   (5) 개인의 기본적인 생활양식, 행동양식, 가치관 등이 이곳에서 형성된다고 할 수 있음.
   (6) 가족 구성원들 간의 인간관계, 특히 부모-자녀관계 및 형제-자매 간의 상호작용을 통한 인간관계는 개인의 성격 및 행동발달에 직접적인 영향을 주게 됨(김혜숙 외, 2000).

4) 가정
   (1) 자녀를 건전한 사회인으로 성장시켜야 할 책임이 있음.
   (2) 자녀의 건전한 인격형성과 올바른 가치관 형성에 특히 부모의 책임은 막중함.
   (3) 부모-자녀 간의 바람직하지 못한 상호작용이나 불안정한 가정환경 등은 자녀의 정서 및 행동상의 문제와 관련이 깊은 것으로 여러 연구들에서 보고되고 있음.
   (4) 소아정신장애의 원인 분석결과(이혜련 신경정신과와 한국아동문제연구소, 1994)
      · 자극 결여(23.3%), 가혹한 훈계(17.3%), 선천적 장애(16.2%), 방치(16.1%), 놀이 결여(14.3%), 부부갈등(12.6%), 어머니의 바깥활동(11.0%), 선천적 기질(10.7%).
      · 원인의 상당 부분이 가정환경, 부모의 자녀 양육방법과 관련되어 있는 것을 볼 수 있음.
      · 청소년기의 부적절하고 비일관적·강압적인 훈육이나 원만하지 못한 부모-자녀관례, 불안정한 가정환경 등은 특히 비행을 야기하기 쉬움.

5) 사회변화와 함께 가족구조와 기능, 성역할의 변화가 일어나고 있음.
   (1) 가족 구성원들이 수행하는 역할은 시대, 문화적 특성, 가족 구조, 가족의 기능 등에 따라 변화함.
   (2) 산업화, 현대화로 인한 급속한 사회변화 속에서 가족의 구조에 있어서 외형적으로는 가족의 크기와 형태의 변화가 두드러짐.
   (3) 사회변화에 따른 현대인의 다양한 생활방식과 요구가 반영된 다양한 가족형태가 출현하고 있음.
   (4) 여성의 취업 증가와 성역할에 대한 의식의 변화로 인해 가족의 역할 및 형태가 변화하고 있음.
      · 부부가 각기 직업을 갖고 사회적 활동을 하는 부부 취업형 가족
      · 가정 내에서의 역할을 부부가 공평하게 분담하는 역할 공유형 가족
      · 전통적인 가족에서의 남편과 아내의 역할이 뒤바뀐 역할전환형 가족
   (5) 편부모 가족, 혼합 가족, 무자녀 가족, 독신자 가족, 동거 가족, 수정 확대가족과 수정 핵가족 등이 증가하고 있는 추세임.

6) 현대사회로 접어들면서 가족의 교육적 기능은 많이 축소되었음.
   (1) 사회의 변화와 가족구조의 변화는 이전에 가족들이 담당했던 많은 기능을 다른 사회기관에서 수행하게 되었고, 이로 인해 자녀들은 많은 시간을 가정 밖에서 지내게 되었음.
   (2) 최근 가정에서의 부모의 지배권과 역할은 많이 축소되었음.
   (3) 자녀들은 자신의 권리와 의사를 존중받기를 원하며 독립된 인격체로서 인정받고 싶어함.
   (4) 부모들은 전통적인 가치관이 내재되어 있어 부모의 가치관, 생활양식, 성역할 등을 자녀에게 강요하기 쉬움.
   (5) 부모-자녀 간의 갈등을 일으키고 문제를 초래하기도 함.

7) 우리나라의 전통적인 부부관계
   (1) 평등한 동반자 관계가 아니라 가부장권을 중시하는 불평등한 수직적 직위관계.
   (2) 가정에서 부부는 아내와 남편으로서의 역할을 기대받고 요구받음.
   (3) 부부간 역할 수행은 사회에서 요구하는 성역할 개념에 따라 달라짐.

(4) 한 사회의 고정관념적 성역할 개념이 부부의 역할 수행과 자녀양육에 그대로 적용됨.
(5) 전통적으로 아버지는 가장으로서 가정의 경제적 안전과 자녀 보호 및 훈육의 역할을 담당하여 왔음.
(6) 어머니는 자녀양육에 대한 일차적 책임을 지고 가족을 위해 희생을 강요당해 왔음.
(7) 전통적인 이상화된 어머니 역할에 대한 변화가 요구되면서 부모가 모두 자녀양육에 적극적인 관심과 참여가 강조되고 있음.
 -어머니 역할, 가사일의 가치와 중요성을 재평가하고 있음.

8) 부부간 가치관 및 기대의 차이
  (1) 부부갈등과 문제를 일으키고 가족 해체를 초래하기도 함.
  (2) 부부가 서로의 가치를 인정하고 상대방에 대한 역할기대를 조절하는 계기를 가져왔음.
  (3) 부부가 어느 한 쪽에만 일방적으로 희생을 강요하는 것은 바람직하지 않음.
  (4) 전통적인 가부장제 하에서 남성의 역할과 여성의 역할을 뚜렷이 구분짓는 가정환경에서 자라는 자녀들은 이를 당연시하며 결혼해서도 자신들의 가치관을 배우자에게 강요하는 경향이 있음.
  (5) 성역할 고정관념에서 벗어나지 못하는 한 남녀평등한 민주적 부부관계는 요원함.
  (6) 상하 수식적 부부관계가 아닌 평등한 동반자적 관계가 강조되면서 가정에서의 여성의 지위가 향상되고 있음.
  (7) 가족 내의 의사결정이 부부 공동의 책임으로 변화되고 있으며 여성의 사회참여가 확대되면서 부부간 역할에 있어서 성별 분업적 역할분담이 약화되고 부부 상호 협조체제로 전환되고 있음.
  (8) 가사일, 자녀양육의 공유와 효율적 관리는 필연적임.

9) 핵가족, 맞벌이가정의 증가
  (1) 더 이상 남녀의 역할이 뚜렷하게 구분되어 있는 전통적인 성역할 고정관념을 강조할 수 없는 상황에 이르게 되었음.
  (2) 현대사회에서는 가정 내의 역할 분배와 책임 분담에서 명확한 한계를 그을 필요가 없음.

(3) 남편의 가사노동 참여, 아내의 사회적 참여 등 상황에 맞게 역할을 조절하고 이에 적응해야 함.
(4) 부부, 가족 구성원이 서로의 권리와 의무를 존중하면서 만족할 수 있는 역할 분담이 필요함.
(5) 자녀양육은 어머니만의 전유물이 아니며 아버지, 남편에게 기대되는 역할을 수정·수용하고 적응해 나가야 함.
(6) 부부가 가족에 대한 책임을 공유하고 가사일도 전 가족이 분담하여 수행하도록 해야 함.
(7) 어려서부터 이러한 가정환경에서 자라는 자녀들은 보다 빨리, 보다 쉽게 양성성을 개발할 수 있음.

10) 전통적인 성역할 고정관념에 얽매여서는 가정에서는 물론 학교생활, 직장생활 등에서 전반적으로 어려움을 겪을 수 있음.
(1) 현대사회에서 자녀들이 변화하는 사회에 적응할 수 있도록 하기 위해서는 가정에서의 올바른 성역할 교육, 즉 양성성을 개발하고 길러 주어야 함.
(2) 당장의 적응은 물론 새로운 능력이나 기술의 습득에 지장을 초래할 뿐만 아니라 장기적인 측면에서 보더라도 적응 문제가 지속되거나 또 다른 문제를 야기할 수 있음.

11) 카플란과 시드니(Kaplan & Sedney, 1980)
(1) 성역할 발달을 전생애적 관점에서 보고 궁극적으로 양성성을 발전시키려는 대안적 모형을 제시하였음.
(2) 아동기 때에 부모들이 양성적인 기초를 잡아 주면 성인이 되어 양성적이 도리 가능성이 있음을 시사하였음.
(3) 부모가 양성적일지라도 아동기 때에는 여성다움과 남성다움에 대한 개념을 발달시키려 시도하는 과정에서 고정관념적으로 성 유형화되지만 성인기가 되면 고정관념적 성역할을 지닌 부모의 자녀보다 양성적이 되며 이러한 영향은 인생 후반에 나타나기도 함.
(4) 여러 연구를 검토한 결과 성인기의 양성성은 고정관념적 성역할에서 탈피한 양성적이고 평등하게 책임을 분담하는 부모, 따뜻한 부모-자녀관계가 필요하다고 주장하였음(김재인 외, 2005).

> 〈문제〉 다음 중 가정 내에서의 역할을 부부가 공평하게 분담하는 가족유형은?
> ① 부부 취업형 가족 ② 역할 공유형 가족 ③ 역할 전환형 가족 ④ 혼합 가족

2. 성 고정관념과 성역할 사회화

2.1 성 고정관념과 성역할 사회화

1) 가정
   (1) 일차적 교육기관.
   (2) 성 고정관념과 왜곡된 성역할 사회화의 강력한 교육장소임.
   (3) 부모의 자녀에 대한 양육태도와 양육방법은 자녀의 성역할 사회화에 큰 영향을 미침.
   (4) 일반적으로 부모는 자신들이 어렸을 때 받아온 교육방식대로 자녀들을 교육하는 경향이 있어 가부장적 가정에서 자란 부모일수록 자녀에게도 성차별적 성역할 사회화를 시키는 경우가 흔함.

2) 성역할
   (1) 사회학: '사회로부터 성에 따라 기대되는 일련의 성격 특성'이라고 정의하고 있음.
   (2) 여성해방론: '사회가 독단적으로 생물학적 성에 특정 역할을 연계시키는 것'이라고 정의하고 있음.
   (3) 여성해방론적 관점: 남성과 여성의 성역할의 구분은 다분히 인위적이며 특정 의도가 담겨 있을 수 있다고 보았으며 이러한 이분법적 성역할의 구분은 남성에 의한 여성의 차별을 위해 조작된 것이라고 주장함.

3) 심리학적 연구결과
   (1) 남녀의 능력 차이가 사회적 통념과는 상당히 다르다는 것을 말해 줌.
   (2) 남녀의 능력 차이가 증명되는 경우는 매우 드묾.
   (3) 아동기까지는 차이가 없다가 청소년기 이후에만 성 차이가 발견되었음.
   (4) 남녀 차이는 상당 부분 사회문화적 요인에 기인하며, 만약 남녀를 똑같이 대한다면 남녀 차이는 상당히 줄어들 수 있다는 것임(김원홍 외, 2005).

(5) 대부분의 사회에서는 생물학적 성을 기반으로 사회심리적으로 학습된 성역할 행동과 그에 대한 기대가 있어 남녀별로 차이나는 성역할을 기대하는 문화적 속성이 있음.
(6) 생물학적 성은 타고나는 것이지만 사회적 성은 선천적이라기보다 양육되는 것이라는 의견이 지배적임.
(7) 성역할 사회화: '개인이 속한 문화에서 남녀의 성역할에 관련된 태도, 행동, 규범, 인식 등을 습득해 가는 과정'으로서 남성과 여성이라는 이중규범을 갖는 문화에서는 남성과 여성에게 각기 다른 사회화 과정을 거치도록 유도함.
(8) 이러한 과정을 통해 자연스레 성 고정관념과 성역할 고정관념을 습득하게 됨.

4) 성 고정관념
(1) '여성과 남성에 대한 전형적인 특성들에 대한 신념'
(2) 이를 계속 강화하는 사회적 환경과 성장배경으로 인해 실제 성 차이보다 과장되고 왜곡되는 경향이 있음.
  · 남성다움(masculinity): '합리적, 이성적, 공격정, 유능함'.
  · 여성다움(feminity): '부드러움, 감정적, 소극적, 유순함, 순종적, 자기 희생'.
  · 여자, 여자다움이라는 성 고정관념에 의해 여성으로서의 성역할 사회화가 이루어지고, 남자, 남자다움이라는 성 고정관념에 의해 남성으로서의 성역할 사회화가 이루어짐.
  · 생물학적 차이, 남존여비를 근간으로 성역할 사회화가 이루어지기 때문에 당연히 성차별적 성역할 사회화가 이루어질 수밖에 없음.

5) 성역할 사회화
(1) 생물학적인 요인, 가족, 학교, 대중매체, 사회문화적 요인 등 다양한 요인들이 영향을 미침.
(2) 지속적으로 이루어지는 경향이 있으며, 사회적으로 유형화된 성역할은 사회변화에 따라 변화 가능함.
(3) 이러한 변화는 점진적으로 이루어지며 사회적으로 널리 통용되고 있는 역할 기대에 대한 변화가 일어날 때 가능함.
(4) 우리 사회에 만연되어 있는 여성 차별은 이러한 남녀 차별적인 성역할 사회화를 통해 이루어진다고 할 수 있음.

6) 여성
   (1) 전통적인 가부장적·유교적 사상에 근거한 뿌리 깊은 남존여비, 남아선호사상과 전통적인 여성상에서 강조하는 삼종지도와 칠거지악 등은 여성의 법적 권리나 독립적인 인격조차 거부되고, 단지 남성의 종속물에 불과하게 만들었음.
   (2) 가정생활에서 요구되는 여성의 역할은 가사노동과 자녀양육이 주 임무로서 이는 여성을 사회로부터 소외시키는 결과를 초래하였음.
   (3) 여성 스스로 자신을 남성보다 열등하다는 지적 콤플렉스를 갖게 함으로써 남성에 대한 종속과 의존을 당연시하게 하였음.
   (4) 여성들의 종속적 지위를 재생산하고 강화하는 결과를 초래하였음.
   (5) 사회에서 기대하고 요구하는 이러한 전통적인 여성상은 여성으로 하여금 자율적인 인간으로서 성장할 수 있는 기회를 박탈하였음.

7) 가정에서의 성별에 따라 기대하는 성 고정관념.
   (1) 정형화된 행동을 가르치고 그러한 행동을 하도록 유도하며 강요하기까지 함.
      · 아들에게는 일찍부터 사회 구성원으로서의 역할, 즉 사회적공적 존재임을 강조하여 바깥활동을 할 수 있도록 많은 배려를 함.
      · 딸에게는 이른 귀가, 몸가짐 조심을 종용하고 바깥활동에 시간 투자하는 것을 별로 탐착해 하지 않음.
      · 딸들에 대한 최고의 목적 달성은 조용히 있다 좋은 남자 만나 시집 잘 가는 것.
      · 여자의 행복은 남편에게 달려 있다는 생각이 지배적임.
   (2) 가부장제 하에서 자라는 사람들
      · 밖에서 일하는 아버지의 모습과 집에서 가사일하는 어머니를 보면서 자람.
      · 집에서는 어머니가 아버지에게 공경하고 대접하는 일상을 접하면서 성장.
      · 사회화를 통해 그러한 삶의 형태와 내용자체를 지극히 정상적인 것으로 받아들이며 내면화시킴.
      · 아들보다는 딸에게 유순함과 부드러움을 강조하고, 아들에게는 적극성과 독립심을 배양함.
   (3) 우리사회의 성적 고정과념은 현실적으로 존재하는 것임에 틀림없음(김원홍 외, 2005).

8) 아동의 성역할 사회화 과정
   (1) 어린이들은 가정에서 주로 성차에 따른 성역할을 배우게 됨.

(2) 가족관계를 통해 특히 딸과 아들에 대한 부모의 성역할 기대의 차이, 동성의 부모에 대한 동일시를 통해 성역할을 내면화하게 됨.
(3) 자라면서 활동 영역이 넓어지면서 사회환경 속에서 다양한 모델의 모방을 통해 성역할 행동을 학습하고 대중매체에서 정형화된 남성과 여성의 모습을 반복 제시함으로써 성역할 사회화가 이루어짐.

9) 여성의 사회활동 참여의 급속한 증가와 사회적 지위의 변화
(1) 우리 사회의 성차별적 시각과 제도는 과거에 비해 감소·변화하고 있음.
(2) 아직도 곳곳에 성 고정관념과 성역할 고정관념, 성차별이 여전히 존재하고 있음.
(3) 우리 사회에 팽배해 있는 가부장적·유교적 전통적 가치관은 여전히 집안일은 여성의 일로 규정함.
(4) 여성들은 가정과 사회에서 이중 부담을 갖게 되고 슈퍼우먼 콤플렉스라는 용어까지 만들어 냈음.
(5) 비합리적인 사고와 신념은 성차별을 심화시키는 역할을 함.
(6) 우리의 가정에서는 출생 시부터 시작되는 남아선호에 의한 성차별, 남녀차별 사상에 입각한 성역할 사회화, 남녀유별이란 이분법적 성 고정관념이 남아 있음.
(7) 여성이 독립적·자주적인 삶을 영위해 나가는데 장애가 됨.

10) 자녀에게 기대하는 교육목적
(1) 딸, 아들 모두 고등교육 받기를 희망하면서도 성별에 따라 큰 차이가 있는 것으로 나타났음(한국교육개발원, 1990).
·아들의 경우: '인격과 교양을 위한 것(47.6%)', '좋은 직업을 얻기 위한 것 (29.2%)'.
·딸의 경우: '인격과 교양을 위한 것(43.1%)', '결혼과 교유관계를 위한 것 (26.7%)', '직업을 위한 것(9.3%)'.
(2) 여성의 고등교육은 결국 시집을 잘 가기 위한 하나의 과정으로 여기고 여성의 사회적 성취는 등한시하고 있음을 알 수 있음.
(3) 부모의 이중적 잣대는 결국 아들은 바깥일, 딸은 집안일이라는 성역할 고정관념을 드러내는 것이라 할 수 있음.

11) 교육기회의 충복 여부와 미충족 이유 조사결과(통계청, 2004)
  (1) 30대 이상 남녀 대상
  (2) 여성의 경우: '충족자(27.4%)', '미충족자(72.6%)'.
  (3) 남성의 경우: '충족자(36.0%)', '미충족자(64.0%)'.
  (4) 미충족의 이유
    · 여성의 경우: '경제적 형편(62.7%)', '부모의 사고방식 때문(18.6%)', '시험 실패(10.1%)'.
    · 남성의 경우: '경제적 형편(71.3%)', '시험 실패(15.8%)', '부모의 사고방식 때문(2.9%)'.
  (5) 과거 부모의 자녀교육에 대한 성차별이 심각했음을 알 수 있음.

12) 2002년 가정생활에서의 성차별에 대한 인식조사(통계청, 2003)
  (1) 여성의 경우: '많이 있다(9.1%)', '약간 있다(31.8%)'.
  (2) 남성의 경우: '많이 있다(6.15)', '약간 있다(28.9%)'.
  (3) 여성이 남성에 비해 성차별을 더 많이 느끼고 있는 것으로 나타났음.

13) 가족 구성원의 역할과 가사분담 방식
  (1) 성역할 사회화에 큰 영향을 미침.
  (2) 초등학생과 유아에게 '엄마' 하면 떠오르는 단어를 조사한 결과 '밥'이라는 대답이 1위를 차지했음.
  (3) 가정에서 자녀들은 부모의 역할분담을 보면서 여성과 남성의 일에 대한 확고한 신념을 갖게 됨.
  (4) 맞벌이 직장인 남녀 대상 가사분담에 대한 인식 조사결과
    · 맞벌이 직장 남성 636명 중 '반씩 부담해야 한다(56%)', '여성이 주로 부담해야 한다(40%)'.
    · 맞벌이 직장 여성 342면 중 '반씩 부담해야 한다(69%)', '여성이 주로 부탁해야 한다(28%)'.
  (5) 실제 가사 분담 조사 결과(출처: www.saramin.co.kr)
    · '남편과 아내가 똑같이 5:5로 나누어 하는 경우(11%)', '아내가 더 많이 하는 경우(82%)', '남편이 더 많이 하는 경우(7%)'.
    · 맞벌이를 하는 경우조차도 가사일은 여성들의 책임으로 인식되는 경우가 많음.

14) 2002년 부부 중 부인 대상 가사분담 실태 조사결과(통계청, 2003)
   (1) 교육 정도별: 모든 대상에서 '부인 전담 및 주로 부인이 가사를 분담한다 (84.6~91%)로 나타났고 학력이 높을 수록 부인 전담 비율이 높은 것으로 나타났음.
   (2) 경제활동 상태별: 취업여성의 경우 '부인 전담 및 주로 부인이 가사를 분담한다' 는 비율이 86.4%, 실업자의 경우, 90.7%로 나타났음.
   (3) 가사분담에 대한 태도
      ·여성의 경우 '주로 부인이 전담(56.2%)', '공평하게 분담(35.9%)', '부인 전담 (5.1%), '주로 남편(2.4%)', '남편 전담(0.45)' 순으로 나타남.
      ·남성의 경우: '주로 부인이 전담(61.4%), '공평하게 분담(25.25)', '부인 전담 (9.5%)', '주로 남편(3.3%)', '남편 전담(0.7%)' 순으로 나타났음.

15) 가정에서의 성차별, 성 고정관념과 전통적 성역할 사회화
   (1) 성역할 고정관념을 강요하고 세뇌시킴으로써 여성들 스스로도 성역할 고정관념을 당연하게 받아들이게 만듦.
      · 여성 : 주부이자 어머니이자 사적 존재.
      · 남성: 생계 책임자이자 공적 존재.
   (2) 성별 분업 형태를 보편적이며 바람직하다고 보는 가족 이데올로기는 여성의 종속이 영속화되는 불평등의 장소가 바로 가족, 가정임을 보여줌.
   (3) 부부간의 대화에서도 부부관계가 주종관계, 명령-복종관계임을 많이 보여주고 있음.
   (4) 성차별적 대화는 불합리한 성역할 인식에서 비롯된 경우가 많음.

16) 남녀의 성차별과 성역할 사회화
   (1) 가정에서부터 시작됨.
      · 남아에게는 전통적으로 남성의 역할에 부여된 사회적 기대를 학습시켜 보다 '남아답게', 여아에게는 여성의 역할에 부여된 사회적 기대를 학습시켜 보다 '여아답게'라는 성 고정관념을 가지고 구분 지어 양육함.
      · 아이들은 가정에서 부모와 형제자매들의 성역할 행동을 보면서 이를 학습하게 됨.
      · 형성된 가치관이나 태도, 성역할 행동은 아이의 성역할 사회화에 결정적인 역할을 하게 되는 것임.

· 정부 차원 및 사회 일각에서 성차별에 대한 논의가 활발히 전개되어 법적·제도적 보완이 이루어지고 있음.

〈문제〉 다음 중 우리나라의 성역할 고정관념이 아닌 것은?
① 여성은 주부이자 어머니이자 사적존재
② 남성은 생계 책임자이자 공적존재
③ 성별 동일 형태를 추구하는 가족 이데올로기
④ 주종관계인 부부관계

3. 바람직한 성역할 사회화를 위한 가정의 역할

3.1 바람직한 성역할 사회화를 위한 가정의 역할

1) 여성의 역할과 지위의 변화
    (1) 사회가 발전하고 여성의 교육수준이 높아지면서 여성들의 의식수준과 사회적 참여가 높아짐.
    (2) 가정에만 주로 머물러 있던 여성들이 경제적 활동에 적극 참여하게 되었음.
    (3) 사회적 역할을 추구하는 여성의 증가와 함께 여성의 사회적 역할이 확대 되면서 여성에게 가정에서 전통적 역할만 수행하기를 바라는 것은 도전을 받고 있음.
    (4) 여성의 의식도 많이 변화하였고 가정에서 양성평등에 대한 요구도 거셈.

2) 남녀 이분법적 성역할에 근거한 가정에서의 여성의 전통적 성역할
    (1) 여성의 사회참여를 제한하는 가장 큰 요인으로 지적되어 왔음.
    (2) 여성의 사회진출이 많은 유럽, 미국 등과 같은 나라들의 가정의 경우 남편 역할, 아내 역할, 딸이 할 일, 아들이 할 일을 따로 구분하지 않고 서로 도와가며 대부분의 일을 함께 함.
    (3) 집안일을 하는 데 있어서도 아들, 딸 구별이 없는데 이는 지극히 당연한 것이라고 생각함.
    (4) 가정에서는 물론 학교에서도 사회에서도 이분법적 성역할을 강요당하지 않

고 양성성을 개발해 온 아이들은 고등학교 졸업과 함께 부모로부터 독립해도 적응을 잘 하게 됨.

3) 가족 구성원의 역할 변화
   (1) 이제 더 이상 여성에게 과장된 임무와 운명의식을 세뇌시켜 슈퍼우먼을 강요해서는 안됨.
   (2) 가사노동이 전적으로 여성에게 지워질 때 여성은 자이든 타의든 슈퍼우먼 콤플렉스로 인해 과잉부담을 안게 됨.
   (3) 여성의 심신의 건강은 물론 가정의 안녕에 심각한 결과를 초래할 수 있음.
   (4) 여성의 사회진출 증가, 기혼여성의 취업률 증가는 전통적인 성역할 고정관념을 탈피, 가정에서의 역할을 보다 융통성 있게 분담해야 하며 공동책임을 인식할 필요성이 대두되었음.
   (5) 현대사회에서 가족 구성원의 역할 변화는 시대적 요청임.
   (6) 가족 구성원 어느 누구도 가족을 위해 전적으로 희생하는 것은 바람직하지 않음.
   (7) 가족 구성원 개개인을 존중하고 가치를 인정해야 하며 양성평등의 수평적·민주적 형태의 가정 운영이 필요함.
   (8) 가정 내의 실질적 양성평등을 달성하기 위해서는 가족 구성원 각자의 의식과 역할의 변화와 함께 제도적 뒷받침이 필요함.
   (9) 여성의 의식은 빠르게 변하고 있는데 남성의 변화는 너무나 느림.
   (10) 가정에서 딸, 아들에게 남성의 사회적 역할과 여성의 가정적 역할이라는 성별 분업적 이원체계에 의한 교육이 아닌 동등한 내용의 교육, 양성평등교육이 이루어져야 함.
   (11) 남성적이어야 된다, 여성적이어야 된다는 성 이분법적 사고와 남성의 역할, 여성의 역할로 규정지은 성역할 고정관념은 남녀 모두의 사고와 행동을 인위적으로 제한하고 억압하는 결과를 낳음.
   (12) 모든 인간에게는 여성성과 남성성이 내재되어 있으므로 양성성을 인정하고 개발해 주어야 함.
   (13) 양성적인 사람은 성 전형화된 사람보다 일반적으로 상황에 따른 문제해결능력과 인간관계능력, 감정조절능력 등이 뛰어나고 융통성이 있다고 알려져 있음.

4) 성역할 사회화를 위한 제안
    (1) 가정에서의 성별 분업 형태는 보편적이며 바람직하다는 이분법적 사고를 탈피해야 한다.
    (2) 가부장적 이데올로기와 성역할 고정관념을 탈피하고, 남녀 평등의식과 양성성을 개발해야 한다.
    (3) 각 가족 구성원의 개별성과 자율성을 최대한 인정하고 개인의 선택과 협상을 통해 각자에게 유용한 역할을 합의를 통해 결정한다.
    (4) 가족간 위계 설정을 최소화하고 부부간 상호 인격 존중, 개인의 행복과 가족의 행복 모두 중요하다는 것을 인식해야 한다.
    (5) 모든 가족 구성원들이 서로의 복지를 유지하는 역할 융통성을 가져야 한다.
    (6) 국가적 차원에서 양성평등을 위한 정책적 개입이 필요하다.

5) 한국의 양성평등정책
    (1) 남녀고용평등법, 성폭력특별법, 가정폭력방지법, 모성보호법, 성매매방지법, 영유아보육법 등이 제·개정되었음.
    (2) 호주제가 폐지됨.

6) 현실
    (1) 일과 가정 곳곳에 성차별 관행이 남아있음.
    (2) 사회적 통념과 일상생활에 뿌리내린 가부장적 이데올로기들은 쉽게 변하지 않고 있음.
    (3) 형식적인 법과 제도가 실질적 차별을 바로잡는 데 큰 도움이 되지 못하는 답답한 상황도 여전히 남아 있음.
    (4) 남녀평등을 지향하는 법적·제도적 변화가 실질적 효과를 이끌어 낼 수 있도록 가다듬고, 형식적 평등이 실질적 평등으로 일상생활에 뿌리내리게끔 하는 노력이 절실히 필요함.
    (5) 가부장제 사회에서 남성이 기준이 되고 대표가 되고 권력을 가지고 있던 것의 균형을 바로 잡아야 함.
    (6) 여성의 참여가 늘어나야 할 뿐만 아니라 여성의 관점에서 평등을 생각해야 하고 주류의 전환이 일어나야 하며 여성 중심으로 사회의 재편이 일어나야 함.
    (7) 현재 일 중심으로 사회가 조직되어 있으나 돌봄 노동의 가치를 인정함으로써

이를 남녀가 공유해야 하는 족으로 사회가 재편되고 젠더 재구조화가 일어나야 함(중앙일보, 2006. 3. 7).

7) 변화순 등(2005)

 (1) 1990년대 이후 빠르게 성장한 여성의식과 여성단체의 활발한 활동 및 여성가족부의 출범으로 가족·젠더 관계의 평등성을 보장하는 다양한 법과 제도가 마련되었음.

 (2) 이러한 변화는 기성 제도와 관행에 익숙해진 특정 집단이나 세대와의 마찰을 초래하고 있다고 주장하였음.

 (3) 가족·젠더 갈등은 사회 구성원의 기본 가치와 일상적인 삶의 태도와 직결되어 있다는 점에서 누구나 갈등의 당사자이자 피해자가 될 수 있다는 특징을 가짐.

 (4) 갈등해결과정에서 수혜자의 지위를 갖지 못할 경우 개인적인 적응의 문제와 함께 직·간접적으로 자신의 태도와 행위를 수정해야 하는 정서적 압력을 받을 수 있음.

 (5) 공·사적 영역에서 발생하는 가족·젠더 갈등에 대한 정확한 이해와 이것의 합리적인 해결방안을 마련하는 일은 매우 중요함.

 (6) 가족·젠더 질서의 변화는 불가피하며, 여성을 위시한 모든 개인의 시민권과 자율권 보장은 세계적인 추세라는 점에서 가족·젠더 갈등을 부정시하기보다는 가족·젠더에 대한 문제의식의 공유와 합리적인 의사소통 기제의 마련을 통해 새로운 가족·젠더 질서를 구축해야 할 것이라고 강조하였음.

〈문제〉 다음 중 성역할 사회화를 위한 제안에 해당되지 않는 것은?
① 가정에서의 성별 분업 형태는 보편적이며 바람직하다는 이분법적 사고
② 가부장적 이데올로기와 성역할 고정관념 탈피
③ 남녀평등의식과 양성성 개발
④ 가족 간 위계 설정 최소화

제10장
여성과 일

1. 여성의 정체성 형성과 일, 여성의 직업의식

1.1 여성의 정체성 형성과 일

1) 정체성
   (1) 인간은 누구나 자아를 가지고 있으며, 자신의 정체성에 대해 알고 싶어함.
   (2) 자아정체성의 확립은 청년기의 중요한 발달과업임.
   (3) 자아정체성(ego identity)
      · 자신이 누구이며 어떤 사람인가에 대해 스스로 내리는 규정으로서 일관되고 통합된 자신의 존재.
   (4) 자아정체성의 확립을 위해서는
      · 자신의 현재 상태와 역할에 대해 의문을 제기해야 함.
      · 여러 대안적 가능성들을 탐색하여 자신에게 주어진 역할과 과업에 신념을 가지고 몰입해야 함.
      · 자신의 삶의 목표와 가치를 탐색하고 자신의 생애를 계획하고 설계하려는 욕구가 필요함.
   (5) 충분한 자아정체감의 탐색 없이 진정한 자신의 것을 찾지 못하고 부모나 주위 사람들이 정해 준 자신의 존재를 그대로 따를 때 여러 가지 문제가 발생할 수 있음.
   (6) 자아정체감을 확립하는 것이 왜 중요한지, 자아정체성의 위기 또는 유예에

당면하여 어떤 노력을 해야 하는지 주체적·합리적인 해결방안을 진지하게 생각해야 함.
(7) 위기 상황에서 적극적으로 문제를 해결하려는 태도를 가져야 함.
(8) 자아정체성이 확립되었을 때 자신이 어떤 지위에서 어떤 역할을 수행해야 하는지 보다 명확하게 판단할 수 있음.
(9) 올바른 자아정체감 형성을 통하여 사회생활에 적극적인 태도를 기를 수 있음.

2) 성 정체성(gender identity)
(1) 성차별, 남녀 이분법적 사고가 팽배한 사회에서는 흔히 왜곡된 성 정체성이 형성되기 쉬움.
(2) 선천적·자동적으로 형성된 고정불변의 것이 아니라 사회적으로 조작되며, 불안정하고 변화 가능함.
(3) 성 정체성 형성에 있어서 개인의 성장과정에서 경험하게 되는 사회적 환경이나 가정환경 등이 많은 영향을 줌.

3) 가족 이데올르기
(1) 가족이야말로 여성의 고유한 장소라는 생각을 모든 사람들의 마음에 주입시킴.
(2) 보통의 성인여성은 그녀를 부양해 줄 남편이 있다고 보게 만듦.
(3) 어머니가 되는 것은 여성의 중요한 사명임.
(4) 여성은 집에 머물면서 남성과 어린이를 보살펴야 하는 것을 당연하게 생각함.
(5) 여성을 결정적으로 의존적 상황에 넣는 덫임.
(6) 노동시장에서 기혼여성은 당연히 벌어오는 남편이 있는 피부양자이므로 구조조정 시 해고 1순위가 됨.
(7) 여성의 경제적 종속을 합법화해 왔음(김원홍, 2005)

4) 봉건적 가부장제적 성차별 이데올르기
(1) 자본주의 사회는 여성의 가정부주로서의 역할을 재생산하고 강화함으로써 여성의 사회진출에 큰 제동을 걸어 왔음.
(2) 여성이 사회적 생산노동에 종사하더라도 같은 시간, 같은 일을 하는 남성 노동자의 절반 수준도 안 되는 낮은 임금으로 여성의 노동력을 착취할 수 있음(전국교사협의회, 1989).

(3) "남편이 먹여 살린다"는 통념
- IMF 이후 실직 가장을 대신해 기혼 여성들이 어떻게든 생계를 꾸려 나가기 위해 경제활동을 하고 있는 현실에 맞지 않는 공허한 신화일 뿐임.
- 남성들에게 지나친 부담을 주어왔음.
- 여성들에게는 노동시장의 진입을 막는 장애물 구실을 해왔음.
- 모든 여성이 일자리를 가져야 한다는 것은 아님.

(4) 글로리아 스타이넘: 선구자적인 여성운동가(여성신문, 2000. 12. 12)
- 페미니즘은 여성들이 처한 각 상황의 차이에 주목하여 진정 여성이 원하는 것이 무엇인지 파악해 그것을 성취하도록 도와주는 것.
- 전업주부로 아이를 키우는 것은 순전히 여성 스스로의 선택이어야 한다고 말하고 있음.

5) 경제생활에서의 여성의 역할
(1) 사회에서 일반적으로 받아들여지고 있는 신화에 의해 왜곡되었음.
(2) 과소평가되어 왔음.
(3) 사회통념에 대한 신화(이동원 외, 1990)
- 여성은 전업주부로서 항상 집안에 머물러 있기 때문에 주부들은 아무 일도 하지 않고 있다는 생각.
- 여성이 취업하여 소득을 올리면 그것은 생계비가 아니라 잡비 조달을 위한 것으로 봄.
- 여성이 하는 일은 남성의 일보다 가치가 없다고 생각하는 것.

6) 전통적인 여성성과 성역할에 근거한 왜곡된 성 정체성의 형성
(1) 여성은 집안일, 가사일, 자녀양육에만 전념해야 하는 것으로 오도되어 경제활동에서 아예 배제되는 결과를 초래함.
(2) 여성에게 가정과 자식은 그녀의 모든 것을 포기하고 헌신해야 하는 대상인가
(3) 어머니도 한 사람의 인간으로서 모성실현, 현모양처도 중요하지만 자아실현도 중요함.
(4) 완벽한 어머니에 대한 환상을 버리고 진정한 모성의 의미를 찾아야 함.
(5) 어머니의 독자성과 주관성을 인정해야 함.
(6) 사회에서 기대하고 요구하는 전통적인 여성상은 여성으로 하여금 자율적인 인간으로서 성장할 수 있는 기회를 박탈하고 있음.

(7) 우리나라 고학력 여성들의 전업주부 비율이 다른 OECD 국가들보다 높은 것은 이 영향이 큼.

7) 남성에 의존적인 여성의 취약한 경제적 위치
   (1) 남녀 불평등, 즉 여성은 남성에게 종속적이고 사회적으로도 주변인일 수밖에 없는 여성의 지위 상실을 초래했음.

8) 이분법적 성역할 분화
   (1) 남성은 경제활동, 여성은 가사활동으로 구분.
   (2) 가사노동에 대한 평가절하와 여성에게 가사활동을 전담시킴.
   (3) 여성을 경제활동으로부터 배제시킴.
   (4) 여성의 자립능력을 상실시키는 결과를 초래하였음.

9) 일
   (1) 여성에게도 필연적임.
   (2) 프로이드(S. Freud): 건강한 사람은 일할 때 열심히 일하고, 놀 때 즐겁게 놀고, 사랑을 할 줄 아는 사람이라고 하였음.
   (3) 프롬(E. Fromm): 인간이 행복해지기 위해 필요한 것으로 생산적이고 창조적인 일과 사랑을 들었음.
   (4) 삭스(K. Sacks): 공공의 노동, 사회적 노동이 성인의 사회적 지위를 얻기 위한 물질적 기반이라고 주장하였음.
   (5) 보봐르(Beauvoir): 여성해방을 위한 열쇠 중 하나를 경제적인 것이라고 믿었으며 일이야말로 여성에게 가능성을 열어 놓게 될 수 있다고 주장했음.
   (6) 현대사회에서 부를 창조하는 원천.
   (7) 직업: 생계의 수단으로서 뿐만 아니라 사회봉사와 자아실현의 수단으로서 그 중요성이 더욱 증대되고 있음(김계현 외, 2001).
   (8) 개인의 삶의 의미, 존재의 의미이자 개인을 평가하는 수단이 되기도 함.
   (9) 인간은 사회적 존재로서 현대 사회의 급격한 변화 속에서 신체적·정신적 적응을 이루고 보다 인간다운 삶을 유지하기 위해서는 개인의 존재를 규정하는 데 결정적 역할을 하는 일이 필요함.

10) 여성의 경제활동참여
    (1) 여성의 경제적 독립과 사회적 참여, 사회적 지위의 획득 및 자아발전을 위해서도 필수불가결한 것이 되었음.
    (2) 남성으로부터의 경제적 독립을 가져와 여성의 자율적·주도적 권한 행사의 길을 터줌으로써 여성들의 사회적 지위와 권리를 찾게 해줌.
    (3) 여성들의 존재의 의미와 자신감을 증가시킴.

11) 여성의 노동 참여 증가
    (1) 생산인구가 부족해지는 저출산·고령화 사회에서 발전과 성장에 많은 기여를 할 수 있을 것임.
    (2) 여성이 노동에 참여함으로써 남성도 경제적으로 한결 여유로워질 뿐 아니라 이제까지 일하느라 모르고 살았던 가족관계의 친밀성의 즐거움을 느끼게 해 줄 것임.
    (3) 일을 하면서 돌봄의 일도 공유하자는 것.
    (4) 동적 균형은 남성과 여성이 함께 균형과 평등을 이룸으로써 국가 발전에 도움이 될 수 있음.
    (5) 남자와 여자 모두에게 이득이 됨.
    (6) 역동적 균형에서 본 양성평등은 남녀간 균형을 취하도록 젠더 재구조화를 하면서 사회 전체가 발전해 가는 것 즉 모두 원원하는 것을 가리킴(중앙일보, 2006. 3. 7).

12) 한국 여성의 경제활동 참가율
    (1) 경제협력개발기구(OECD) 국가 중 최하위권으로 나타났음.
    (2) 재정경제부: 15-64세 여성 중 일하는 사람의 비율조사
        · 1981년(42.3%), 2000년(51.8%), 2001년(52.7%), 2002년(53.4%), 2003년(52.8%), 2004년(53.9%)
        · 2004년 OECD 국가 평균 60.1%에 비해 낮고 선진국의 평균에는 크게 못 미치는 것으로 나타났음.

13) 「2006 통계로 보는 서울여성」: (재) 서울여성
    (1) 여성은 평생 남성보다 궁핍하게 살아가며, 나이가 들수록 그 정도는 심해지는 것으로 조사되었음.

- 여성의 41.8%(남성의 7배): 본인 재산이 없음.
- 남성 급여: 여성의 1.6배.
- 우리나라 30-40대 여성의 경제활동: 최고 65.5%로 독일(81.9%), 미국(78.2%)에 못 미침.
- 70대는 22.8%로 독일(1.5%), 일본(12%)을 크게 웃도는 것으로 나타났음(서울신문, 2006. 8. 1).

(2) 여성이 남성에 비해 취약한 경제적 위치에 있게 된 가장 큰 원인은 여성의 저조한 경제활동 참가율 때문이라고 할 수 있음.

14) 교육기회와 고용기회
   (1) 교육기회에 있어서의 남녀간 불평등은 급속도로 완화되고 있는데 반해 고용에 있어서는 훨씬 완만한 속도로 진행되고 있음.
   (2) 남녀의 대학 진학 비율 격차는 상당히 좁혀졌지만 여성의 경제활동 참가율은 남성에 비해 여전히 낮음.
   (3) 특히 고학력일수록 남녀 차이가 더 크게 나타났음.
   (4) 사회·경제적으로 큰 손해를 보고 있는 셈임.

15) 여성의 경제활동 참가율이 높은 나라(2004)
   (1) 아이슬란드(81.8%), 스웨덴(76.6%), 덴마크(76.1%), 노르웨이(75.7%), 미국(69.2%), 프랑스(63.7%).

16) 여성의 사회진출과 사회적 위상의 제고, 경제활동 참여증가의 긍정적 원인
   (1) 최근 여성 삶의 구조적 변화
   (2) 여성의 고등교육 기회의 확대
   (3) 여성 의식의 변화
   (4) 여성 인력에 대한 사회적 요구
   (5) 출산율 저하
   (6) 가사노동시간의 단축
   (7) 여성 인력에 대한 사회적 요구
   (8) 남녀 이분법적 직업관의 변화
   (9) 고도의 지식과 전문성을 요구하는 직업의 증가

17) 전통적으로 남성들의 영역으로 분류해 왔던 영역에 여성들이 진출하고 있으며, 반대로 여성들의 영역으로 간주되어 왔던 분야에의 남성 진출도 눈에 띄게 늘어나고 있음.

18) 여성의 경제활동 참가율이 높은 나라(2004)
    (1) 과거 산업사회에서는 힘이나 체력을 필요로 하는 직업들이 많아 여성들이 남성들에 비해 상대적으로 불리한 조건에 있었음.
    (2) 지식기반사회의 구조는 여성의 경제활동 참여와 확산에 긍정적 영향을 끼치고 있음.
    (3) 여성들의 부담을 덜어 주었음.
    (4) 섬세함과 정교함이 요구되는 분야에 여성들의 강점을 살릴 수 있기 때문에 여성의 경제활동 참여는 더욱 늘어날 것으로 보임.

20) 여성의 경제활동이 활발해지고 있는 이유(한국여성개발원, 1997)
    (1) 남녀고용평등법의 제정, 시행 등 사회적으로 여성의 경제활동을 긍정적으로 평가하는 의식이 크게 변하였음.
    (2) 내구재 소비의 급증과 소비수준 향상에 따른 추가소득에 대한 욕구가 강화되었음.
    (3) 출산율의 급격한 저하와 함께 여성의 육아부담이 가벼워졌음.
    (4) 산업구조의 고도화와 인력 부족에 따라 여성노동을 필요로 하는 분야가 확대되고 있음.

21) 직업
    (1) 여성들에게 있어서 필수불가결한 현실이 되었음.
    (2) 남자들만의 전유물이 아님.
    (3) 남성뿐만 아니라 여성에게도 대단히 중요한 삶의 일부이자 의미로서 사회에의 참여와 사회적 기능을 발휘할 수 있는 필수수단임.
    (4) 현모양처를 지향하던 전통적인 가부장적 사회에서 여성은 취업의지도 없었을 뿐더러 극히 일부의 특정직을 제외하고는 취업의 기회조차 없었음.
    (5) 현대사회에서는 여성도 사회활동, 경제활동을 해야 한다는 당위성과 필요성이 고조되고 있음.

22) 1990년대
    (1) 선진국 사람들은 직업에서 돈보다 인간의 삶의 의미를 더욱 강조하고 있음.
    (2) 보다 많은 사람들이 가정과 직장을 잘 조화함으로써 얻을 수 있는 균형적 생활을 영위하고자 함.
    (3) 이러한 경향은 남성과 여성 모두에게 뚜렷하며 융통성 있게 시간을 짜고 더 짧은 시간 일하며 가능하다면 컴퓨터와 팩시밀리를 이용하여 집에서 일할 것을 생각하고 있음.
    (4) 개인들은 시간을 벌고 사용주들은 경비를 절감하고, 많은 사람들은 전통적인 직장에서 발견할 수 없는 혁신적인 근무방식과 여유시간을 찾으려고 하고 있음.
    (5) 노동시장이 유연화되고 여성들의 직업진출은 보다 용이해질 것임(곽삼근 외, 1998).

23) 여성들의 직업 선택 및 취업
    (1) 현실적으로 많은 어려움이 따르는 것은 사실임.
        ·여성 직업훈련기관의 희소
        ·직업 선택 및 대우에 있어서 남녀 차별
        ·기술의 습득 문제
    (2) 최근 정보통신기술의 발달은 재택근무를 가능하게 하였음.
    (3) 성능 좋은 가전제품의 보급으로 여성들은 이제 가사노동에서 어느 정도 벗어나게 되었음.
    (4) 여성이 일할 수 있는 기회가 많아졌음.
    (5) 여성들도 더 이상 자신의 능력을 사장시키고 가정에만 안주하려 하지 말고 자신의 능력을 활용할 수 있도록 직업에 대한 적극적인 탐색과 준비가 필요함.

<문제> 다음 중 여성들의 직업선택 및 취업에서의 현실적 어려움에 해당되지 않는 것은?
① 여성 직업훈련기관의 희소   ② 여성 취업희망자 감소
③ 직업 선택 및 대우에 있어서 남녀차별   ④ 기술의 습득 문제

2. 직장에서의 성차별, 여성의 경제활동 활성화 방안

2.1 여성의 직업의식

1) 여성들의 직업에 대한 요구
   (1) 날로 높아가고 있음.
   (2) 바깥일은 남성이, 집안일은 여성이 한다는 전근대적 사고방식은 사회변화와 함께 여성들도 사회경제활동에 참여해야 한다는 시대적 요청과 당위성, 여성들의 적극적·자주적 태도와 진보적 의식으로의 변화에 힘입어 여성들의 사회·경제적 활동에 대한 요구는 과거 그 어느 때보다 높으며 참여율도 높아가고 있는 추세임.
   (3) 여성의 경제활동 참여가 활발한 나라들에 비해 우리나라 여학생들은 직업에 대한 추상적·관념적 의식과 편향된 선호도를 보이고 있음.
   (4) 여성은 남성에 비해 평생 직업, 기술, 전문 직업인이라는 의식이 약하다고 비판 받음.
   (5) 한 실업계 고등학교의 교사는 여학생들에게 직장을 갖겠느냐고 물으면 다 갖겠다고 손을 들면서도 평생직장을 가질 것이냐라는 질문에는 두세 명 빼고 손을 내리는데 그 이유로 학생들 대부분이 신데렐라적 망상을 갖고 있다는 것.
   (6) 결혼해서도 돈 버는 여자들이 구차하게 보이며 결혼 전 직장 생활하다 좋은 남자 만나 결혼하여 편안히 살겠다는 꿈을 갖고 있었음.

2) 신데렐라형 여성 이미지
   (1) 서구 산업사회의 등장과 함께 형성됨.
   (2) 남성 중심의 경제활동으로 경제적 자립이 제한된 여성들이 결혼을 통한 신분 상승 욕구와 아름답고 착한 여성을 원하는 남성들의 낭만적 사랑의 추구에서 출현했음.
   (3) 수동적 여성상, 현모양처를 지향함.
   (4) 여성들의 이러한 사고를 신데렐라 콤플렉스라고 지칭함. 여성의 남성에 대한 경제적·심리적 의존성과 자립 기피증을 초래하였음.
   (5) 가부장적 가정에서 전통적인 성역할을 강요 받아 온 여성들은 가정에 헌신적인 여성, 소비자로서의 여성상이 뿌리 깊게 형성됨.

(6) 여성 스스로 가정이라는 울타리 안에서 자신을 구속시키고자 하는 경향이 있으며 이를 당연시하고 편하게 생각한다는 것.

3) 우리 사회에서 여성이 남성에 비해 경제활동에서 열세에 놓이게 되는 요인
   (1) 여성에게 불리한 사회적 여건, 즉 노동시장의 남·여 이중구조와 같은 사회의 구조적 문제.
   (2) 여성의 희박한 직업의식
   (3) 성역할 이데올로기에의 무비판적 순응도 문제로 지적되고 있음.

4) 성인남녀의 여성취업의 장애요인 조사(통계청, 2002)
   (1) 여성의 직업의식과 책임감 부족을 꼽은 남성은 여성의 2배에 달했음.
   (2) 여성 스스로 한국의 전통적 성역할 고정관념에 얽매여 가정의 울타리를 벗어나지 못함.
   (3) 남편과 가족에 의해 자신의 존재와 지위와 명예를 부여하며 개인 또는 사회인으로서의 자기는 아예 기대하지도 않는 경우가 많다는 것임.
   (4) 이러한 성역할 고정관념이 여성들의 의식과 삶을 지배하고 있는 한 직업인으로서, 사회인으로서의 자아를 찾기는 힘들 것임.

5) 우리나라 미혼 여성의 경우
   (1) 중졸 이하의 경제활동 참가율은 10% 미만인데 반해 고졸 및 대재 이상은 70%이상임.

6) 우리나라 기혼 여성의 경우
   (1) 중졸 이하의 경제활동 참가율이 오히려 고졸, 전문대졸 이상보다 최소한 생계유지만 되면 결혼 후 직업을 포기하는 것이 한국여성의 직업관이라는 단면을 보여주고 있음(김재인 외, 2005).

7) 우리나라에서 여성 취업에 대한 태도
   (1) 2000년대에 들어서면서 긍정적인 시각으로 변모해 가고 있는 추세임.
   (2) '가정에만 전념해야 된다'고 생각하는 비율: 1990년 21.2%에서 1998년 10.0%로 낮아짐.

(3) '가정과 관계없이 취업해야 된다'는 비율: 1990년 10.8%에서 1998년 26.8%로 높아졌음.
(4) 여성이 남성보다 긍정적인 의견을 보였음.
- 선진국들에 비해서는 여전히 보수적인 시각을 보여주고 있음.

8) 전국 남녀를 대상으로 여성 취업에 관한 의견 조사 결과(통계청, 2002)
    (1) 여성의 경우
        · '첫 자녀 출산 전가지만 취업'과 '모르겠음'(40.2%), '결혼 전과 자녀 성장 후 취업'(26.2%), '자녀 성장 후 취업'(13.4%), '가정에만 전념'(6.0%), '결혼 전까지 취업'(4.4%) 순으로 나타났음.
    (2) 남성의 경우
        · '첫 자녀 출산 전가지만 취업'과 '모르겠음'(30.2%), '결혼 전과 자녀 성장 후 취업'(24.2%), '자녀 성장 후 취업'(14.3%), '가정에만 전념'(10.3%), '결혼 전까지 취업'(6.1%) 순으로 나타났음.
    (3) 남녀 공히 여성이 지속적으로 경제활동하는 것에 대해 회의적임.
    (4) 남성이 여성보다 더 부정적인 견해를 갖고 있음을 알 수 있음.

9) 여성의 사회진출이 활발하지 못했던 시기
    (1) 여성을 주로 소비자로서만 인식하는 경향이 있었음.

10) 이제 여성은
    (1) 소비자인 동시에 생산자로서의 역할을 담당할 수 있어야 함.
    (2) 경제활동의 주역으로서 당당히 직업활동에 적극적으로 참여해야 할 때임.
    (3) 결혼 못지 않게 직업도 인생의 한 필수적 구성요소로서 더 이상 선택의 문제가 아님을 인식시킴으로써 직업의식의 고취와 사회의 한 구성원으로서 또한 경제의 주역으로서 보다 진취적이고 독립적인 인생을 설계할 수 있도록 해야 함.

11) 정보화 사회
    (1) 여성이 일할 수 있는 기회의 폭이 넓어질 것으로 기대됨.
    (2) 이러한 기회를 활용하기 위해서는 무엇보다 여성들이 새로운 각오로 정보화에 대응할 자세를 가질 것이 필요함.

(3) 여성들은 새로운 역할을 요구받고 있으며, 정보마인드가 풍부한 자기 확신을 토대로 여성들의 직업에 관한 의식전환과 능력함양이 요구됨.
(4) 여성들의 직업설계 능력 여하에 따라 여성 취업의 가능성은 무한하며, 여성들이 도전할 수 있는 직업세계는 계속 확대되고 있음(김제인 외, 2005).

12) 여성의 사회적 지위와 직업
   (1) 여성의 사회적 역할과 지위는 경제적 자립 없이는 불가능함.
   (2) 경제적 자립을 위해서는 경제적 활동을 해야 함.
   (3) 직업을 갖지 않으면 여성들의 사회적 지위는 그만큼 낮아질 수밖에 없음.
   (4) 여성들도 성역할 고정관념과 안일한 직업의식에서 벗어나 여성들의 일과 직업에 대한 의식의 변화와 함께 올바른 가치관과 태도를 갖도록 해야 함.
   (5) 여성의 직업을 생계유지 즉 경제적 측면에서만 보지 말고 자기계발과 삶의 질 향상, 사회적 기여 등과 같은 보다 거시적 관점에서 일의 진정한 의미를 깨닫고 구태의연한 직업의식을 전환할 필요가 있음.

13) 여성들의 직업관
   (1) 막연하고 추상적인 수준을 넘어서 구체적이고 실제적인 수준으로 바뀌어야 함.
   (2) 단지 "나는 앞으로 직업을 가질 것이다"라는 막연한 수준에서 어떤 종류의 직업을 추구할 것인지, 배우자와 직업과 관련된 문제 및 자녀 양육과 관련된 문제에서 어떤 방식으로 타협해 나갈 것인지 등 실제적인 수준의 준비를 해야 함(김계현 외, 2001).

14) 성공적인 삶
   (1) 그저 찾아오는 것이 아님.
   (2) 자신이 진정으로 원하는 것을 찾아 구체적으로 명확하게 목표를 설정하고 의도적·계획적으로 부단히 노력할 때 비로소 성취할 수 있음.
   (3) 여성도 한 사람의 아내, 아이들의 어머니로서의 역할 뿐만 아니라 스스로 자기 인생을 설계하고 개척하면서 보다 생산적인 일을 모색해야 함.
   (4) 여성이 직업을 갖느냐 마느냐를 논의할 때가 아니라 어떠한 직업을 가질 것인가에 초점을 맞추어야 할 때임.

2.2 직장에서의 성차별

1) 국가별 남녀권한척도(Gender Empowerment Measure) 결과(UNDP, 2005)
    (1) 2005년도 80개국을 대상으로 함.
    (2) 의회 여성 점유율, 행정관리직 여성 비율, 전문 기술직 여성 비율, 소득격차를 기준으로 함.
    (3) 우리나라는 59위로 나타남.
    (4) 우리나라의 경우 특히 여성의 정치경제활동에서의 성차별이 심각함을 알 수 있음.

2) 여성의 차별
    (1) 우리나라 여성의 경제활동 참여는 증가하고 있지만 여성이라는 이유로 경제활동을 하는데 있어서 남성에 비해 다양한 차별을 받고 있음.
    (2) 일부 직종과 업종에서 여성에 대한 진입과 차별이 완화되고 있기는 함.
    (3) 1990년대 이후 여성 비정규직의 증가로 인한 고용불안정, 성별 직종분리 현상은 오히려 심화되고 있는 실정임.
    (4) 여성의 임시일용직 비율은 2002년 70.7%로 남성에 비해 월등히 높음.

3) 여성의 직업
    (1) 성별 분업구조, 남성 위주의 직업체계를 갖고 있는 한국 사회.
    (2) 매우 제한적이며 상당수 여성들이 서비스 판매직과 단순 노동직에 분포되어 있음.
    (3) 비정규직, 비전문 직업에 종사하고 있음.
    (4) 고소득 전문직 직종의 여성 비율은 매우 적은 편임.
    (5) 남녀의 임금격차도 심한 편임.
    (6) 특별한 정당한 사유가 없는 성차별적 해고도 여전함.
    (7) 대표적 유형: 정년 차별, 결혼·임신·출산 해고, 정리 해고 및 비정규직에서의 우선순위 등.
    (8) 성차별적 해고는 직접적이라기보다는 근무하기 어려운 환경을 조성함으로써 자발적 퇴직을 강요한다는 점에서 법적 보호를 받기조차 힘듦.

4) 고졸 여성의 임금(통계청, 2004)
    (1) 고졸 여성의 임금이 100%이라면 고졸 남성 148.4%, 초대졸 여성 104.9%, 초대졸 남성 154.1%, 대졸 이상 여성 150.7%, 대졸 이상 남성 222.3%로 나타났음.
    (2) 교육 정도와 성별에 따라 임금격차가 심한 것을 알 수 있음.

5) 직장생활에서의 성차별에 대한 인식조사(통계청, 2003)
   (1) 여성의 경우: '많이 있다'가 26.6%, '약간 있다'가 42.5%로 나타났음.
   (2) 남성의 경우: '많이 있다'가 19.8%, '약간 있다'가 45.4%로 나타났음.
   (3) 여성이 남성에 비해 성차별을 더 심각하게 느끼는 것으로 나타났음.

6) 사회에서 느끼는 성차별
   (1) 여성의 경우: '많이 있다'가 31.5%, '약간 있다'가 40.9%로 나타났음.
   (2) 남성의 경우: '많이 있다'가 23.0%, '약간 있다'가 43.8%로 나타났음.
   (3) 여성과 남성 공히 직장에서 성차별을 많이 느끼고 있는 것으로 나타났음.

7) 우리나라 여성의 경제활동 참가형태(김재인 외, 2005)
   (1) 여성에게 있어서 결혼, 출산, 자녀양육과 같은 요인들은 직업을 선택하거나 유지하는 데 남성에 비해 훨씬 큰 영향력을 행사함.
   (2) 우리나라 여성들은 결혼 전인 20대 초반까지는 경제활동 참가율이 높음.
   (3) 결혼과 출산이 이루어지는 20대 후반부터 감소하기 시작하여 30대 초반에 저점을 이룸.
   (4) 그 후 서서히 회복되기 시작하여 40대 초반에 정점에 이르렀다가 감소하는 M자 형태임.

8) 여성 취업의 장애요인에 관한 견해 조사결과(통계청, 2002)
   (1) 여성의 경우
       ·'가사 및 육아부담'(50.3%), '사회적 편견'(21.7%), '승진 등 근로여건'(13.2%), '구인정보 구하기 어려움과 모르겠음'(8.3%), '직업의식 및 책임감 부족'(4.5%), '여자의 능력'(2.0%)순으로 나타났음.
   (2) 남성의 경우
       ·'가사 및 육아부담'(44.9%), '사회적 편견'(24.0%), '승진 등 근로여건'(11.5%), '구인정보 구하기 어려움과 모르겠음'(8.8%), '직업의식 및 책임감 부족'(8.1%), '여자의 능력'(2.6%)순으로 나타났음.
   (3) 여성과 남성 모두 가사 및 육아부담과 사회적 편견을 여성 취업의 가장 큰 장애요인으로 꼽고 있음.

9) 성평등한 사회실현
    (1) 우리 사회 곳곳에는 여성의 경제활동을 가로막는 요인들, 특히 남성 위주 사회의 성차별이 포진하고 있음.
    (2) 양성평등한 사회를 실현하기 위해서는 이러한 성차별을 인식시켜야 함.
    (3) 여성과 남성의 불평등한 사회적 구조와 성차별적 인식을 전환해야 함.
    (4) 국가적 차원에서 양성평등의 이념과 방향을 제시해야 함.
    (5) 사회 구성원의 의식 변화와 여성과 남성이 평등한 사회구조적 변화를 통해 직장에서의 성차별도 완화시켜 나가야 할 것임.

〈문제〉 다음 중 우리나라 여성의 경제활동 참가형태에 해당되지 않는 것은?
① 결혼, 출산, 자녀양육과 같은 요인이 직업을 선택하거나 유지하는데 영향미침.
② 결혼전인 20대 초반가지는 경제활동 참가율이 높음.
③ 20대 후반부터 감소하기 시작하여 30대 초반에 저점을 이룸.
④ 30대 초반에 정점에 이르렀다가 감소하는 N자 형태임.

3. 21세기 여성 유망직업

3.1 여성의 경제활동 활성화 방안

1) 현대
    (1) 능력사회.
    (2) 남녀 누구나 개인의 능력에 따라 차등 보상받는 것을 당연하게 생각하는 사회.
    (3) 정보사회, 지식기반사회에서는 지식과 창의력이 요구됨.
    (4) 여성들의 능력을 십분 발휘할 수 있는 기회이기도 함.
    (5) 여성도 사회의 구성원으로서 경제활동에 적극적으로 참여하여 능력을 발휘하고 전문성을 확보하고 꾸준히 자신을 진보시켜 나가야 함.
    (6) 여성의 경제활동에의 참여는 여성 자신을 위한 것뿐만 아니라 사회 및 국가의 이익과 발전에 기여한다는 의미에서 매우 중요함.

2) 여성의 경제활동 활성화
   (1) 선진 외국에 비해 침체되어 있음.
   (2) 가사노동과 자녀양육이라는 사회재생산의 기능이 '여성만의 것'에서 '남성과 사회의 공동 책임'으로 돌려져야 함.
   (3) 새로운 사회로 발전하기 위해 생산/재생산의 성별 구조를 변화시키고 남성들이 자녀양육에 공동 책임을 질 수 있는 새로운 가족관계와 사회관계를 만들어 가야함.
   (4) 직장 및 지역사회 중심의 탁아시설을 확대해야 함.
   (5) 전반적인 사회적 인센티브 제도를 통해 현재의 노동관행과 노동시간 규범을 변화시켜 재생산노동이 사회 구성원 모두에게 골고루 돌아가도록 변화시킬 필요가 있음.
   (6) 멀고도 험한 길임에 틀림없으나 남녀의 평등을 확보하기 위해 반드시 이루어져야 함(김원홍 외, 2005).

3) 여성의 취업열세의 극복방안
   (1) 여성에게 다양한 역할상을 제시해 주어야 함.
   (2) 가정, 학교, 대중매체 등의 평생교육체계를 통해 남녀동등의식과 자신감을 심어 주는 것이 필요함.
   (3) 교육과 정책제도 면에서 입체적으로 동시에 추진되어야 한다는 것.
   (4) 여성들을 위한 전공 영역의 다양화를 추진함과 동시에 여성 직업교육은 직업의식 함양 교육과 직업능력 개발의 두 차원에서 동시에 이루어져야 함.
   (5) 각급 학교기관에서의 직업교육과 함께 성인을 위한 산업체에서의 여성 능력 개발을 위한 직업교육이 강조되어야 함.
   (6) 평생교육기관에서 개인의 취미 교양 위주의 여성교육 프로그램은 여성의 사회참여의식, 직업의식 함양교육과 직업능력 개발을 위한 프로그램들로 전환되어야 할 것임(김재인 외, 2005).

4) 국가적 차원의 교육적·정책적 지원 필요
   (1) 성인 여성들에 대한 교육기회의 확대
   (2) 다양한 직업교육 프로그램의 개발
   (3) 여성인력 개발센터의 활성화 및 여성 전문인력 양성을 위한 프로그램의 운영

(4) 성별 분업 및 성 불평등 문제의 해결
(5) 여성 인력에 대한 고용기회의 확대와 안정 유지
(6) 노동시장에서의 성 평등 제고가 이루어져야 함.

5) 여성의 경제활동 참여율이 높은 나라
    (1) 육아를 위한 부모휴가제
    (2) 보육시설 확대
    (3) 가정직장 양립정책이 잘 구비되어 있어 출산으로 인한 여성들의 경력 단절 기간이 짧음.
    (4) 공공 분야에서의 시간제 일자리 창출로 여성 고용률을 높이고 있음.

6) 직업교육의 필요
    (1) 직업의 전문화, 세분화, 다양화로 특징지을 수 잇는 21세기 정보사회.
    (2) 여성의 특성을 강점으로 살릴 수 있는 첨단기술 분야, 새롭게 부각되고 있는 분야.
    (3) 성인여성을 위한 직업교육의 정책과제(곽삼근 등, 1998)
        · 취업여성을 위한 직업 유지 및 전문성 개발 방안과 취업희망 여성을 위한 취업준비 평생교육방안을 제시.
    (4) 우리나라 여성고용정책의 개선 및 기반 조성 차원에서 여성 인력 양성구조의 개편과 여성 취업자의 취업조건 향상이 필요함.
    (5) 현재 정부 차원에서 남녀고용평등법, 여성고용할당제, 여성 차별적 법률 개정 등이 시행되고 있음.

7) 여성의 경제참여율을 높이려는 다각적인 시도
    (1) 여성의 경제참여에 대한 사회적 분위기와 의식이 긍정적인 쪽으로 변화함.
    (2) 여성들도 보다 확고한 직업의식을 가져야 함.
    (3) 적극적인 사회진출을 위해 지식과 기술을 갖추고 자기계발을 위해 꾸준히 노력하여야 함.
    (4) 자신의 강점과 약점을 파악하고 다양한 정보매체와 교육을 통해 진로 및 직업에 대해 알아보아야 함.
    (5) 직업에 대한 적극적인 태도와 확고한 직업의식을 갖도록 해야 함.

3.2 21세기 여성 유망 직업

1) 직업
   (1) 개인의 존재를 규정하는 데 결정적인 역할을 함.
   (2) 진로에 대한 고민은 누구에게나 당면하는 것.
   (3) 인생을 설계하는 데 있어서 핵심적 역할을 함.
   (4) 시대에 따라 다양한 변화를 겪음.
   (5) 시대에 따라 다양한 직업이 생겨나고 사라짐.
   (6) 사회가 발달함에 따라 직업의 종류는 계속해서 확대되고 있음.
   (7) 사회의 변화만큼이나 다양화된 가치관의 혼란 속에서 직업 선택의 어려움도 그만큼 커졌다고 할 수 있음.

2) 21세기
   (1) 지식과 기술의 폭발적인 증가와 고령화, 과학기술의 발달 및 고도 산업화로 인한 사회의 급격한 변화, 가치관 및 생활양식의 변화, 직업의 변화, 고도 산업화에 따른 인간 소외 및 비인간화, 여가시간의 증가를 가져왔음.
   (2) 지식과 정보를 기반으로 하는 지식기반 산업 구조로 빠르게 변화하고 있음.
   (3) 지금까지 사회적으로 많은 불이익을 당해 왔던 여성들에게는 직업을 가질 수 있는 절호의 기회이기도 함.
   (4) 여성에 대한 편견이 심각하게 내재되어 있던 우리 사회의 기존 직업체계에서 벗어나, 이제 여성들도 직업적 불이익 없이 마음껏 능력을 펼칠 수 있는 새로운 직종들이 많이 생겨나고 있음.

3) 직업 선택 기준
   (1) 시대에 따라 바뀌고 있음.
   (2) 산업사회에서의 직업 선택의 기준
      · 소득, 고용 안정성, 명예 등을 중시하는 경향이 있었음.
   (3) 최근
      · 소득도 물론 중요하지만 근무여건, 자기만족도, 시간적 여유, 능력의 발휘 가능성 등을 중시하는 경향이 있음.
   (4) 정보사회
      · 여가에 대한 요구가 높아져 평균 노동시간이 줄어들 것으로 예상됨.

4) 직업선택 요인(통계청, 2002)
   (1) 여성: 안정성(34.3%), 수입(21.7%), 적성과 흥미(17.3%), 발전성(15.1%), 보람(8.0%), 명성과 명예(1.4%) 순으로 나타났음.
   (2) 남성: 안정성(34.5%), 수입(21.3%), 발전성(17.2%), 적성과 흥미(15.3%), 보람(8.5%), 명성과 명예(2.1%) 순으로 나타났음.
   (3) 여성은 발전성보다 적성과 흥미를 더 중시한 반면 남성은 반대로 나타났음.

5) 유망한 직종
   (1) 현재에 유망한 직종이 미래에도 유망한 직종이 아님.
   (2) 현재의 시각에서만 직업을 선택하지 말고 미래 사회에 대한 예측을 토대로 직업을 선택할 필요가 있음.
   (3) 미래학자들은 현존하는 직종의 20-30는 25년 전에는 없었던 직종이며, 현존하는 직업의 반 정도가 향후 25년이면 사라질 것이라고 말함.

6) 21세기
   (1) 산업화가 일단락되고 지식기반사회, 정보사회의 시대로서 정보의 창출과 전달 및 공유가 핵심 주제가 됨.
   (2) 반도체, 정보통신, 디지털 등의 관련 기술과 산업이 발달할 것임.
   (3) 정보, 생명, 환경 관련 직업이 유망 직업의 3대 축이 될 것이라는 의견이 지배적임.
   (4) 이와 관련한 새로운 전문기술 직종이 증가할 것이며 단순노동 직업은 감소하는 반면, 전문기술직과 과학기술직의 직업이 증가할 것이라는 전망임.
   (5) 지식 집약적 성격이 크게 당화되어 복합적 지식을 요구하는 직업이 크게 늘어날 것임.
   (6) 기능적인 측면에서도 단일 기능보다는 복수 기능을 갖춘 다기능 인력을 필요로 할 것임.
   (7) 첨단기술의 개발로 고급 기술자, 고급 과학기술 인력의 수요가 증대될 것임.
   (8) 서비스와 정보산업 관련 직종이 증대될 것으로 전망되고 있음.

7) 21세기의 직업에 대한 전망
   (1) 정보사회로의 진입에 따른 정보통신 관련 직업, 첨단과학기술 관련 직업, 서비스 산업

(2) 세계화에 따른 국제 관련 직업
(3) 소득 증가와 삶의 질 향상 추구에 따른 여가활동과 관련된 직업
(4) 여성의 취업증가로 인한 육아 및 교육관련 직업
(5) 고령화 사회 진입에 따른 실버 관련 직업, 정신건강 관련 직업,
(6) 창의성이 요구되는 직업
(7) 문화예술관련 직업
(8) 환경관련 직업 등의 증가가 예상됨.

8) 급변하는 직업사회에 적응하기 위해서는
    (1) 평생교육을 통해 끊임없이 새로운 지식을 습득하고 기술을 발전시켜야 함.
    (2) 경제사회구조 변화에 따른 여성 인력의 수요를 예측하고 여성에 대한 직업교육의 활성화가 필요함.
    (3) 산업환경분석과 여성 취업자의 고용 구조 분석, 여성 직업 전망 자료분석 등을 통해 미래의 유망 여성 직업을 제시해 줄 필요가 있음.

9) 21세기 여성에게 유망한 직종
    (1) 21세기 직업세계에서 직업의 흐름을 예측한다는 것은 어려움.
    (2) 미래사회의 변화에 대한 예측이 가능하다면 직업에 대한 예측도 가능할 것임.
    (3) 사회의 변화에 따라 직업의 세계도 고도로 분화되고 전문화되고 있음.
    (4) 최근 여성들이 선택할 수 있는 직업 분야는 계속 확장되고 있음.
    (5) 정보기술 분야는 고급 여성 노동력이 진출하기에 전략적으로 매우 적합한 영역이며, 여성 노동력의 고부가가치화가 실현될 수 있는 영역이라고 할 수 있음.

10) 유망 직업의 선정기준
    (1) 대체로 진입 용이도, 임금 수준, 고용 안정성, 개인 만족도, 전직 용이성 등이 이용됨.
    (2) 진입 용이도: 해당 직업의 향후 인력 수요가 어느 정도 될 것이며 해당 직업을 갖기 위해 갖추어야 하는 자격 요건은 무엇인가 하는 것임.
    (3) 여성부
        · 노동부, 교육인적자원부, 한국직업능력개발원 등의 연구결과와 전문가 자문 등을 토대로 8개 분야에서 여성의 유망 직업 100가지를 선정·발표하였음.

- 2002년부터 여성 유망 직업을 선정해왔음.
- 정보화, 시대적 변화 추세 등을 반영한 직종이 새롭게 추가된 것을 알 수 있음.

3.3 여성의 유망직업

분야	직업
IT 분야	컨텐츠 MD, 몰마스터, 컴퓨터 프로그래머, 웹디자이너, 게임전문가, 모바일 전문가, 디지털 영상 편집가, 인터넷 보안 전문가, CRM 전문가, 로봇 디자이너, 베타 테스터
예술 분야	사진 작가, 인테리어 디자이너, 뷰티 아티스트, 캐릭터 디자이너, 푸드 코디네이터, 테마 파크 디자이너, 플로리스트, 주어리 아티스트, 애니메이터, 프라노 아트, 모델러
서비스 분야	커플 매니저, 웨딩 프래너, 파티 플래너, 병원 코디네이터, 다이어트 프로그래머, 매너 컨설턴트, 건강관리 지도사, 물리 치료사, 언어 치료사, 음악 치료사, 등급 구조사, 베이비 시터, 실버 시터, 방과 후 아동지도사, 특수교육 교사, 보육교사, 사회 복지사, 치기공사, 상장례 지도사, 창업 프래너(프리바이저), 소비자 전문 상담사, 텔레마케터, 안경사, 호스피스 전문 간호사, 애견 미용사
엔터테이너 분야	영화 기획자, 이벤트 기획자, 나레이터 모델, 연예인 매니저, 재저 사이저, 안무 전문가

3.4 21세기 여성 유망 직업

1) 여성에게 유망한 20가지 직종
   (1) 전문직 여성한국연맹(BPW Korea) 남서울 지부.
   (2) 리눅스(Linux) 전문가, 웹 마스터, 멀티미디어 컨텐츠 제작, 전자상거래 전문가, 컴퓨터 게임 프로그래머, 네트워크 보안, 사이버 무역, GRO(Guest Relations Office), 스포츠 마케팅, 김치 연구 제조, 금융 포트폴리오, 전자 출판, 상품 기획, 외환 딜러, 사이버 교육을 제안함.

〈문제〉 다음 중 직업 선택 기준에 해당되지 않는 것은?
① 소득   ② 고용 안정성   ③ 명예   ④ 여가시간

11장
남녀고용평등법과 고용정책

1. 남녀고용평등법의 목적과 기능

1.1 남녀고용평등법의 목적과 기능

1) 목적
   (1) 가정과 사회라는 양 울타리 사이에서 어려움에 처한 여성 근로자의 기본권을 지키고 보호하며 모성을 보호하여 직장과 가정생활의 원만한 양립을 지원함에 그 의의를 둔다.
   (2) 즉, 출산과 육아를 여성 개인의 문제로 국한시키지 않고 사회 구성원의 재생산 창출을 사회와 국가가 공동으로 책임을 인정하며 모성의 생명과 건강을 보호하여 건전한 자녀 출산과 양육을 도모하여 국민 보건 향상에 기여함을 그 목적으로 한다.

2) 기능
   ① 산전후휴가에 대한 지원(남녀고용평등법 제18조 3항)
   출산휴가, 2006년 현재 90일, 유급, 고용보험에서 지급(500인 이하 사업체), 산후휴가 45일은 사용의무 기간임.
   ② 육아휴직(제19조, 제37조, 38조)
   육아휴직 기간 365일, 거주지 직업 일정기관에 신청, 2007년부터 월 50만원 지원, 500인 이하 사업자는 고용보험에서 지급

③ 직장과 가정생활의 양립 지원(제20조)
④ 직장보육시설(제21조 1항)
⑤ 퇴직, 정년 등

3) 문제점
① 재계부담 가중
② 단기적 비용부담 대 장기적 효율성
③ 고용보험기금에 의한 사업주에 대한 지원 강화
④ 사업장별 편차 심각: 무급(일반회사) 유급(공무원, 교사)
⑤ 퇴직 권유, 대체인력 미비.
⑥ 조기업무복귀, 승진상의 불이익 등의 기업 분위기
    - 많은 문제점을 안고 있어 고용평등법이 제대로 적용되어 산전·후의 여성과 아기를 보호하고 모두가 이를 사회의 문제로 인식해야 함.

1.2 직장 내 근로자의 모성보호정책과 지원

1) 우리나라의 여성복지
   (1) 1960년부터 시작되었음.
   (2) 6·25전쟁 직후로서 부랑여성, 전쟁미망인, 윤락여성 등 소극적인 부녀 보호 위주의 복지정책이었음.
   (3) 부녀상담소를 설치하고 사전예방사업에 관심을 가졌음.
   (4) 1980년대 남녀고용평등법과 모자복지법의 제정으로 여성의 모성성과 그 복지를 위한 보성보호의 제도적 기틀이 잡히게 되었음.
   (5) 2006년 '국가는 모성의 보호를 위해 노력해야 한다(헌법 36조 2항)', '모든 국민은 보건에 관하여 국가의 보호를 받는다(3항)'라 하여 보성보호조항이 헌법적 근거로 직장 내 근로자의 모성성이 보호되고 있음.

2) 근로기준법
   ① 위험·유해업무의 사용금지: 사용자는 임신중이거나 산후 1년 경과되지 아니한 여성에게 위험·유해한 사업에 사용하지 못한다(근로기준법 63조).
   ② 야간작업·휴일근로의 제한
   ③ 시간 외 근로의 제한

④ 갱내 근로의 금지
⑤ 유급생리휴가
⑥ 산전후휴가 및 경미한 업무로의 전환: 90일 보호휴가를 주어야 한다. 이 경우 휴가기간 배치는 산후에 45일 이상이 되어야 한다(72조).
⑦ 유급수유시간(73조)

3) 남녀고용평등법(1999. 2. 8 법률 제 5933호)
   (1) 1953년 모성보호법 제정 이후 1987. 12. 4 남녀고용평등법이 제정되었음.
      - 이후 여러 차례 수정보완 과정을 거쳤음.

   > **제1장 총칙**
   > 제1조(목적)
   > 이 법은 헌법의 평등이념에 따라 고용에 있어서 남녀의 평등한 기회 및 대우를 보장하는 한편 모성을 보호하고 직업능력을 개발하여 근로 여성의 지위 향상과 복지 증진에 기여함을 목적으로 한다.
   >
   > 제2조(기본이념)
   > 근로여성은 경제 및 사회발전에 기여하며 다음 세대의 출산과 양육에 중요한 역할을 담당하는 자이므로 모성을 보호받으면서 성별에 의한 차별없이 그 능력을 직장생활에서 최대한 발휘할 수 있어야 한다.

      - 출산휴가와 육가휴직
         · 산전후휴가에 대한 지원
         · 육아휴직
         · 직장과 가정생활의 양립
         · 직장 보육시설의 설치

4) 고용보험법
   ① 육아휴직급여의 지급
   ② 산전후휴가급여의 지급

5) 문제점
   (1) 출산휴가 사용 시의 문제점
      법으로 보호된 출산휴가와 육아휴직이 실제로 사업자에서 자유롭게 가용되고 있지 못한 경우가 많음.
      여성 노동자의 당연한 권리로 정착된 단계에 이르지 못하였음.
         · 대체인력 문제(32.5%)

- 다음 복귀 시 업무 적응 문제(17%)
- 상사 동료들의 눈총(15.7%)
- 휴가기간 중 임금 저하(8.8%)
- 승진 등 인사상 불이익(5.6%) 등

(2) 육아휴직 사용자의 문제점
- 육아휴직 역시 직장 분위기나 업무 담당 그리고 지원금액이나 가정 경제 사정을 고려할 때 현실적으로 출산 이후 육아유직 신청 역시 순조롭게 신청 가능한지의 질문에 절반이 넘는 응답자가 그렇지 못하다고 응답함.
- 대책마련이 시급한 것으로 드러났음.
- 비정규직의 경우에는 약 28%만이 육아휴직 신청이 가능하다고 답해 정규직(46%)에 비해 육아휴직 사용이 훨씬 어려운 것으로 나타났음.

6) 우리나라 근로자의 수(통계청, 2005)
(1) 2020년부터 우리나라 근로자 수는 점점 줆.
(2) 2050년부터는 아예 인구가 감소된다는 문제점을 보았음.
(3) 단순히 사업주와 근로자 사이의 좁은 문제가 아니라 국가적 사활이 걸린 문제임.
(4) 남녀노소 누구나 사업주는 물론 인식을 새롭게 하며 국가에서도 고용주에게 불이익이 없도록 여러 방면으로 연구를 하여 국가 차원에서 적극적이고 시급히 보호해야 함을 인식해야 함.

〈문제〉 다음 중 출산휴가 사용 시의 문제점에 해당되지 않는 것은?
① 대체인력 문제 ② 상사 동료들의 협조
③ 유가기간 중임금 저하 ④ 승진 등 인사상 불이익

2. 직장 내 근로자의 보성보호정책과 지원

2.1 성폭력과 성희롱, 그 예방과 금지

1) 성폭력의 정의
(1) 성폭력이란 강간은 물론 추행, 성적 희롱, 성기 노출, 어린이 성추행, 윤간,

강도강간 등 상대방이 거부의사를 표현하는데도 불구하고 가해자는 신체적, 정신적, 언어적 폭력을 포괄하는 광범위한 개념임.
(2) 성폭력을 규정하는데 있어서 피해여성 또는 남성의 인지를 가장 중요시하였음.
(3) 성폭력을 규정짓는 가장 주요한 요인은 행위의 강제성임.
(4) 타인의 의사에 반하여 혹은 상대방의 동의 없이 이루어지는 성적 행위는 비록 부부 사이라고 할지라도 성폭력에 해당된다는 것.
(5) 현실적으로는 어떤 행동이 성폭력인가의 질문에 대해서는 전문가와 일반인들이 가지는 개념에 차이가 있음.
 · 예: 가해자가 모르는 남성인 경우 강간으로 인지되는 비율이 높으나, 평소 잘 지내던 직장 상사, 아는 오빠, 친구, 고객, 애인 등 사이가 친밀해질수록 강간으로 인지되는 비율이 감소함.
 · 많은 여성들은 자신이 잘 아는 남성과 성관계를 갖게 되면 그것이 자신이 의사와 반하여 강제적으로 이루어졌다 할지라도 강간으로 지각하지 않는 경향이 있음.

2) 성폭력에 관한 법률상의 규정

① 성폭력 범죄는 1994년, 4월부터 시행되고 있는 '성폭력 범죄의 처벌 및 피해자 모호 등에 관한 법률'(가칭 성폭력특별법)에 의해 처벌하고 있으며 위법은 1997년 8월과 1988년 12월 두 차례에 걸쳐 개정되었다.
② 성폭력 범죄의 신고와 고소

(1) 대부분의 성폭력 범죄는 피해자가 직접 고소하거나 신고하여야 하는 친고죄로 이루어져 있음.
(2) 특수 강도 강간, 친족관계에 의한 간음, 장애인에 대한 간음 등은 누구든지 고소할 수 있음.
(3) 성폭력 범죄는 범인을 알게 된 날로부터 1년 이내에 고소해야 하며 불가쟁력 사유기간이 지나면 고소할 수 없다.
(4) 증인의 신변 안전조치를 해야 한다.
(5) 직장에서 고용주는 성폭력 피해자를 해고하거나 불이익을 주어서는 안된다.
(6) 수사기관은 신원과 사생활비밀을 누설해서는 안된다.
(7) 성폭력 범죄로 인한 피해자에 대한 상담, 법률구조, 일시보호, 성병 검사 및 치료 등을 할 수 있는 성폭력 상담소와 알림터 등이 전국에 마련되어 있다.

3) 성희롱의 정의
   (1) 최근까지 남존여비, 여성 비하 등의 한국의 정서 때문에 크게 사회문제화의 공감대를 형성하지 못하였음.
   (2) 1993년 10월 서울대 조교 성희롱사건이 법정소송사건이 된 이후부터 세간의 관심이 되기 시작했음.
   (3) 외국에서는 이미 1970년대 이후부터 서구 여성운동의 주요 쟁점으로 등장했으며 성희롱에 관한 연구 또한 많이 이루어졌음.
   (4) 서울대 조교 성희롱 사건에서 법원이 내린 판결문에서 성희롱에 대한 정의를 다음과 같이 내리고 있음.

   > ① 직장 내 근로자에 대한 지휘명령권이나 인사권 혹은 실질적 영향력을 가진 사람이 근로자의 의사에 반하여 성과 관련된 언동으로 성적 굴욕감을 느끼게 하거나 불쾌한 작업환경을 조성하는 것
   > ② 성적 접근을 거부할 때 고용 여부나 근로조건에 불이익을 주는 행위로 정의하였다.

   (5) 일반인들 간에서 일어나는 성희롱에 대해서는 이를 저지하거나 처벌하는 내용의 규정이 없음.

4) 성희롱의 유형
   ① 입맞춤, 뒤에서 포옹, 안마 등 신체적 접촉이나 이와 같은 행위를 강요하는 행동.
   ② 음담패설, 음란 전화통화 등을 이용해 성적관계 등을 강요 또는 회유하는 언어적 행위
   ③ 성적과다노출, 외설사진, 낙서출판물, 컴퓨터사진
   ④ 성적 굴욕감 또는 혐오감을 유발하는 것 인정하는 언어나 행동

5) 성희롱 판단기준
   ① 업무 종료 후 회식자리, 출장 시 등 시간과 장소를 불문한다.
   ② 가해자의 의도와는 무관하게 피해자가 불쾌감을 느꼈는가의 여부가 중요한 기준이 된다.
   ③ 거부의사를 표현했거나 그렇지 않거나 간에 성적 불쾌감을 주는 행위를 지속하는 경우

6) 성폭력 또는 성희롱의 최근 대표적 사례와 피해자들의 일반적 특징
   (1) 대표적 사례
      ① 서울 한 중학교 남자 교사가 같은 학교에서 기간제 교사로 근무한 여교사를 송별회 겸 회식 자리에서 성폭행한 사건(2006. 1).
      ② 한 국회의원이 회식 후 모 신문사 여기자를 성추행한 사건(2006. 2)
      ③ 교도소 교도관에게 30대 여성 재소자가 성추행을 당한 후 자살 기도, 혼수상태 20일만에 숨진 사건(2006. 3).
   (2) 피해자들의 특징
      ① 불안과 강박감·무력감·우울증·수치심·죄책감·분노, 배신감·적개심, 복수심 등
      ② 생명의 위협 상황의 성폭행을 당하면 자신 속에서 다른 상황이 벌어지는 다중적 사고, 다중적 인격이 된다는 해리현상을 유발
      ③ 잘못된 사고: 순결을 잃었으니 살 만한 가치가 없다, 세간의 남성은 모두 나쁜 놈이다 등
      ④ 대인관계기피증
      ⑤ 자해, 성기피자, 알코올중독, 약물중독 등 정신과 질환이 나타나며 후유증이 심각함.

7) 우리나라 성폭력 추세
   (1) 가정폭력, 성폭력
      · 많은 여성들이 여성의 전화 등 여성상담센터를 찾아 상담이 끊임없었음.
      · 우리나라에서 사회문제로 대두된 것은 1980년대에 이르러서임.
      · 산업사회 이후 여성해방운동이 전개되면서 여성의 권리 문제가 밖으로 드러나면서 '성폭행'이라는 용어도 등장하게 되었음.
   (2) 성폭력 범죄(검찰청 통계, 1999)
      · 피해자의 97.0%가 여성임.
      · 대부분 남성이 여성을 대상으로 이루어짐.
      · 남성 피해자는 약 3%인데 13세 미만의 남자 어린이들이며 대부분 성인 남성에 의해 피해를 받은 범죄임.
      · 성폭력 323만 건 발생한 것으로 추정, 세계 1~2위의 빈도수를 나타냄.
      · 특히 어린이에 대한 성폭행 중 전체 35%가 13세 미만 어린이에게서 발생하며 18세 이하 소녀들에게서 55%이니 그 심각성이 대단함.

- 피해자와 가해자에 있어 약 65%가 친족, 동네 이웃, 직장 상사, 동료, 선후배등 아는 사람에 의해 이루어지며 우발적 범죄보다는 계획적 범죄가 많다고 보고되고 있음.

8) 직장 내 성폭력, 성희롱의 처벌과 그 예방법
   (1) 성폭력이나 성희롱은 가까운 아는 사람에게서 피해를 당하는 사례가 압도적으로 많았음.
   (2) 특히 20세 미만의 미성년자가 당하는 사례는 약 60%에 달함.
   (3) 성폭력은 일반적 통념과 달리 우발적 범죄보다는 계획적이고 악의적 요소가 많음을 알 수 있음.
   (4) 인권국가를 자처하는 미국에서도 성범죄자에게는 엄격하게 처벌함.
      - 몇몇 주에서는 어린이 성범죄자에게는 메간법(Megan's Law)을 적용하여 성범죄자 집 앞에 그에 대한 점죄 사실 안내문, 표지판, 표식 등을 게재하여 이웃주민들이 알아서 미리 대처할 수 있게 조처하고 있음.
   (5) 유럽에서도 성범죄자에 대해서는 형 집행이 엄중한 편이며 일부 국가에서는 상습 성범죄자는 일반인과 생활하지 못하도록 따로 가두는 형태인 치료감호소를 운영하고 있음.
   (6) 일본과 싱가포르는 성폭력에 대해 가차없는 처벌 규정을 마련하고 있음.
   (7) 우리나라의 경우
      - 법조문에는 성폭력사범의 처벌이 엄중하게 되어 있으나 실제 재판 판례는 가벼운 형벌이 선고되고 있는 현실임.
      - 우리나라에서 성폭력 범죄는 대부분 강간죄임.
      - 강간죄: 형법 제297조에 친고죄로 규정되어 있어 피해 여성측이 고소를 취하하면 처벌할 수 없고 실제로 수사기관에 고소되는 성폭력 사건 중 상당수는 고소 취하되어 가해자가 별다른 처벌을 받지 않은 채 사건이 종결되는 일이 대부분임.
   (8) 성폭력 신고율
      - 미국은 성폭력 신고율이 약 54%에 이름.
      - 우리나라 성폭력 사건 신고율은 100명 중 6명 정도인 약 6%에 불과함.
      - 성폭력피해자인 여성들에게 사회인식, 처벌강도 등에서조차 여건이 불리하기 때문으로 해석할 수 있음.

- 성폭력 사범을 사회범죄로 인식하여 더욱 엄중하게 처벌을 강화해야 함.
(9) 도움을 받을 수 있는 곳
- 한국성폭력상담소 02-529-4271~2
- 여성의 전화 02-269-2962
- 한국여성민우회 02-646-8858
- 여자형사기동애 02-733 - 118/738-8080
- 각 경찰서 여성 상담실 (대표 국번 + 0118)

9) 성범죄, 성희롱 예방 및 대책
(1) 우리나라 성범죄 처벌에 그 결과가 대부분 가볍게 종결되기 때문에 성범죄는 그다지 무거운 범죄가 아니다라는 의식이 사회에 널리 퍼져 있음.
(2) 피해 당사자의 정신적, 육체적 고통은 말할 수 없고 그 가족들 역시 고통 속에서 울분의 세월을 보내며 사회에 대한 적개심, 남성에 대한 증오심을 갖게 됨.
(3) 성범죄 예방
- 남녀간의 신뢰와 애정관 그리고 책임감에 대한 교육을 어릴 때부터 교과과정이나 미디어에서 적극 홍보하여야 함.
- 사회적 약자의 보호뿐만 아니라 장기적으로는 200년 현재 사회 문제되고 있는 여성들의 결혼 기피, 저출산, 육아문제에도 큰 영향을 미칠 수 있음.
- 성폭력성희롱 등의 범죄에 대처할 수 있는 프로그램의 개발과 체계적 성교육을 실시해야 함.

예: 위기 상황 대처법
① 평소 핸드폰에 범죄신고 112를 단축번호로 고정시켜 위급 시 재빨리 단축 번호를 누른다.
② 침착하게 행동하고 기회를 노린다.
③ 기회를 포착하면 자신의 처지를 재빨리 주위에 알린다.

예: 피해 직후 대처방안
① 피해자는 본인의 잘못이나 부주의 때문이 아니라 가해자의 잘못된 인식으로부터 나온 잘못된 행동임을 인식해야 한다.
② 피해 사실을 가족이나 주변에 즉각 알린다.
③ 병원에서 치료하고 증거를 보존한다(가능한 24시간 이내).
④ 전문상담기관이나 전문가의 도움을 청한다.
⑤ 고소 여부를 결정한다.

〈문제〉 다음 중 성범죄 피해 직후 대처방안이 아닌 것은?
① 피해자의 잘못이나 부주의 때문임을 인식
② 피해사실을 가족이나 주변에 즉각 알림.
③ 병원에서 치료하고 증거를 보존함.
④ 고소 여부를 결정함.

3. 성폭력과 성희롱, 그 예방과 금지, 여성고용동향

3.1 여성 고용 동향

1) 우리나라 노인인구(통계청, 2005)
    (1) 2005년 국민 평균수명은 78.6세이며 2030년에는 83.1세임.
    (2) 2018년에 전체 인구 대비 14를 넘어 '고령사회'로 진입될 것으로 전망하고 있음.
    (3) 2005년에 경제활동인구 7.9명이 노인인구 1명을 부양하고 있음.
    (4) 2030년에는 경제활동인구 2.7명이 노인인구 1명을 부양해야 함.
    (5) 2050년에는 경제인구 대 노인인구는 1.4명당 1명 꼴로 노인인구를 부양해야 한다는 전망이 나왔음.
    (6) 2050년에는 경제활동을 하는 젊은이들이 열심히 일해서 정작 본인의 소득은 써 보지도 못한 채 노인인구만 부양해야 한다니 답답할 뿐.

2) 소득분배 국제비교를 통한 복지정책의 방향'(장지연, 2005)
    (1) 여성의 경제활동을 통한 '부부공동부양모델'은 심각한 노인문제 해결의 실마리를 풀어 주는 역할을 함.
    (2) 가장의 실업에 대한 안전망 역할과 전반적인 가구소득의 증대효과를 가져옴.
    (3) 임금인상에 대한 압박 없이 경제성장을 이룰 수 있도록 한다고 했음.

3) 여성의 고용확대
    (1) 가족 내 고용 상황과 빈곤은 관련성이 높아서, 단독 부양가족의 경우 빈곤화할 가능성이 상대적으로 높은 것으로 나타나 있음(OECD, 2003).

(2) 가족 내 취업자 수가 증가할수록 소득수준이 증가함을 보여주고 있음.
(3) 여성의 고용 확대가 가족의 빈곤을 감소시킬 뿐만 아니라 넓게는 노인문제 또는 한국 사회의 양극화를 해소하는 하나의 대안이 될 수 있는 것이라고 설명하고 있음.

4) 여성 경제활동 참가율
  (1) ILO와 OECD 기준의 2004년 우리나라 여성 경제활동 참가율은 각각 49.8%와 53.9%로 주요 선진국의 여성 경제활동 참가율에 비교하면 매우 낮은 수준임.
  (2) ILO 기준과 OECD 기준의 여성 경제활동 참가율(단위:%)

구 분		2004년
ILO기준 (15세 이상)	전체	49.8
	대졸 이상	62.6
	고졸 이하	46.4
OECD기준 (15-64세)	전체	53.9
	대졸 이상	62.9
	고졸 이하	51.1

  (3) 현재 우리와 비슷한 소득수준 시점의 주요 선진국 여성 경제활동 참가율 수준

국가	구매력기준GDP(US $)	연도	여성경활참가율(%)
한국	17,971	2003	52.8
미국	17,607	1985	63.8
영국	17,904	1993	66.3
캐나다	17,743	1988	66.6
스웨덴	17,951	1992	77.8
노르웨이	17,888	1986	71.0
덴마크	17,400	1984	73.8
프랑스	18,043	1990	56.6
독일	17,915	1990	57.4
일본	17,402	1989	59.3

주: 여성경활참가율은 15-64세 기준.
자료: World Bank Development Indicator(장지연 외, 2005 재인용).

5) OECD 국가와 우리나라의 경제활동 현황
  (1) -경제활동 참가율
    · 2004년 OECD 국가의 경제활동 참가율은 중고대졸자(남녀 학력 불문) 75.6%임.
    · 우리나라의 경제활동 참가율은 73.6%.
    · 한국 남성 경제활동 참가율은 학력에 상관없이 평균 88.5%임.
    · OECD 국가의 남성 경제활동의 평균치인 85.2%에 비해 3.2% 앞서고 있음.
    · OECD 여성 경제활동 참가율은 학력에 상관없이 66.1%로 나타나고 있음.

- 우리나라 여성 경제활동 참가율은 57.4%로 OECD 여성 경제활동 참가율보다 8.7% 떨어지고 있음.
- 노동시장에서 우리나라 남성 노동인구가 여성 노동인구보다 경제활동 참가율이 비교되지 않을 정도로 많은 차이를 보이고 있음을 알 수 있음.

(2) 고용시장에서 인력(장지연 외, 2005)
- 한국 노동인력은 학력을 불문하고 거의 일을 하고 있음에 비해 우리나라 여성 인력은 학력을 불문하고 경제활동이 저조함.
- 오히려 여성 고학력자 경제활동은 여성 전체 평균치보다 낮게 나타나고 있음을 알 수 있음.
- 고학력 여성 인력을 학력에 맞게 받아 줄 노동시장이 성숙되지 않고 있음을 알 수 있음.
- OECD 평균 학력별 경제활동 참가율 비교(단위: %)

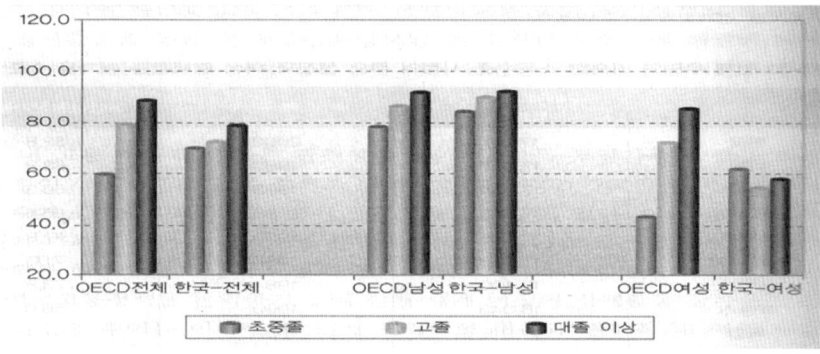

자료: OECD(2004), Employment Outlook(장지연 외 2005 재인용)

6) OECD 회원국의 여성 경제활동
   (1) 여성 경제활동 참가율 변화 추이
   - 1990년부터 2003년까지 약 13년 동안의 변화 통계에서 대부분의 회원국은 여성 경제활동 참가율이 많이 상향되고 있음을 알 수 있음.
   - 네덜란드 16%, 아일랜드 15%, 스페인 13.5% 증가하였음.
   - 벨기에 9.7%, 독일 9.0%, 그리스 8.4% 증가했음.
   - 우리나라는 2.9% 증가에 그침.
   - 노르웨이, 스위스, 캐나다, 뉴질랜드, 호주, 프랑스 등은 약 5% 증가율을 나타냈음.
   - 터키 -7.9%, 스웨덴 -5.6%, 덴마크 -2.8%, 핀란드 -1.4% 등으로 마이너스 여성 경제활동 참가율을 나타내고 있음.

(2) 여성 고용율의 변화
- 여성 경제활동 참가율이 높은 나라는 경제성장과 함께 여성 고용의 획기적 증가를 경험하였음.
- 주요 선진국들의 1인단 GDP가 1만 달러에서 2만 달러로 넘어가는 시점.
- 노르웨이의 경우 56.7%에서 70.7%
- 스웨덴은 69.1%에서 49.3%
- 독일은 49%에서 52.2%
- 캐나다는 52.5%에서 62.3%
- 미국은 53.7%에서 63%로 증가하였음.
- GDP 1만 달러 시점과 2만 달러 시점 사이에서 여성 고용률은 급상승한 반면 남성의 고용률은 추세적으로 하락하여 남성과 여성의 고용률 차이가 크게 줄어들게 되었음.

(3) OECD 회원국의 여성 경제활동 참가율 변화 추이 (단위: %)

국가		1990년	2003년	증감률(% 포인트)
A	스웨덴	82.5	76.9	-5.6
	덴마크	77.6	74.8	-2.8
	핀란드	73.5	72.1	-1.4
B	노르웨이	70.7	75.9	5.2
	캐나다	68.3	73.0	4.7
	스위스	68.2	73.9	5.7
C	뉴질랜드	63.2	69.3	6.1
	호주	61.5	66.0	4.5
	프랑스	57.2	62.5	5.3
	독일	55.5	64.5	9.0
	네덜란드	52.4	68.4	16.0

국가		1990년	2003년	증감률(% 포인트)
D	미국	67.8	69.7	1.9
	영국	67.3	69.2	1.9
E	벨기에	46.1	55.8	9.7
	아일랜드	42.6	57.6	15.0
	그리스	42.6	51.0	8.4
	스페인	42.2	55.7	13.5
F	한국	49.9	52.8	2.9
	일본	57.1	59.9	2.8
	이탈리아	44.0	48.3	4.3
	터키	36.0	28.1	-7.9
	멕시코	35.7	40.5	4.8

주: 15-64세 미만을 기준을 한 것임.
자료: OECD(2004). Employment Outlook에서 재구성(장지연 외, 200 재인용)

(4) 13년 동안 여성 경제활동 참가율이 오히려 마이너스 성장한 나라
- 터키: 2000년 외환위기를 맞아 IMF의 긴급자금지원 요청 등의 사태로 대규모 실업률이 발생했고 그러한 상태는 당분간 지속되었음.
- 스웨덴
  · 1991-1993년의 3년간 대불황으로 마이너스 경제성장을 겪고 실업률 종전의 1%에서 7-8%로 급증했음.
  · 세금과 사회보험료 등 국민 부담률이 가장 높고 부부가 같이 일하는 나라에서, 경제환경의 악화 결과 실업률 증가를 초래하였음(의학신문사, 2006).
  · 2003년 9월 중 실업률이 증가한 주요인: 경기침체로 인해 개월 이상 장기 실업자 수가 증가한 것(Dagen Snyherer 일간지, 2003. 10. 16).
  · 여성 경제활동 참가율이 마이너스 성장의 요인: 외환위기나 대불황을 겪어 국가가 어려운 국난을 맞이하였을 때 동반 하락하였다고 볼 수 있음.
  · 남성과 여성의 실업률이 동등한지 또는 여성 실업률이 더 많은가의 여부는 더욱 세밀히 검토해야 함.
- 우리나라
  · GDP 1만 달러에서 2만 달러 시점 사이에서 여성의 고용률은 급상승한 반면, 남성 고용율은 점차 줄어드는 추세였음.
  · 우리나라 GDP 증가 추세나 여성 경제활동 참가율 변화의 관계는 다른 선진국처럼 GDP 증가와 함께 동반 상승 또는 하락하는 모습이 아님.
  · GDP 증가와는 상관없이 거의 정체 상태를 보이고 있음.
  · 1990년대 여성 경제활동 참가율의 정체 원인은 단순히 경제위기와 그에 따른 저성장에만 기인하는 것이 아니라는 점을 시사함.
  · 경제성장이 여성 고용을 확대할 것이라는 낙관적인 기대를 어렵게 하는 근거가 여기 있음.
  · 여성 경제활동률의 정체는 가사노동과 시장노동의 구조 및 그와 관련된 국가정책의 실효성 등에 그 원인이 있으며, 이를 증가시키기 위해서는 보다 적극적인 국가정책의 마련이 필요함.

7) OECD 회원국의 여성 경제활동 요인
  (1) M-CURVE(결혼·출산·육아)
    · 2004년 우리나라 여성의 경제활동참가율은 20대와 40대에 높은 수준을 보이며 출산연령에서 가장 낮은 수준을 보이는 M-CURVE 형태를 보임.

- 여성의 생애주기 변화로 결혼 및 출산연령이 높아지면서 M커브의 저점이 1994년 이는 25-29세에서 2004년 30-34세 연령층으로 상향이동했으나 M커브의 형태가 완화되었다고 보기는 어려움.
- 기혼여성의 경제활동 상태에 대한 2002년 노동연구원 패널조사에 따르면, 직장생활을 하던 여성 중 52가 출산육아기 동안 직장을 그만두는 것으로 나타나고 있음.
- 다른 연구원의 조사에서도 같은 결과가 보고되었음(장지연 외, 2005).
- 여성의 경제활동을 막는 요인으로는 여전히 결혼, 출산, 육아 문제를 꼽을 수 있음.

(2) 연령대별 여성 경제활동 참가율(장지연 외, 2005 재인용)

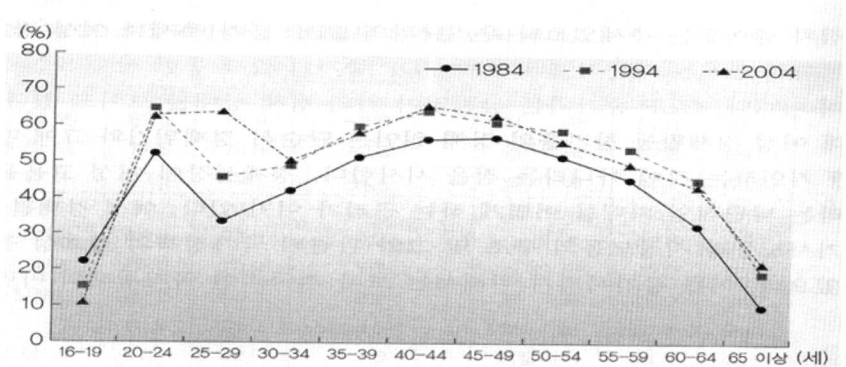

(3) 코흐트 분석의 함의: ① M커브의 저점은 높아지고 시점도 연기되고 있다. ② 20대 초반 M커브의 고점도 함께 높아지기 때문에 M커브 형태는 유지된다. ③ 젊은 세대의 경제활동참가율은 20대에는 확실히 높아졌으나 한 번 경력이 단절된 후 복귀하는 양상에 있어서는 전혀 개선이 없다. 이 점이 최근 10여 년 동안 여성경제활동참가율이 정체된 중요한 요인이다.

8) 고학력 여성의 경제활동
  (1) 우리나라에서는 학력에 상관없이 고용시장에서 경제활동을 하고 있는 비율은 거의 비슷함.
  (2) 여성인력에 대한 높은 수준의 투자가 여성 인력의 활용으로 이뤄지지 못하고 있음을 나타내고 있음.
  (3) 결혼출산육아 등으로 인한 경력 단절 현상이 장기적으로 여성에게 경제활동을 정체시키는 요인으로 작용할 것임.

(4) 노동시장에 진출해 있거나 앞으로 진출할 젊은 대졸 이상 고학력 여성이 중도에 이탈하지 않도록 방법을 모색해야 함.

9) 여성인적자원 개발 정책
    (1) 단순 서비스업에 여성 취업이 편중되어 있으나 지식기반산업에 여성 참여를 지속적으로 증대화시켜 지식기반제조업에 속하는 IT 등에 핵심인력으로 여성인적자원을 개발하는 정책이 필요함.

10) 임금격차 해소
    (1) 우리나라 여성의 임금은 남성의 65%수준으로 2000년 이후 더 이상 개선되지 않고 있으며 고학력 여성의 임금은 1997년 이후 하락 추세로 반전되었음.

11) 비정규직화
    (1) 여성의 경우 연령이나 학력에 상관없이 비정규직 비율이 높음.
    (2) 임시직 임금근로자는 지난 20년 동안 계속 증가되었음.
    (3) 우리나라의 고용시장에서 새로운 변화가 일어나고 있음을 알 수 있음(통계청, 2007).
    (4) 단순 취업자뿐만 아니라 취업이 질에서도 남성을 압도했는데 2006년에 만들어진 새 일자리 29만 5,000개 중 전문·기술·행정 관리직은 모두 22만 2,000개인데 이 중 여성의 몫은 1만 4,000개로 69.4%였음.
    (5) 젊은 여성의 전문직 진입의 효과도 크나 기업들이 상시 구조조정 체제에 들어가면서 기존의 남성 고위 임직원의 명예퇴직 가속화에 비례해 능력을 인정받는 여직원의 승진이 잇따랐기 때문으로 해석됨.

12) 고용평등정책
    (1) 선진국에서는 적극적 고용개선조치(AA)를 통해 여성의 고용률을 높이는데 성공한 사례
        · 미국, 캐나다, 호주, 아일랜드 등 영어권 국가들.
        · 미국에서 적극적 조치(Affirmative Action)는 1963년 Civil Right Act VIII를 통하여 성, 인종, 피부색 등에 의한 차별을 금지하였음.
        · 미국에서는 이를 잘 이행하는 회사에 공로패(Certificate of Merit)를 주고 인증서가 부여되어 회사에 이익을 주는 제도임.

- 호주에서도 이 제도를 1986년에 제정 도입하여 1999년 고용평등기회법(EDDWWA)에 적용되는 모든 사업장에 6단계로 세분화된 여성을 위한 고용평등프로그램(The Equal Opportunity for Woman in the Workingplace Program)을 만들었음(장지연 외, 2005).
- 우리나라에서도 2005년 12월 30일에 적극적 고용조치인 AA를 포괄하는 남녀고용평등이 국회를 통과하여 입법화되었음.
    - 기본적인 틀은 미국의 적극적 조치와 유사하다.
    - 대상 기업 범위 500인 이상이다.
    - 잘 이행하는 기업에 대해 벌칙과 인센티브를 부여하는 방식을 취하고 있다(노동부).

(2) 고학력 우수인력의 누수를 방지하기 위하여 고용평등정책인 AA(적극적 조치)를 통한 여성 인력 확충도 필요함.

(3) 당장 결혼 후 출산, 육아문제를 좀더 실질적으로 해결하여, 어떻게 탁아시설을 확충할 것이며 출산휴가와 육아휴직 사용을 보편화시킬 것인지를 우선적으로 해결해야 함.

(4) 근로조건의 개선과 더불어 평생교육을 통한 끊임없는 자기계발을 통해 능력과 적성에 맞는 직업을 선택할 수 있는 장을 열어 놓아야 함.

(5) 대내외적인 조건을 설치하면서 선진국 고용정책인 AA를 세밀히 검토 연구한 후 추진해 나가야 함.

〈문제〉 다음 중 M-CURVE에 해당되지 않는 것은?
① 20대와 40대에 높은 수준을 보임   ② 출산연령에서 가장 낮은 수준을 보임
③ 30대에 고점을 이룸   ④ 출산육아기 동안 직장을 대부분 그만둠.

12장
모든 이를 위한 평생교육의 실천

1. 현대 여성의 문제해결 대안으로서 여성교육

1.1 현대여성의 문제해결대안으로서 여성교육

1) 현대사회
   (1) 분화와 복잡성의 정도가 심해지면서 기존의 사회구조, 사회체계가 변화되고 있으며 그 이전 단계에서 경험하지 못했던 새로운 문제들에 직면하고 있음.
   (2) 자본주의화·산업화·도시화의 과정을 겪었던 근대화 혹은 현대화 초기에 있어서의 사회문제는 비곤, 질병, 실업, 범죄 문제 등 물질적 성격이 두드러졌음.
   (3) 후기 산업사회: 심리, 사회, 정신적 요인들과 관련된 사회문제들이 더욱 중요하게 부각됨.
   (4) 대상도 극빈자, 범죄자, 실업자, 환자 등에서 정상적인 노인, 아동, 청소년, 여성 등 사회의 주류를 이루는 집단에까지 확대되고 있음.
   (5) 사회문제는 객관적인 정의가 어렵고, 사회문제를 규명하는 이론들도 매우 다양한 측면에 초점을 맞추고 있어서, 사회문제의 정의와 원인을 찾아내는 데는 한계가 있음.
   (6) 사회문제: 일상생활에서 우리가 원하는 것과 그것을 확보하는 데 필요한 것들이 없어서 불편한 경우에 생겨나는 문제 즉, 부족과 결핍에 따른 욕구불만.

2) 현대의 여성문제
   (1) 여성들이 과거와 달리 그들의 주장을 내세우고, 이의 실천과 성취를 위해 원하는 것과 충족하고자 하는 필요물의 확보 간에 나타나는 괴리나 욕구불만이라고 정의할 수 있음.
   (2) 유형: 생존(survival)과 안녕(well-being)과 성취(fulfillment)를 위해서 사회적·경제적·문화적·심리적·물질적으로 갖추어져야(requirement) 할 것과 이의 불충족에 따른 다수의 여성들이 문제를 겪고 있는 상황이나 과정을 의미함.
   (3) 여성들이 일상생활 속에서 겪고 있는 사회문제와 그 원인을 찾아내는 일도 그리 쉬운 일은 아님.
   (4) 자본주의화와 산업화 그리고 도시화와 핵가족화 및 정보사회화 과정에서 도덕적 혼란과 개인적 일탈 및 무질서 그리고 노동관계와 집단 간의 이해 상충 등에서 나타나는 여성문제들을 제시함(김근홍 외, 2002).

3) 여성의 빈곤문제
   (1) 빈곤문제
       · 여성만의 문제가 아님.
       · 최근의 문제가 아니며 오랜 사회문제임.
       · 빈곤은 들여다보는 시각의 차이에 따라 판이하게 달라짐.
       · 빈곤은 의식주 등 기본적 욕구를 해결하지 못하는 절대적 빈곤과 스스로 가난하다고 느끼는 상대적 빈곤으로 구분될 수 있음.
       · 인간의 행복감이 꼭 가난과 부유함 즉, 빈곤과 풍요에 의해 결정되는 것은 아님.
   (2) 가난의 원인
       · 기능주의와 갈등이론을 통해 제시가 가능하다고 봄.
       · 기능주의에서 빈곤문제: 가회 구성원 대다수가 가난에 빠지는 것으로 이의 해결책으로 체계적인 교육과 동기부여 등을 통해 사람들을 유능한 인적자원으로 육성하고자 함.
       · 갈등이론에서는 가난의 원인: 사회적 불평등에서 비롯되는 것으로 보아 해결책 역시 사회적 불평등을 해소하는 사회복지정책 개발이나 제도 개선에 중심을 둠.
   (3) 빈곤의 개선
       · 국가 차원의 거시적 측면에서 사회사업이나 사회복지제도 개선에 더 많은 노력을 쏟아야 함.

- 국민기초생활보장법에 따른 수급권자 범위와 복지예산을 확충하고 최저생계비와 의료비 지원 등을 현실화하는 문제 등이 바로 국가의 몫임.
- 개인적 차원의 미시적 측면에서는 직업훈련과 개인 능력 계발 등을 위해 본인의 사고와 의식을 변화시켜 나가야 함.

(4) 독신여성의 증가와 이혼 증가
- 여성들의 사회경제적 활동의 참여가 확대되면서 돌아온 싱글이라고 하는 이혼여성도 늘어나고 있음.
- 현대의 독신여성은 독립된 경제생활이 가능하므로 결혼을 의무보다는 선택의 조건으로 삼고 있음.
- 경제적으로 풍요로움.
- 자신을 위하여 쓰는 경제적 지출은 아끼지 않음.
- 언젠가는 은퇴와 실직을 경험하게 되기에 노후를 설계하거나 실직 대비 능력개발을 위해 학습활동에 참여해야 함.

(5) 이혼여성의 증가에 따른 빈곤문제
- 날로 심각해지고 있음.
- 당장의 처해진 현실 도피에는 성공했다고 볼 수 있지만, 생활을 위한 경제적 대안은 그리 넉넉하지 못한 것이 이들의 현실임.
- 현실문제를 해결해 나가기 위해 이들은 또 다른 여성문제를 야기하기도 함.
- 여성의 문제해결은 이들의 사고와 의식변화를 통한 학습활동 참여와 능력개발을 위한 자신의 부단한 노력만이 해결책임.
- 해결책의 일환이 곧 여성평생교육활동임.

4) 아동·청소년 문제
  (1) 아동·청소년 문제가 강조되는 이유
  - 내일을 책임질 주체이기 때문.
  - 시대와 문화에 따라 그 양상과 종류가 매우 다르게 나타나고 있음.
  - 청소년 문제가 발생하는 조건: 기본적으로 개체적인 것과 사회적인 것으로 구분됨.
  - 개체적인 조건: 청소년기의 불안정한 심리적·정신적 특징 자체이지만 요즘 사회에 있어서의 생리적 성숙 가속화와 사회적 성숙 지연으로 심신 발달의 불균형이 나타나면서 청소년들의 사회 적응을 어렵게 만들어 가고 있음.

- 청소년 문제 발생의 사회적 조건: 청소년의 인격형성과정에서 나타나는 사회문화적 환경, 외국 대중문화의 침투와 우리 전통문화의 해체, 고도의 경제성장과 기술혁신 및 고밀도 도시사회의 침투와 우리 전통문화의 해체, 고도의 경제성장과 기술혁신 및 고밀도 도시사회의 출현 등으로 사회해체·아노미·인간소외 현상들이 나타남을 의미함.

(2) 청소년 사회
- 향락적이고 퇴폐적인 과소비 문화와 청소년 유해환경이 만연해 가고 있음.
- 청소년의 가출과 비행과 범죄가 늘고 있음.
- 놀라운 사실은 과거와 달리 청소년들의 가출 사유가 자유나 독립추구 혹은 생계유지를 위한 적극적 사회참여를 위한 것이 아니라는 사실임.
- 비행과 약물중독 그리고 탈선으로 이어지는 부정적 의미의 가출이 늘고 있는 현상은 심각한 문제임.

(3) 청소년 문제
- 약물남용이나 중독
    - "한 개인이 한 달 이상 일정 약물을 지속적을 사용하고 약물의 사용으로 인해 사회적법적 혹은 직업적 문제를 가지면서 또 다른 약물의 사용을 지속하려는 욕망에 빠져 헤어 나오지 못하는 상태"를 의미함.
    - 우리나라는 약물남용의 객관적 수치는 타 선진국에 비해 높지 않지만, 증가 속도가 빠르다는 사실에 문제가 있음.
    - 약물문제가 심각한 것은 약물효과에 따른 범죄 때문이기도 하지만, 더 중요한 사실은 약물의 중독성과 전염성 그리고 이에 따른 사회적 건강의 악화가 심각하기 때문임.
- 여자 청소년들의 리틀 맘(little mom: 청소년 미혼모)이 되어가는 숫자가 늘어나고 있음.
- 남자 청소년들은 집단으로 몰려다니면서 사회공포를 조장하거나 동료 학생들을 폭행하고 왕따시켜 버리는 학원폭력.

(4) 청소년 평생학습활동
- 청소년들을 지도하고 청소년 문제를 예방하고 치료하기 위해 요청되고 있는 활동.
- 지역사회의 평생교육시설이나 기관은 물론 청소년 시설과 청소년 마을 등을 활성화하여 사회적으로 바람직하지 않은 행동을 사전에 예방할 수 있도록 노력해야 함.

(5) 사회적으로 바람직하지 않다고 하는 행위
- 반(비)사회적 행동, 일탈행동 등으로 구분될 수 있음.
- 성격, 지능, 정서 등의 문제에 바탕을 둔 인성적 요인, 가족의 분위기와 가족 구성 요원 그리고 학교와 또래 집단 등에 의한 환경적 요인 등이 영향을 미침.
- 청소년들의 행위를 예방하기 위해서는 학교가 사회사업과 교육을 병행하여 최적의 교육환경을 제공하고, 학교 밖의 평생교육시설이 청소년 시설을 학생들이 활용하여 문제학생의 예방과 보호를 위해 활성화시켜 나가는 것도 바람직함.

(6) 청소년 문제 해결
- 학교와 청소년 시설 및 평생교육시설에서는 공동으로 네트워킹 시스템을 갖추고 청소년들의 가출과 비행예방, 근로청소년과 고등학생들의 진로지도 및 직업교육, 건전한 청소년단체 활동 지원, 결손가정 청소년 지원 및 쉼터의 운영, 청소년 여가지도 등을 위한 교육프로그램 운영이나 상담활동이 실천되어져야 할 것임.
- 부모의 관심 특히 어머니의 자녀에 대한 관심과 사랑 및 대화를 통하여 청소년을 건전하게 육성시켜 나갈 수 있음.
- 부모의 자녀교육에 대한 역할 대처 능력 확대를 위해 여성평생교육이 필요함.

5) 여성 소외와 성차별
(1) 여성문제
- 아동 및 청소년 문제, 노동문제, 가족문제, 노인문제, 성폭력, 소외 등 여러 문제와 연관되어 있음.
- 하나의 문제를 해결한다고 해서 모든 문제가 해결되는 것도 아님.
- 성체 기초한 다양한 형태의 차별과 억압, 노동에 대한 착취와 소외 등에 연관되어 있음.
- 여성이 사회에서 정당한 대우를 받지 못하고 있다는 데에 기인함.

(2) 여성
- 사회구조 속에서 단지 생물학적인 이유만으로 여성이기에 인간다운 삶을 누리지 못하고 억압당하면서 차별받는 소외대상이 되고 말았음.
- 가정과 사회에서 여성과 남성이라는 불평등적 문제와 여성의 인간화를 저

해하는 사회의 모순구조는 여성을 억압하는 사회적 단초를 제기하는 원인이 되었음.
- (3) 현대사회
  · 모든 여성과 관련하여 성평등적 시각으로 여성의 능력개발과 사회참여 확대를 통하여 그들의 자아실현과 인간다운 삶을 보장하는 문제를 해결해 나가는데 모든 노력을 기울여 나가야 함.
  · 자본주의 사회에서 여성문제는 상품으로서 노동문제와 연결되며, 다시 가사노동 문제가 더해짐.
  · 상품으로서의 노동문제가 여성문제와 다루어질 때에는 사회적 약자의 노동 참여문제와 궤를 같이 함.
- (4) 여성문제를 바라보는 이론적 관점들
  · 자유주의에서의 여성문제해결:
    - 여성도 남성과 동일한 자유와 권리를 누림으로써 가능하다는 것.
    - 국가 차원은 물론 사회적·개인적 노력 여하에 따라 가능할 수도 있음.
  · 마르크스주의: 사회문제 해결 없이 여성문제 해결도 어렵다고 봄.
  · 급진적 여성해방론:
    - 여성문제는 생리적·생물학적 조건에서 발생한 것이므로, 아예 그러한 조건을 바꾸는 성의 혁명이 일어나야만 그 문제의 해결이 가능하다고 봄.
    - 선천적 의미만 있을 뿐 불가능한 것.
  · 여성의 노동문제: 저임금 및 열악한 노동환경 문제 해결, 임신과 출산 및 수유에 따른 불편함으로부터 임신중절이나 피임의 합법화 및 양육의무의 불평등 해소, 여성고용촉진 및 여성고용기회의 평등보장정책의 실현 등은 현대의 여성 문제해결 방안으로 대두된 것임.
- (5) 여성
  · 약자 및 소외계층으로부터 지위의 상승과 소외의 극복, 노동환경의 개선 등을 위해서는 여성 스스로가 의식을 변화시켜 나갈 때 가능함을 인식해야 함.
  · 자신을 성찰하고 문제점을 발견하여 이의 해결을 위한 대안으로 학습활동에 참여함으로써 극복이 가능하거나 그 속도를 조절해 나갈 수 있음.
  · 여성 평생학습
    - 여성들의 지위와 권리 및 불평등한 사회환경 및 구조를 개선시켜 나가는 수단으로서 매우 중요한 역할을 수행함을 인식해야 할 것임.

6) 여성노인의 급증과 보건문제
   (1) 우리나라의 노인인구 비율
      · 2000년 7월1일을 시점으로 전체 인구 대비 7%를 넘어서 고령화사회(aging society)로 진입하였음.
      · 급속한 고령화의 진전에 따라 노년기가 연장되었음.
      · 한국인의 평균수명은 2000년 74.9세로 기록되었던 것이 2020년에 이르러서는 78.8세로 추정되어 고령사회(aged society)로 진입할 것을 예측하고 있음(허정무, 2002).
   (2) 한국의 고령화 속도
      · 매우 빠르게 전개되었음.
      · 노령인구의 비율이 7%→14%에 도달하는 데 걸리는 기간이 평균 19년(일본은 24년, 미국은 71년 소요), 14%→20%로 증가하는 데 걸리는 기간은 7년(일본은 12년, 미국은 15년 소요)인 것으로 나타나고 있음.
   (3) 한국 사회에 있어서의 노인부양에 대한 부담
      · 노인인구가 빠르게 증가하면 할수록 젊은이들이 노인을 부양해야 하는 부담도 높아짐.
      · 원하든 원하지 않든 간에 자녀들인 젊은이의 몫임.
      · 우리 사회의 노인부양에 대한 가정기능은 점점 약화되어 가고 있음.
      · 핵가족화, 출산율 저하, 여성의 경제활동 증가, 주거환경의 변화 등으로 자녀들의 부모 부양은 한계에 직면해 있음.
      · 노인만이 혼자 사는 노인단독세대 비율도 높아가고 있음.
      · 독거노인도 증가하고 있음.
   (4) 노인
      · 노인인구 65세 이상의 10% 이상이 기초생활보장 수급자로서 노인의 소득수준이 열악한 형편임.
      · 노인복지시설에서 보호하고 있는 노인인구도 전체 노인의 0.36%에 달하는 등 노인의 부양과 그들의 경제적 빈곤 및 독거 상태가 사회문제가 아닐 수 없음(김근홍 외, 2002).
      · 노인의 질병과 건강문제가 사회문제로 대두되고 있음.
   (5) 노인 건강문제
      · 국민소득의 향상과 이로 인한 생활수준의 개선 그리고 의료기술의 발달로 국민들의 평균수명은 크게 연장되고 있음.

- 경제적 빈곤으로 인하여 질병과 건강보호에 어려움을 겪고 있는 것이 현실임.
- 노인의 건강은 심신의 노화로 약화되는 것이 일반적이지만 적절한 의료혜택을 받으면 노화의 속도를 지연시켜 보다 행복한 노년을 보낼 수 있으므로 노인 건강 문제는 매우 중요함.
- 만성질환관리, 의료비 지불, 간병, 장기보호대책 등.
- 노인의 역할 상실과 여가문제가 커다란 사회문제이기도 함.

(6) 건강
- 누구에게나 일자리를 얻고 또 가족관계를 원활히 하고 사회활동에 적극 참여하는 동인이 되어 삶의 질을 높이는 기본 수단이 됨.
- 우리나라 사람들의 삶의 영역 중 관심도가 높은 분야가 건강이라고 함.
- WHO에서 정의하듯이 "질병이 없는 상태가 아니라 육체적, 사회적, 정신적, 영적인 차원의 긍정적인 복리상태"를 포괄하는 것.
- 개인의 건강수준은 신체적인 조건뿐만 아니라 사회의 여러 가지 요인에 의해 매우 다양하게 나타나고 있는데, 특히 성(gender)은 개인의 건강수준을 가늠하는 중요한 잣대가 되고 있음.

(7) 여성건강
- 여성의 경우 남성에 비해 평균 수명은 5~6세 길지만 병에 걸리는 유병률은 높은 것으로 알려져 있음.
- 여성의 경우, 비만, 당뇨, 빈혈, 호흡기질환, 자가면역질환인 류머티즘 질환, 소화기 질환, 골다공증과 알츠하이머병(치매)과 같은 만성병의 발생률이 남성에 비해 높음.
- 질병 유형별로 살펴보았을 때 여성이 남성보다 빈혈과 생식기계 질환에서 각각 1.8배, 내분비, 영양,대사(당뇨, 갑상선 질환)와 관련된 질환 1.5배, 치과 질환은 1.3배가 더 높은 것으로 밝혀졌음(김남순 외, 2003).
- 일부 질환은 여성 또는 남성에게만 나타날 수 있는데 특히 여성에게 문제가 되는 질환으로는 임신으로 인한 합병증(자궁외 임신, 임신으로 인한 당뇨, 임신으로 인한 고혈압), 여성 생식기 암(난소, 자궁경부, 자궁), 월경에 따른 월경 전 증후군, 폐경기에 따른 증상 등이 있음.
- 유방암의 경우 남성에게는 매우 드문데 반해 여성의 경우 주요 사망 요인으로 작용할 수 있음.
- 남성에게만 있는 질환은 전립선비대증이 대표적임

(8) 성별로 살펴본 사망원인
- 사고에 의한 사망은 남성이 많음.
- 남성에게 많을 것으로 생각되던 뇌혈관 질환, 심장병, 고혈압 등 성인병이 여성에게서 그 중에서도 특히 45세 이후의 중·노년기 여성에게서 더 높게 나타났음(김남순 외, 2003).
- 여성이 남성에 비해 증상이나 징후가 불명확한 사망원인이 높은 비율을 차지하고 있는데, 이는 여성건강 문제의 상당부문이 무시되고 있을 가능성이 있음을 시사하고 있음.

(9) 현대 정보화 사회 생활양식변화
- 여성들의 스트레스와 우울증을 증가시키는 원인이 됨.
- 흡연과 음주를 하는 여성이 증가하면서 여성의 흡연이 남성의 흡연보다 더욱 심각한 문제를 야기하고 있음.
- 흡연을 하는 여성의 건강문제도 심각하지만 특히 태아와 어린이의 건강에 치명적인 영향을 끼칠 수 있어 임신과 출산 중의 여성의 흡연은 범죄행위 또는 살인행위로 비난받아야 할 정도임.

(10) 노인 여성의 건강관리
- 건강 상태의 정확한 평가 및 진단에서 출발해야 함.
- 노인 여성 본인이 자신의 건강과 질환을 관리예방하고 나아가서는 스트레스까지도 스스로 풀어버리는 노력과 능력을 갖추어 나가야 함.
- 여성 건강에 대한 정보와 지식을 체계적으로 습득할 수 있도록 주변의 평생교육시설이나 노인회관 혹은 노인학교의 교육프로그램에 등록하여 규칙적으로 참여하고, 동료들과 대화를 통하여 경험을 서로 나누고 스트레스도 풀 수 있는 기회를 가질 수 있어야 함.

(11) 노인문제
- 우리나라의 경우 노인문제가 아주 단기간에 첨예화되고 있는데 반해 그 대책은 단시일 내에 해결될 수 없는 장기적임.
- 노인주택, 노인건강이나 의료, 노인여가, 노인소득 모두 동일함.
- 대책이 장기적이라 하여 당장 준비를 서두르지 않을 경우에는 불시에 사회적 통합의 와해, 사회 시스템 전반의 마비와 혼란을 가져오게 된다는 데 그 심각성이 있음.

(12) 여성평생학습
- 여성 노인 급증과 질병 등에 대비하여 건강한 여성성을 유지하고 나름대로의 노후대비를 위해서 요구되는 것
- 의식을 전환하고 노후의 여가생활을 보람있게 보내면서 자신의 건강을 유지하고 질병을 예방해 나갈 수 있는 대안으로 요청되는 활동.

7) 정보화사회의 문제
(1) 정보사회의 새로운 도구들의 등장
- 커뮤니케이션이 제약받았던 시간과 공간 제약을 극복했다는 긍정적 부분이 있지만, 편리성과 접근성이 있다 하여 인간의 가치마저 기계적이고 합리적인 내용으로 내몰리는 현실은 문제가 있음.
- 기계적 의사소통인 사이버상의 대화는 항시 오해의 가능성이 존재하고, 진솔한 감정을 제대로 전달하지 못하는 약점도 있음.
- 피상적인 의사소통에 몰두하게 될 때, 감정과 정서가 메말라 일탈행위에 빠질 수 있고 인간성 또한 배제된 채, 타인과의 감정적 동일시와 인격적 의사소통 능력이 약화됨-사이버 일탈행위.
- 배움의 과정을 거쳐야 만이 네트워킹 세대(N세대)라고 하는 현재의 우리 청소년들과 대화가 가능하고 세대 차이를 극복해 나갈 수 있으며 세대 간의 단절을 극복해 나갈 수 있음.

(2) 정보사회에의 여성 참여
- 지식기반사회와 정보화사회에서 살아남고 인정받으며 사회공동체 구성을 위한 하나의 개체로 인정받기 위해서라도 남녀 모든 성인들은 능동적으로 인지적 교육활동에 적극 참여하여, 학습능력을 향상시켜 나갈 수 있는 학습존재로 거듭나야 함.
- 평생학습에의 참여를 삶의 필수과정으로 여겨야 할 것임.
- 여성들도 정보화에 대한 새로운 인식과 필요성이 사회 전반에 확산되고 있음.
- 실질적으로 여성정보화촉진을 위한 교육들이 정규 또는 비정규 교육기관을 통해서 활성화됨.
- 정보사회가 제시하는 새로운 기회를 현실화하고자 하는 노력을 기울여야 함.

(3) 정보화 수준
- 남성(37.8%)와 여성(27.3%)의 정보화 격차가 10%에 이르고 있음.

- 주부의 경우 18.6%만이 정보화 사회에 대비하고 있는 것으로 조사되고 있어 정보화에 대한 취약성을 여실히 보여주고 있음(아이뉴스, 2001).
- 여성정보화 촉진을 위한 보다 많은 노력들이 필요함.

(4) 40대 이상의 정보소외현상 심각
- 주부: 정보화에 따른 시대의 변화의 흐름을 파악하지 못하여 자녀나 남편과의 대화에서 단절감을 느낀다고 호소하는 사례가 적지 않음.
- 직장여성: 그들만의 네트워킹으로 똘똘 뭉친 남성과의 치열한 경쟁에서 밀려나 설 땅을 잃어버리는 경우도 많음.
- 정보화지식기반사회에서 요구하고 있는 정보의 검색활용지식 창출 및 공유 등의 능력개발을 위해 평생학습활동이 요구되고 있음.

〈문제〉 여성문제를 바라보는 이론적 관점에서 여성도 남성과 동일한 자유와 권리를 누림으로써 여성문제해결이 가능하다고 한 것은?
① 자유주의 ② 마르크스주의 ③ 급진적 여성해방론 ④ 민주주의

2. 인적자원 개발전략으로서의 여성교육

2.1 인적자원 개발전략으로서의 여성교육

1) 최근 동향
   (1) 여성 삶의 구조적 변화와 여성 의식의 변화, 여성 인력에 대한 사회적 요구 등으로 여성의 사회 진출 확대와 함께 여성들의 사회적 지위와 권리를 찾으려는 움직임이 활발해지고 있음.
   (2) 여성의 고등교육 기회의 확대, 출산율 저하, 가사노동시간의 단축, 여성 진출 분야의 확대와 같은 사회적 여건과 노동시장의 변화는 여성의 경제활동에 대한 관심과 참여를 촉진시켰음.
   (3) 세계적으로도 여성 인력에 대한 요구가 커지면서 여성 인력을 키우는 일이 급선무라는 인식과 함께 여성교육과 훈련이 주요 관심사가 되고 있음.
   (4) 양성평등 차원에서 남녀 평등한 교육기회의 제공과 여성 채용할당제, 남녀 비차별적 교육 및 직업훈련, 여성에 대한 평생교육 촉진, 성차별 금지 등을 추진하고 있음.

2) 21세기 정보사회
    (1) 직업의 전문화, 세분화, 다양화로 특징지을 수 있음.
    (2) 노동시장이 보다 유연화되고 여성들의 특성을 강점으로 살릴 수 있는 첨단기술 분야, 새롭게 부각되고 있는 분야 등에 여성들의 진출이 보다 용이해질 전망임.
    (3) 여성도 사회의 구성원으로서 경제활동에 적극적으로 참여하여 능력을 발휘하고 전문성을 확보하고 자신을 꾸준히 진보시켜 나가야 함.
    (4) 여성의 경제활동에의 참여는 여성 자신을 위한 것뿐만 아니라 사회 및 국가적 차원에서 국가경쟁력 강화, 고령화 사회에서 생산인력의 확보 등 국가의 이익과 발전에 기여한다는 의미에서 매우 중요하며 이에 여성인력 개발과 활용의 필요성이 시급하다 하겠음.

3) 우리나라 여성의 결제활동 참가율
    (1) 선진국 평균수준에 비해 낮음.
    (2) 특히 대졸여성과 30대 여성의 비율이 낮은 편임.
    (3) 2004년도 대졸 이상 여성의 경제활동 참여율은 55.8%로서 OECD회원국(평균 74.8%) 중에서 최하위국 집단에 속함.

4) 우리나라 여성의 경제활동 참가 형태
    (1) 20대 활발하다가 결혼, 출산, 육아기인 30대 초에 크게 떨어지고 30대 중반부터 다시 증가하여 40대에 최고에 달하며 50대에도 높은 참여율을 보이고 있음.
    (2) 30대 여성 인력의 활용이 낮아 선진국과 큰 격차를 보이고 있음.
    (3) 30대 초반 재직여성들의 결혼 이후 직장 퇴직률이 여전히 높고 30대 중반 이후 노동시장 재진입이 쉽지 않음을 의미함.
    (4) 전체 비경제활동 인구 여성의 28.3%가 취업을 희망하고 있음.
    (5) 기혼 여성의 취업 희망률(31.2%)이 미혼 여성(19.8%)보다 높으며, 대졸 비경제활동 여성의 35.1%가 취업을 희망하고 있음.
    (6) 여성들이 노동시장 재진입을 원하는 경우에도 고학력 여성들을 위한 노동시장이 발달되어 있지 않아 여성 고용의 질이 매우 낮은 상황이 초래되고 있음 (박성정 외, 2005).

5) 우리나라 여성의 경제활동 참여율이 낮은 이유
   (1) 고용시장의 여성 차별적 구조적 요인.
   (2) 성별 이분법적 역할 분화(남성은 바깥일, 여성은 집안일)
   (3) 육아와 가사 및 일을 병행할 수 잇는 근무 시스템이 구축되지 못한 사회구조적 문제
   (4) 출산 및 육아 후의 재취업의 어려움
   (5) 취약한 여성의 직업의식과 준비 부족
   (6) 여성 직업훈련기관의 희소 및 기술 습득의 어려움.

6) 여성의 경제활동 참여를 높이기 위해
   (1) 국가적 차원의 적극적인 정책적·제도적·교육적 접근이 동시에 추진되어야 함.
   (2) 남녀 불평등한 사회구조적 문제, 여성 인력의 육성과 활용방안에 대한 구체적이고 실질적인 접근이 요구됨.
   (3) 가정, 학교, 사회에서 남녀평등이 실현되어야 함.
   (4) 성별 이분법적 역할 분화를 지양, 여성과 남성에게 다양한 역할상을 제시하고 가사노동과 자녀양육이 여성만의 것이 아닌, 남성과 사회의 공동 책임임을 인식하여야 함.
   (5) 정부 차원의 탁아시설의 확대 및 지원, 보다 현실적인 출산 및 육아휴직제도, 근무 형태의 다양화, 재입사제도의 명문화, 직장에서의 성차별 금지, 여성의 적극적인 직업의식 제고와 능력개발, 각급 학교 및 평생교육기관에서 현재 및 미래의 직업세계를 반영한 보다 실질적인 직업 교육 및 훈련이 실현되어야 함.
   (6) 성인 여성들에 대한 교육기회의 확대와 다양한 직업교육 프로그램의 개발, 여성인력 개발센터의 활성화 및 여성 전문인력 양성을 위한 프로그램의 운영, 여성인력에 대한 고용 기회의 확대와 안정 유지, 노동시장에서의 성평등 제고는 시급히 요청되는 과제임.

7) 성인여성을 위한 직업교육의 정책과제
   (1) 취업여성을 위한 직업 유지 및 전문성 개발 방안과 취업희망여성을 위한 취업준비 평생교육방안을 제시하였음.
   (2) 취업여성을 위한 탁아시설 확충 및 탁아비 지원, 유연한 근로 형태 조성, 성차

별적 직장문화 개선 및 사회 고정관념 해소, 제1차 노동시장의 여성 할당제, 연수교육 참여기회 확대.
   (3) 취업을 위한 평생교육: 직업의식 강화 교육 및 유망 직종 전환 교육기회 제공, 재취업 교육과 고용 연계 프로그램 강화(김재인 외, 2005).
   (4) 최근 여성 인력에 대한 사회적 요구가 증가하고 있음.
   (5) 여성들의 직업의식은 과거에 비해 많이 제고되었음.
   (6) 취업을 희망하는 여성들이 점점 늘어나고 있는 추세임.
   (7) 여성인력개발 차원에서 여성들에게 직업훈련 기회를 제공하고 성별 직종분리 구조의 완화와 여성 취업 분야의 다양화를 위한 정책이 마련되어야 할 것임.

8) 우리나라 여성 인력 개발정책 재고 필요성(박성정 등, 2005)
   (1) 선진국의 여성정책
      · 직업훈련에 참여하는 여성 훈련생에 대한 보육비 및 교통비 지원, 훈련시간 편성 배려, 취업기초교육 강화, 비정규직 여성 훈련, 남성 직종에 여성 진출 훈련, 여성취업 자문기구 운영 등 중장년 여성들을 배려한 훈련정책으로 그들의 직업능력을 개발하는 정책을 시행하고 있음.
      · 개별과세제나 교육휴가제 등 중장년 여성을 노동시장에 유인할 수 있고 훈련참여율을 높일 수 있는 정책 등 다각적인 접근을 시도하고 있다고 하였음.
   (2) 우리나라 정부 각 부처의 여성인적자원정책 및 사업
      · 저학력, 저소득 여성을 서비스 분야의 저임 단순기능직으로 훈련, 취업시키는 데 중점이 있음.
      · 노동부나 여성가족부, 보건복지부 모두 저소득, 저학력 여성을 위한 직업훈련 및 취업지원, 일자리 창출 정책에 초점을 두고 있음.
      · 고학력 여성을 위한 정책은 거의 시행하고 있지 않음.
      · 여성의 저임단순기능직에의 취업률은 제고할 수 있으나 고용의 질이 낮고 성별 직종분리를 심화시키며 여성의 경제활동 참가율을 제고하는 데 한계가 있음.
      · 저학력 여성을 위한 훈련과 취업, 고학력 여성을 위한 훈련과 취업을 균형적으로 고려한 여성인적자원개발정책과 사업을 개발, 시행할 필요가 있음을 강조하였음.

9) 중장년 여성인적자원개발을 위한 정책과제(박성정 등, 2005)
   (1) 중장년 여성을 위한 교육훈련체제 정비를 제안하였음.
      · 공공훈련기관 및 직업훈련시설/법인의 30대 이상 여성 훈련 참여 촉진, 훈련생 선발 시 30대 이상의 여성 선발 우대 지침을 적용하고 그 결과를 기관 평가에 반영, 공공 훈련기관 운영(자문)위원회에 여성을 참여시켜 여성 친화적 운영 강화, 훈련기관 평가 시 여성 관련지표 포함, 여성 훈련 직종 개설 확대, 남녀통합과정에 참여를 꺼리는 중장년 여성을 위해 주부훈련과정 개설, 직업훈련시설/법인 훈련과정의 여성대상 홍보 및 여성 친화적 환경 강화 등.
   (2) 대학평생교육원과 여성회관의 고학력 여성 직업교육훈련 기능 강화로서 대학평생교육원에 고학력 중장년 여성취업과정 개설 지원, 여성회관의 고학력 중장년 여성대상 프로그램 개설 강화, 고학력 경력 단절 여성을 위한 경력재개 지원 프로그램 운영을 제안하였음.
   (3) 여성인력개발센터를 중장년 여성훈련기관으로 특화할 것을 제안하였음.
      · 센터를 서비스 분야 중장년 여성 훈련 및 위업지원기관으로 특화, 정부지원 훈련과정 확대 및 고용보험지원과정에 고용보험미가입자 훈련 참여 비율 확대, 훈련생 선발 시 40대 이상 여성 안배 등을 제안하였음.
   (4) 복지관의 다양한 여성 취약집단을 위한 훈련 및 복지서비스 기능 강화로서 여성 장애인, 한 부모, 이주여성, 새터민 여성 등 여성취약계층을 위한 다양한 훈련과정 제공을 제안하였음.
   (5) 고학력 경력단절여성의 재취업을 위한 훈련과정 개발로서 고학력 여성취업 유망직종 개발 및 훈련과정 개설, 고학력 여성 중점 훈련기관 육성, 전문대 기반 장기 직업 전문과정 운영을 제안하였음.
   (6) 여성 창업 직종 개발 및 지원 강화로서 서비스 분야 여성 창업 훈련 직종의 다양화, 여성 창업 준비 교육 강화 및 지원 강화를 제안하였음.
   (7) 남성 직종에 중장년 여성이 진출할 수 있는 훈련과정 지원으로서 중장년 여성 취업이 유망한 남성 지배 직종 발굴, 남성 지배 직종으로의 여성 진출과정 개설 시 정부 지원을 제안하였음.
   (8) 훈련시간대 다양화로서 야간 및 주말훈련과정 개설 장려 및 초과근무 인건비 지원, 저소득여성 대상 훈련과정(여성가장훈련 등)의 야간 개설을 제안하였음.

10) 중장년 여성 취업 제고를 위한 지원 강화
   (1) 공공취업정보망의 중장년 여성 추이ㆍㅂ 정보 강화, 지역 여성취업 수요조사 실시, 지역의 여성취업 지원역량 활용(지역의 공공취업알선기관, 지자체, 사업체, 민간 인력알선협회, 지역중소기업 지원기관, 여성 단체 등을 포함한 여성취업지원 네트워크 구성), 취업연계프로그램 강화를 제안하였음.

11) 중장년 여성이 취업할 수 있는 일자리 창출
   (1) 교육 및 보육, 문화시설에서의 고학력 여성 일자리 창출, 보건서비스 및 가사서비스 분야 일자리의 전문직화, 여성사회적 기업 도입을 제안하였음.

12) 중장년 여성인력 활용 제고
   (1) 재직여성들의 직업경력 유지를 위한 정책 강화(모성보호정책, 고용평등정책, 기혼여성 친화적 직장문화 조성, 여직원 이해교육, 시간제, 탄력근무제 선택 허용, 맞벌이 부부의 가정 내 가사분담문화 조성), 취업여성 대상 보육서비스 강화(공보육, 직장보육시설 확대, 24시 보육시설운영, 취업모를 위한 다양한 보육서비스 제공, 영아 보육서비스 강화, 취업여성 보육비 감면, 보육도우미 양성, 파견사업), 경력단절 여성의 노동시장 재진입 지원정책 강화(신입사원 채용 시 연령제한 철폐, 기업의 주부사원 특채제도 장려, 퇴직여사원 재 채용제도 지원금 인상)를 제안하였음.

2.2 '공부'의 통념으로부터 '배움'으로의 인식 전환

1) 공부에만 몰입하는 학교교육의 한계
   (1) 통념
      · 상식 수준을 조금 넘어서서 사회적 지지도가 높아 오랜 기간 동안 유지·활용되고 있는 단단한 주장이나 견해를 말함.
   (2) 통념상 학교
      · 공부의 장소로서 교사 중심으로 교과의 지식과 내용을 전수시켜 나가는 특수집단임.
   (3) 공부
      · 공공성과 특수성을 동시에 가진 학교가 국가에서 추진하고 지향하고자 하는 목표 달성에 기여하고자 단위학교별로 실시하는 교육활동을 의미함.

- '가르칠 활동/과제/내용/방법'들 모두가 한 곳에서 일어나고 있음을 의미함.
- 많은 사람들은 이러한 학교의 특수 관념 틀 속에서 생활관·직업관·국가관을 형성해 왔음.
- 널리 이롭게 생활하고, 직업생활을 준비하고, 국가와 인류사회에 봉사할 줄 아는 의식체계를 가르쳐 왔음.

(4) 학교
- 민주주의 교육을 주창하면서도 민주시민교육의 실천보다는 교육활동과정에서 합리적인 의사결정 절차의 민주주의만을 내면화시켜 왔을 뿐임.
- 인간중심교육을 위해서는 교양교육을 중시해야 한다고 하지만 실제로는 직업준비를 위한 기술교육이나 지식교육에만 함몰되어 왔음을 부인할 수 없음.
- 실용주의 및 자유시장경쟁원리의 도입이라는 정치적 영향의 굴레에 덧씌워져 학교교육에 인문중심 분야나 교양중심 분야의 전공 및 학과는 젊은 학생들로부터 소외 받아 온 지 오래되었음.
- 더 이상 '공부'를 전담하는 곳도 아님.
- 인간으로서 인간미를 갖추고 자율적 환경이나 분위기 속에서 창조적 행위를 통한 능력개발과 더불어 지역사회가 요구하는 문화 창달과 진리 창조에 기여하고자 '공부'하는 공공장소의 기능마저 상실해 가고 있음.

(5) 학교교육의 통념
- 20세기에 들어오면서 자본주의의 발달과 함께 각 국가마다 학교기관을 체제 유지를 위한 사회적 도구로 활용하였음.
- 페다고지(Pedagogy): '보육학', 혹은 '교사학'이라고 번역될 수 있음(한준상, 2001).
- 인간의 배움에 관련된 교육욕구와 활동들을 총체적으로 설명해 주기에는 역부족인 통념이었지만, 교육학의 발전을 위한다는 미명 아래 독일 교육학의 대부격인 헤르바르크(Herbart)가 우여곡절 과정을 거쳐 오늘날에는 '교육학을 대변하는 패러다임'으로 인식·발전해 왔음.
- 어린이를 위한 보호와 배움의 활동'이라는 말이 뜻하는 것처럼, 인간의 배움 과정과 현상을 총체적으로 설명해 주기에는 너무도 제한적임.
- 배움이 인간의 발달단계상 어느 특정 시기에 가장 활달하게 이루어지는가에 집중하도록 하고, 아동이 학교에서 교사들의 가르침을 통하여 문자 해독

능력과 정보 및 지식을 축적하는 활동이 학교교육의 핵심으로 인식하도록 만들어 놓았음.
　　· 배움과 가르침은 학교와 같은 특정 장소에서 일어나야만 되는 행정적 행위이며, 그것을 위해서는 교사라는 것을 필요로 한다는 법률적인 행위로 규정하고 있음.

(6) 교육의 통념과 학교교육활동에 관한 인식은 변화되어야 함.
　　· 학교교육을 마친 후 성인이 되어서도 계속하여 배움의 공공성을 인식하고 평생학습에 적극 참여하게 됨.
　　· 학교의 구조도 배움의 공동체로 옥은 지역학습공동체로 재편성되어야 함.
　　· 열린 지역학습공동체를 형성하면서 동시에, 지역 주민에게 학습친화적인 학습생태계를 유지하기 위해서는 지금과 같은 학교 중심의 의무교육제도에 대한 대폭적인 손질도 불가피함.
　　· 국가교육을 정부로부터 위임받은 기존의 학교교육은 지금과는 전혀 다른 방식으로 전환되어야 함.
　　· 학교가 지역사회 주민들에게 학습친화력을 불어넣기 위한 학습친화적 배움터로 탈바꿈하는 일임.
　　· 학교에 대한 주민들의 활용권을 보장해 주는 새로운 학습공동체로 그들을 거듭나게 만들어 놓는 일의 시작은 학교를 학습생태계의 한 영역으로 새롭게 변신시키는 일과 같음.
(7) 학교를 인간의 학습을 활성화시키는 학습터로 재활용
　　· 주민들의 학습친화력은 더욱더 자연스러워질 것이며 동시에 기존의 학교 기능 그 스스로 평생학습시대에 동참하는 학습친화적 배움터로 작동할 것임.
　　· 학교 스스로 지금과는 다른 열린 지역학습공동체로 변신하려고 할 때, 학교 스스로 지금과는 다른 '학습생태계'가 될 것임.
　　· 학습의 생태학적 원리는 기본적으로 학습을 지역주민의 요구에 합당하도록 학습의 속도를 조절하는 기능이 중요함.
　　· 동시에 배우는 일을 지역학습공동체의 정신으로 간직하게 함으로써 학습친화적인 사회를 만드는 일도 학교가 담당해 나가야 할 것임.

2) 배움을 즐기는 학습인간으로의 의식 전환
　(1) 배움 공동체로서의 학교
　　· 학생들 스스로도 교사와의 수직적 관계에 의한 일방적 학습체제가 아닌 수

평적 관계의 평등체제 속에서 문제중심의 토론식 학습방법으로 새로운 대안을 창출해 가는 학습체제 구성이 필요함.
- 교사들도 동료교사와 함께 항상 서로 배우려는 자세와 태도를 지향하면서 교육전문가로 성숙해 나가고, 민주적 학교운영을 위해 다양한 구성원들, 예를 들어 학부모·지역사회 주민·동창회·시민단체·학생 대표 등을 참여시키는 단위학교 운영 시스템을 갖추어야 할 것임.
- 교과내용만을 전달하는 '공부'의 장소가 아닌, 암기방식과 주입 전달식이 아닌 학습자중심의 자기주도적 '배움' 활동을 실천하는 장소로 전환될 수 있음.
- 현재의 재학생들에게는 졸업 후 사회생활에 적응하다가 자신의 한계나 문제점이 발견되면 언제든지 학교에 되돌아와 배워 갈 수 있는 공공장소
- 지역주민이나 학부모에게는 학교의 인적·물적 자원을 지원하거나 개방하여 그들의 교육적 욕구를 충족시켜 줄 수 잇는 지역주민학습센터로 쇄신해 나가야 함.
- 지역사회 주민 모두를 대상으로 학습과 배움의 공동체로 변화되었음을 피부로 느낄 수 있을 때 인식의 전환도 가능함.

(2) 미국
- 지역학습공동체(learning community)
    - 지역사회: 지역주민이 섬기고 이루어야 할 가치가 있는 혹은 비전이 있는 장소로 그 의미를 확대해 나가고 있음(김영준, 2006).
- 지역사회 대학(community college)
    - 미국의 지역사회 교육을 담당하는 중심축.
    - 지역주민들의 교양·취미·직업·시민교육 등을 전담하면서 미국 사회의 풀뿌리 민주주의 역할을 지탱하는 역할을 담당하고 있음.
    - 지역사회 주민이면 누구나 다닐 수 있는 대학으로서 열린대학(open college)라고도 부름.
    - 지역사회 소외계층에게는 직업교육 프로그램을 이수하고 취업을 하면 사회적 신분상승의 기회가 주어지므로 때로는 기회대학(opportunity college)이리고 명명하기도 함.
    - 지역주민 평생학습은 주로 주 정부의 지원에 의하여 이루어지고 있지만, 일부는 지역산업체나 지역상공회의소 등과의 파트너십 협정에 의하여 지원받아 운영되고 있음(Roueche et al., 1997).

(3) 영국
- 21세기의 국가 발전은 국민의 학습이 좌우한다는 전제 아래 국가의 평생학습 목표 및 전략을 담은 학습시대(Learning Age: A renaissance for a New Britain)을 선언함.
- 학습에 대한 책임을 고용주, 피고용인, 지역사회가 공유해야 하며 학습시대의 성공을 위해 모두가 협력함으로써 세계 수준의 기준과 경제적 가치를 달성할 수 있다고 밝히고 있음.
- 구체적인 추진전략을 담고 있는 것이 1999년 "성공을 위한 학습(Learning to succeed: A new frame for post 16 learning)"을 제안하였음.
  - '16세에 학교교육을 마친다'는 전통적 생각은 없어져야 한다는 전제 하에 새로운 평생학습의 개념을 천명하고 있음(교육인적자원부, 2005).
- 영국의 작은 지방정부: 성인 계속교육 기회를 제공하기 위해 지원을 강화하고, 지역의 고등학교들을 지역사회학교로 개편하는 등 지역주민의 학습활동을 위해 지원을 아끼지 않았음.
- 지역사회의 다양한 성인학습 프로그램을 학교 안으로 끌어들여, 학교의 클럽활동과 연계, 상호 통합하여 운영하고 있으며 재정의 지원도 상공회의소 기업지역사회 인사 등으로 다원화하면서 주민의 평생학습기반을 확충해 나가고 있음(김명수, 2004).

〈문제〉 다음 중 미국을 대표하는 용어가 아닌 것은?
① 마을학습공동체 ② 지역사회대학 ③ 열린대학 ④ 기회대학

3. '공부'의 통념으로부터 '배움'으로의 인식전환

3.1 '공부'의 통념으로부터 '배움'으로의 인식 전환

2) 배움을 즐기는 학습인간으로의 의식 전환
  (4) 학교
   - 학습을 위한 인적·물적 자원을 갖춘 기관.
   - 지역사회 중심에 있어 지역주민들이 쉽게 접근할 수 있는 편이성 지님.

- 학교의 모든 구성원은 물론 학교 밖의 지역주민 모두에게 배움의 일터, 지식정보의 교환소 역할을 담당해야 함.
- 일 삼아 배우고, 배움의 소중함을 터득할 수 있으며, 필요에 의해 찾아가면 반드시 필요 욕구를 충족할 수 있는 학습자 중심의 배움터가 학교임을 알려야 함.

(5) 인간
- 의식적인 존재로서 행동을 통하여 세계를 변화시키며, 동시에 창조적인 언어를 사용하여 세계와 현실을 표현할 수 있음.
- 세계와 인간의 관계는 본질적을 복수적 성격을 지님.
- 환경 내에서 단일한 응전양식만을 되풀이하진 않음.
- 응전행위 속에서 자신을 조직화하고, 최선의 응전양식을 선택하며, 스스로를 성찰하거나 시험하면서 그 결과를 통하여 행동하고 변화함.
- 인간의 문제를 해결하기 위한 도구이며, 의식 속에서 이루어 내는 행동임.

(6) 프레이리(Freire, P.)의 인간
- 프락시스(praxis)의 존재라고 정의함(채광석 옮김, 1989).
- 반성 혹은 성찰과 행동은 언제나 따로 떨어져 존재하거나 번갈아 일어나는 것이 아니라 동시적으로 수행됨.
- 자신과 그들이 참여하고 있는 행동에 대해 반성할 줄 알며, 행동에 의해 그들이 속해 잇는 현실을 변화시킴으로써 주체자의 역할을 한다는 것.
- 그들의 상황을 반성하고 변화시키려는 행동을 취할 수 잇는 자유로운 존재임을 의미함.
- 반성과 행동의 상호적인 실천능력을 가지고 있음.
- 자신의 행위를 사회와 적극 통합해 나가려는 주체적 인간으로 거듭나고자 노력함.

(7) 학습인간(homo eruditio)
- 사회의 주변 환경에 도전하고 변화를 주도하면서 새로운 문화 창조를 통하여 사회와 자신을 적극 통합시켜 나갈 수 있는 인간(한준상, 1999).
- 자신의 주변의 환경이나 문화조건에 관하여 그 쓰임새를 우선적으로 터득하고, 자신의 주변 사회 공간을 배움의 장으로 최대한 활용할 줄 아는 사람.
- 자신의 무지함을 깨닫고, 그 무지함으로부터 벗어나려고 노력하며, 새로운 지혜를 찾아 나서는 탐구적 존재.

· 새로운 지혜를 찾아 실천해 보려는 마음의 눈을 든 예지일탈의 인간으로서, 삶을 배움과 익힘을 통하여 현재보다 더 나은 방향으로 다져 나가기 위해 양심과 의식을 동시에 지닌 사람.

3.2 모든 이를 위한 배움의 실천

1) 인간의 배움은 필요가 아닌 본능
   (1) 인간은 미성숙한 상태로 태어나서 교육이 필요한 것이 아니라, 인간의 발달단계상 양육의 단계를 거치도록 되어 있기 때문에 그 단계의 과정을 거칠 뿐임.
   (2) 원래 인간은 동물적 존재로서 태어나기 때문에 생존할 수 있도록 온전한 존재로 태어남.
   (3) 영유아기 시절 다른 동물들처럼 뛰고, 달리고, 움직이지 못하는 것은 단지 인간이 성장과정에서 그런 발달단계를 거치도록 되어 있기 때문임.
   (4) 인간은 성장과정에 있어서 다양한 물리적 혹은 자연환경과 문화와의 접촉과정에서 그 무엇인가를 하나 둘씩 잃어가면서 결핍되어 가는 존재, 즉 불안정한 존재로 변화해 감(한준상, 2001).
   (5) 삶에 대한 저항과 자연으로의 회귀욕구가 급격히 증가하고 있음.
      · 여가에 대한 관심 확대, 웰빙 신드롬, 슬로우 후드, 반신욕, 스파, 아로마, 오가, 뇌호흡, 참선 등의 웰빙 방법
   (6) 여가와 웰빙에 대한 관심 증가는 환경에 의해 결핍되어가는 인간존재의 불안정성에 대한 저항이며, 하나의 생존본성을 드러내는 것.
   (7) 무엇인가 잃어가는 인간의 본성을 회복하고 복원하려는 인간의 본능.
   (8) 온전한 존재의 유지를 위해 스스로 내재된 배움의 본능을 발휘하여 삶 속에서 자연스럽게 배워 나가는 존재

2) 인간의 배운 본능은 학습을 의미
   (1) 인본주의 심리학자 로저스(Rogers, C., 1969)
      · 저서 『Freedom to learn』에서 '배움'은 인간 성장을 촉진하는 학습과정.
         - 인간의 학습본능 충족을 위해 환경 제공과 경험 획득을 중시함.
         - 자신 스스로 의미를 찾아내고, 거기에 가치를 부여해 나가는 것.
      · 배움을 중단한 사람은 세상의 유용한 대상을 무용한 것으로 인식하면서 대강의 삶을 유지하려고 함.

- 배우기를 계속하는 사람은 자신의 삶을 다양한 경험획득을 통하여 보다 가치롭게 개조해 나가는 사람이라고 함.

(2) 인간: 배우는 동물 또는 학습인간
- 생물학적 학습본능
  - 환경으로부터 새로운 정보 획득과 이를 활용한 새로운 정보로의 전환 및 개조, 그리고 개조된 정보의 쓰임새에 대한 타당성과 유효성을 확인하는 조작행위 과정 혹은 적응과정을 형성해 나간다고 보는 견해.
- 문화 확장을 위한 학습본능
  - 인간 스스로가 처한 환경이나 정보로부터 자기의 삶을 위한 의미를 찾거나 사회환경을 변화시켜 나가는 능력을 가지려고 활동하는 본능.

(3) 배우는 동물로서 학습인간은 배움 활동의 일상화 혹은 생활화를 실천하는 사람들.

(4) 일과 여가와 배움을 적절히 조화시켜서 자신의 능력개발과 의식전환에 앞장서 나감.

3) 일과 여가의 맥락 속에서 배움 찾기
(1) 일 없이는 여가도 없음.
(2) 일과 여가는 즐거움과 만족감, 즐김과 만듦의 순환임.
(3) 일과 여가 모두 제대로 익히고 즐기기 위해서는 배움이 필수적으로 필요함.
(4) 제대로 배우기 위해서 인간들은 일하고 즐기는 과정이 필요함.
(5) 일은 삶의 질을 향상시키고 자신의 존재를 확인하는 작업으로서, 여가와 분리되어 있는 것이 아니라 같은 맥락으로 해석해야 함(최항석, 2006).
(6) 배움: 몸에 배는 것, 자연스럽게 배어들고 스며들도록 기다릴 술 아는 것, 배어든 것을 무엇인가 새로운 쓸모 있는 것으로 잉태해 내고 비워 내는 것. 즉 지식의 발달과 지혜를 발견해 나가는 과정이나 행위.
(7) 일하는 중요한 이유: 자기실현과 행복, 만족감 때문.
(8) 배우기를 포기한 사람은 사회로부터 버림받은 사람이고, 학습을 포기한 사회는 자연으로부터 버림받은 사회임.
(9) 삶의 변환(life of transition): 새롭게 나타나는 삶의 요구나 조건이나 환경에 따라 그 이전의 삶이 새로운 삶의 형식으로 변화되는 것(한준상, 2003).
(10) 삶의 변환을 가져오기 위한 조건

- 배우는 일에 친숙하고 배움에의 기대와 관심이 높고 익숙하다.
- 자본주의를 즐기면서도 때로는 부정하기도 함.
- 극단적 특정 사회계층의 이익은 거부하지만 이에 문제를 제기하거나 저항하지 않고, 자기 자신들의 삶과 문화 가꾸기에 더 많은 관심과 애착을 가짐.
- 자아실현을 위해 자기학습에 열중함.
- 지역사회 발전에 참여하고 학습이 쾌락이 무엇인지를 잘 알고 있음.
- 자신을 둘러싸고 있는 환경이나 문화조건에 관하여 그 쓰임새를 우선적으로 터득하고 있으므로 지역사회 문제 해결에도 앞장섬.
- 사회의 모든 공간을 학습의 장으로 활용할 줄 앎.

4) 배움의 실천을 위한 열린학습사회 건설
　(1) 모든 성인 남녀들이 언제나 어디서나 자아실현을 위하여, 그리고 참된 인간으로서 가치의 시ㅣㄹ현이 학습을 통하여 가능한 사회, 나아가서는 학습을 통해 자기의 능력을 최대한 발휘할 수 있으며 학습의 목표가 직업이 아니라 인간됨 혹은 인간형성에 그 가치를 둔 학습사회가 되어야 함.
　(2) 평생학습사회(Edutopia)는 모든 사회 구성원들에게 다음의 조건을 제고함.
- 시공간적 제약이 없이 원하는 시간에, 원하는 장소에서, 원하는 학습내용을, 원하는 학습방법에 의하여 학습이 가능하도록 열려 있는 학습사회.
- 이러한 학습체제를 통한 학습결과를 사회적으로 공인받을 수 있는 사회.
- 지속적인 학습을 통하여 자아실현을 극대화할 수 있는 사회.
- 개개인의 삶의 질적 개선과 지속적인 인격의 함양 그리고 현대사회에 능동적으로 대응할 수 있는 시대정신의 향유를 위한 교육체계의 수직적·수평적으로 통합해 나가는 사회.
- 학습목표가 존재를 위한(learning to be), 알기 위한(learning to know), 행동하기 위한(learning to do), 공동체를 위한(learning to live together)사회의 실현.

　(3) 평생학습사회 건설을 위해 기존의 학교 중심 교육체제를 개편해 나가야 함.
　(4) 일과 여가와 배움을 어우를 수 있는 자기주도적 여가활용능력 개발이 요구됨.
　(5) 열린 학습
- 인간에게 본성으로 작동하는 배움의 본능을 충족시켜 주기 위해서 필요함.
- 배움의 활동은 자기주도학습이나 협력학습 등으로 성과를 거둘 수 있음.
- 자기주도학습의 결과물로서, 배우기를 학습하는 것 같은 '총괄학습(meta learning)'은 무엇보다도 개인의 학습력 성장을 위해 중요함.

- 의식소통적이어야 함.
    - 한 세대와 다음 세대와의 전통을 이어가는 문화적 경험의 연결 같은 사회적 연대감을 형성하기 때문임.
(6) 열린 평생학습사회
- 학습자 스스로 능동적이고도 주체적인 삶을 살아가며 사회변화를 능동적으로 만들어 가는 학습사회를 의미함.
- 일하고 익히며 즐기고 만들어 가면서 삶의 형식과 방법을 변환시켜 가는 창조적 행위로서의 배움을 가능케 하는 공동학습체.
(7) 열린 지역학습 공동체
- 학습인간의 학습본능을 지켜내는 학습생태학의 보존지역이 되어야 함.
- 학습 조력자들(현직 교육전문직 종사자, 인력개발 전문직, 퇴직 후 유휴인력들: 가용 학습인력 자원, 지역사회 학습을 위한 멘토들)이 필요함.
- 평생학습의 새로운 장이 마련될 것이며, 학습자들에게도 질적으로 향상된 학습 프로그램의 제공이 가능할 것임.

〈문제〉 다음 중 삶의 변환을 가져오기 위한 조건에 해당되지 않는 것은?
① 배우는 일에 친숙하고 배움에의 기대와 관심이 높고 익숙하다.
② 자기 자신들의 삶과 문화가꾸기에 더 많은 관심과 애착을 가진다.
③ 자아실현을 위해 자기학습에 열중한다.
④ 학습의 장으로 학교를 활용할 줄 안다

참고문헌

고홍흥(2002). 중국의 전족이야기. 서울: 신아사.
곽삼근(1996). 여성사회 참여와 사회교육 요구 분석. 여성사회교육, 1-25. 한국여성개발원.
곽삼근(1997). 여성의 사회교육 요구에 나타난 참여지향성. 연호 노승윤 박사 회갑기념 교육학논총.
서울대학교 교육연구소 편(1998). 교육학 대백과사전.
곽삼근 외(1998). 일상의 여성학. 서울: 박영사.
경찰청통계(2002).
교육부(1999). 양성평등 학교문화 선생님이 만듭니다. 서울: 교육부 여성교육정책담당관실.
교육부(2004). 평생교육백서
교육인적자원부(2005). 교육통계연보.
교육인적자원부(2005). 평생학습도시 활성화 방안. 교육부 내부자료.
국회도서관 법령집(1909). 법률 제8호 민적법.
권두승 외(1999). 평생교육기관 실태조사 분석을 통한 성인교육 참여율 제고방안. 사회교육연구, 193-233. 한국평생교육학회.
권두승 외(2000). 성인학습 지도방법의 이론과 실제. 서울: 교육과학사.
권두승·조아미(2004). 성인학습 및 상담. 서울: 교육과학사.
권영자(1995). 한국의 여성정책에 관한 연구 - 평등, 참여, 복지를 중심으로 -. 성신여자대학교 대학원 박사학위논문.
권영자 외(2003). 여성사회교육 요구분석. 한국여성개발원 연구보고서.
김경수(1997). 향가에 나타난 신라의 여인상. 한국문학과 여성. 송전 황재군 박사 화갑기념논집.
김경희(1999). 여성의 발전과 대학의 역할 모색. 여성사회교육, 4, 76-94. 한국여성개발원.
김계현 외(2001). 학교상담과 생활지도. 서울: 학지사.
김근홍 외(2002). 한국의 사회문제. 서울: 양지.
김남순 외(2003). 한국여성의 보건통계. 한국보건사회연구. 한국보건사회연구원.
김동선(2004). 평생교육 및 학교교육과정 실태분석을 통한 박물관의 나아갈 길. 한국박물관학회 박물관학보, 8.
김동일 외(2003). 아동발달과 학습. 서울: 교육출판사.
김명수(2004). 방과후 학교운영기본계획(안). 정책연구자료. 교육인적자원부.
김병모(1999). 김수호왕비의 혼인길. 서울: 푸른숲.
김부식 저, 이병훈 역수(1975). 삼국사기. 서울: 을유문화사.

김성길(2006). 배움학에 관한 연구. 연세대학교 대학원 박사학위논문.
김성희(2000). 한국여성의 가사노동과 경제활동의 역사. 서울: 신정.
김영규 외(1988). 페미니즘과 문학. 서울: 문예출판사.
김영준(2006). 지역혁신을 위한 평생학습정책의 발전방향과 과제. 한국교육, 33(1). 한국교육개발원.
김용희(2001). 황진이와 이매창의 시에 대한 소고. 송전 황재군박사 화갑기념논집.
김용희(2003). 선덕여왕 즉위조건과 설화에 대한 연구. 경원대학교 인문논총.
김원홍 외(2005). 오늘의 여성학. 서울: 건국대학교출판부.
의학신문사(2006. 11). 김일훈 건강돋보기 244. 고령사회 소자사회 스웨덴.
김재인(1995). 여성사회교육프로그램 지원 연구. 여성연구, 49. 한국여성개발원.
김재인(1999). 여성과 교육/여성한국사회연구소 편. 새로 쓰는 여성과 한국사회. 서울: 사회문화연
　　　구소, 99-132.
김재인 외(2000). 한국여성교육의 변천과정 연구, 220-16. 연구보고서.
김재인 외(2001). 여성교육개론, 서울: 교육과학사.
김재인 외(2005). 여성교육론. 서울: 교육과학사.
김재인 · 곽삼근 · 조경원 · 유현옥 · 송현주. 2009. 여성교육개론. 교육과학사.
김재춘 · 왕석순(1999). 제7차 교육과정에서 양성 평등교육 실현 방안. 교육광장, 제3호.
김정형(2005). 역사 속의 오늘(1). 서울: 생각의 나무.
김태식(2002). 화랑세기, 화랑세기 또하나의 신라. 서울: 김영사.
김혜숙 외(2000). 인관관계론. 서울: 양서원.
남인숙(2009). 여성과 교육. 신정.
노동부(2006). AA조치.
노동부(2004). 임금구조 기본통계조사보고서.
노혜숙 외(1996). 한국 대학교육에서의 성차별 연구. 대학 커리큘럼 및 교수 · 학생 상호작용 연구.
　　　아세아여성연구, 제35집, 167-215.
두산세계대백과(1997). 조선호적령.
라도삼(1999). 비트의 문명 네트의 사회. 서울: 커뮤니케이션북스.
마가렛 L. 앤더슨 저, 이동원 · 김미숙 공역(1990). 성의 사회학. 서울: 이화여자대학교 출판부.
매일경제신문(2000). 디지털 지식혁명. 서울: 매일경제신문사.
박남수(1996). 신라 수공업자. 서울: 신서원.
박병호(1996). 근대의 법과 법사상. 서울: 진원.
박성정 외(2005). 중장년층 여성인적자원개발 실태와 정책과제. 2005 연구보고서-16. 한국여성개
　　　발원.

법제처(1997). 성폭력에 관한 법률 규정.

법제처(1999). 남녀고용 평등법.

변화순 외(2005). 가족·성별 갈등현황 및 정책과제. 경제·인문사회연구회 협동연구총서, 05-02-09. 한국여성개발원.

보건복지부 여성보건복지과(2002). 미혼모 보호시설의 현황.

서울대 조교 성희롱사건(1995). 사건번호 94 나 15358. 대법원.

손정목(2005). 일제강점기 도시사회상 연구. 서울: 동광미디어.

송명자(2002). 발달심리학. 서울: 학지사.

송병순·이영호(2000). 평생교육의 이론과 실제. 서울: 원미사.

송병기 외(1970). 민적법. 한말근대법령자료집Ⅷ.

송인자(1995). 개화기 여성교육론의 의의와 한계. 한국교육사학, 17집. 한국교육학회교육사 연구회.

신군자(2004). 성주류화 과정에서의 여성 평생교육의 방향. 평생교육학 연구, 10(4), 265-295.

신용주(2003). 가족구조의 변화와 여성평생교육. 생활과학연구, 8집. 동적여자대학교 생활과학연구소, 83-93.

신은경(1994). 페미니즘과 문학비평. 서울: 고려원.

엘빈 토플러 저, 이규행 역(1991). 권력이동[원제목: *The Power Shift*]. 서울: 한국경제신문사.

엘빈 토플러 저, 김중웅 역(2006). 부의 미래[원제목: *Revolutionary Wealthy*]. 서울: 청림출판.

양현자(2006). 호주제 폐지·여성인권. 공익과 인권, 3(1). 서울대BK21, 법학연구단 연구센터.

여성부(2000). 여성고용정책.

여성부(2004). 제2차 여성정책 기본계획.

여성한국사회연구소(1999). 새로 쓰는 여성과 한국사회. 서울: 사회문화연구소.

연민수(2000). 인본역사. 서울: 보고사.

웬디 멕월로이 편, 서은경 역(2006). 21세기의 자유와 페미니즘. 서울: 나남출판.

유곽업 창기 취체 규정(1916). 경무총감부령(합법적 윤락행위 인정, 공창제도정식도입).

윤현진(2002). 도덕과 교과서의 직업의식 내용 분석 및 개선 방안. 한국교육과정평가원.

이광규(1977). 한국가족의 사적연구. 서울: 일지사.

이경자(2001). 모계사회를 찾다. 서울: 이룸.

이민수 역(1985). 내훈. 서울: 홍신문화사.

이승희(1992). 조선해어화사. 서울: 동문선.

이덕일(2003). 여인열전. 서울: 김영사.

이동원 외(2001). 변화하는 사회, 다양한 가족. 서울: 양서원.

이여봉(2006). 탈 근대의 가족들. 경기: 양서원.

이만규(1949). 조선교육사. 서울: 을유문화사.

이석래(1982). 조선의 여인상. 서울: 을유문고.

이인숙(2005). 박물관과 문화산책. 서울: 집문당.

이장석(2004). 평생교육시설로서의 백화점 문화센터 연구. 단국대학교 대학원 박사학위논문.

이종욱(2000). 화랑세기로 본 신라인 이야기. 서울: 김영사.

이지원· 오연주· 윤미숙. 2007. 여성과사회. 공동체.

이진분(1993). 여대생이 인식하는 여성의 대학교육에 관한 연구. 교육연구, 12집. 상명여대교육문제연구소.

이혜련 신경정신과· 한국아동문제연구소(1994). 소아정신장애에 대한 여러 전문분야로부터의 접근.

이혜순 외(1998). 한국 고전 여성문학의 세계. 서울: 이화여대출판부.

이화여자대학교 한국여성연구소 편(1981). 한국여성관계자료집 Ⅰ, Ⅱ.

인권환(1968). 심화요탑설화고. 국어국문학, 41.

일연 저, 이민수 역주(2000). 삼국유사. 서울: 을유문화사.

장지연, 정병우(2005). 여성의 경제활동 참가 제고를 위한 정책 과제. 노동부(편).

전국교사협의회(1989). 학교교육과 성차별. 서울: 미래사.

전인초 외(2002). 중국 신화의 이해, 서울: 아카넷.

정민승(2002). 사이버 공간과 평생학습. 서울: 교육과학사.

정일환 외(2003). 여성교육론. 서울: 교육과학사.

정진성(1998). 식민지 자본주의화 과정에서의 여성노동의 변화. 한국여성학, 제4집. 한국여성연구회.

정해숙 외(1998). 학교 내 성차별 실태조사 및 남녀평등 의식 고취 방안. 한국여성개발원.

조경원(1999). 양성평등 실현을 위한 교육의 방향. 교육광장, 제3호.

조경원(2001). 여성교육개론. 한국여성 교육이념의 역사적 접근.

조선총독부 학무국 학무과 편(1942). 조선교육법규. 경성교육법규. 경성: 조선행정학회.

중국 송나라 서긍 저, 이화여자대학교 영인본(1970). 고려도경.

천성림(2005). 산업화가 유교체제하 중국여성의 지위에 미친 영향. 서울: 집문당.

최상림(2004. 6). 여성과 경제. Beijing+10기념 여성정책 형가 심포지엄 발표문.

최운실(1997). 경기 여성 사회교육 요구와 사회교육체계화 방안. 경기도청. 한국교육개발원.

최운실(1999). 여성 성인학습자의 교육 욕구 트랜드 분석과 사회교육적 함의. 여성사회교육, 제4집, 201-224.

최재석(1983). 한국 가족제도사 연구. 서울: 일지사.

최항성(2006). 배움으로서의 여가에 관한 연구. 한국교육, 32(4). 한국교육개발원.

태종실록, 권 27. 태종 14년 정월 기묘조.

태종실록, 권 29. 태종 15년 정월 갑인조.

세종실록, 권 67. 세종 17년 이월 신미조.

통계청(2002, 2003, 2004). 사회통계조사 보고서.

통계청(2005). 경제활동인구연보.

통계청(2005). 고령자 통계.

한국교육개발원(1990). 한국교육의 지표.

한국여성개발원(1991). 여성백서.

한국여성개발원(1995). 한국의 여성정책에 관한 연구: 평등, 참여, 복지를 중심으로. 여성연구, 47, 87-112.

한국여성개발원(1997). 고학력 여성인력의 양성과 활용방안.

한국여성개발원(2000). 한국 여성교육의 변천과정 연구.

한국여성개발원(2005). 여성통계연보.

한국여성개발원(2001). 한국여성교육의 변천과정 연구.

한국여성사편집위원회(1984). 한국여성사 Ⅱ. 서울: 이화여자대학교 출판부.

한국평생교육기구(1991). 평생교육과 노인교육. 서울: 이화문화사.

한명희(1994). 여성사회교육의 현재와 미래, 여성사회교육, 2. 한국여성사회교육학괴 160-188.

한상길(2001). 성인평생교육. 서울: 양서원.

한상길(2001). 학습학. 서울: 학지사.

한상길(2003). 성인평생교육. 서울: 양서원.

한상길(2003). 원격교육론. 서울: 양서원.

한상길(2003a). 주5일 수업제 도입에 따른 교육환경변화와 정책과제. 경기논단, 5(3), 가을호. 경기개발연구원.

한상길·박선환·김용희. 2015. 여성교육론. 양서원.

한준상(1999). 호모 에루디티오. 서울: 학지사.

한준상(2000). 여성 운동에 관한 안드라고지적 전망: 여성 성인 교육의 전망. 안드라고지 투데이, 3(4), 129-179. 한국성인교육학회.

한준상(2001). 학습학. 서울: 학지사.

한준상(2003). 이 교육. 서울: 아침이슬.

한희선·김영주·이경하·임우연·태희원. 2014. 여성·젠더·사회. 공동체.

허선영(2003). 평생교육기관별 참여학습자의 프로그램 선택기준 및 지속촉진요인. 아주대학교 대학원 석사학위논문.

허운나·유영만 옮김(1999). N세대의 무서운 아이들. 서울: 물푸레.

허정무(2002). 노인교육이론과 실천방법론. 서울: 양서원.

홀트아동복지회(2002). 미혼모상담통계자료.

홍두승 외(2005). 한국인의 직업의식 구조: 예비적 고찰. 한국직업능력개발원.

황재군(1992). 한국 근대 시가문학사(上). 서울: 집문당.

Dagen suyherer(스웨덴 일간지). 2003. 10. 16. 보고자: 스톡홀름 KOTRA 무역관 이수정

Woment-net.net. 여성가족부 여성공익포털사이트(2006). 유엔여성차별철폐협약.

Anderson, M. L. & Linderman, E. C.(1927). *Education Though Experience.* New York: Worker Education Bureau.

Axtell, J. L. (ed). (1968). *The educational Writings of John Locke: A Critical Edition with Introduction and Notes.* Cambridge: Cambridge University Press.

Belenky et al.(1986). *Women;s Ways of Knowing.* New York: Basic Books.

Birren, J. E.(1978). *The Psychology of Aging.* Englewood Cliffs, Prentice Hall.

Cross, K. P.(1982). *Adults as Learners.* San Francisco: Jossey-Bass.

Defoe, D. (1697). *An Essay upon Projects.* London.

Erikson, E. H.(1963). *Childhood and Society*(2nd ed.). N.Y.: Norton.

Erikson, E. H.(1968). *Identity: Youth and crisis.* N.Y.: Norton.

G. 트뢱 저, 이재형 외 옮김(1995). 세계 여성사. 서울: 문예출판사.

Havighurst, R. J.(1972). *Developmental Tasks and Education*(3rd ed.). N.Y.: Mckay.

Jarvis, P.(1992). *Paradoxes of Learning.* San Francisco: Jossey Bass.

Knowles, M. S.(1970). *The Modern Practice of Adult Education: Andragogy Versus Pedagogy.* New York: Cambridge Books.

McClusky, H.(1974). *Education for aging: The scope of the field and perspectives for the future.* In S. M. Grabowski & W. D. Mason(Eds.), *Learning for aging.* Washington D.C.: Adult Education of the U.S.A.

Mezirow, J.(1995). *Transformation Theory of Adult Learning.* In M. R. Welton(Ed.), *In Defense of the Lifeworld.* New York: State University of NY.

Notthingham Andragogy Group(1983). Towards a Developmental Theory of Andragogy, Nottingham, England: University of Mottingam. *Dep't of Adult Education.* York Press, 39-70

Paulo Freire 저, 채광석 역(1989). 교육과 의식화. 서울: 사계절.

Rogers. C.(1969). *Freedom to learn.* Westerville, OH: Merrill.

Roueche, J. E. et al.(1997). *Embracing the tiger.* Washington D.C.: Community College Press.

Sadker, M. & Sadker, D.(1995). *Falling at Fairness: How Our Schools Cheat Girls.* NY: A Touchstone Book.

UN(2002). World Populartion Aging 1950~2050.

UNDP(2005). Human Development Report.

http://www.knou.ac.kr

http://www.woman.gg.go.kr

http://www.sgnc.or.kr

http://www.saramin.co.kr